CCCP
CCCP

CCCP

아주 짧은 소련사

아주 짧은 소련사

초　판 1쇄 발행 2023년　9월 15일
초　판 3쇄 발행 2023년 11월 10일
개정판 1쇄 발행 2024년　5월 15일

지은이 실라 피츠패트릭 | 옮긴이 안종희 | 감수 허승철 | 펴낸이 임경훈 | 편집 김정희
펴낸곳 롤러코스터 | 출판등록 제2019-000296호
주소 서울시 마포구 월드컵북로 400 서울경제진흥원 5층 17호
전화 070-7768-6066 | 팩스 02-6499-6067 | 이메일 book@rcoaster.com

ISBN 979-11-91311-27-3 03920

롤러코스터
Rollercoaster
Press

The Shortest History of the Soviet Union

아주 짧은 소련사

러시아혁명부터 페레스트로이카까지, 순식간에
사라진 사회주의 실험의 역사적 현장

실라 피츠패트릭 지음
안종희 옮김
허승철 감수

감수자의 말

이 책은 제목이 말하는 것처럼 소련에 대한 짧은 역사서다. 1917년부터 1991년까지 74년이란 역사에서 아주 짧은 기간 존속한 소련은 지구상 최초의 공산주의 지향 국가였다. 소련 탄생 과정은 제1차 세계대전, 내전, 로마노프왕가의 잔혹한 멸절 등 수많은 인명의 희생을 동반해서 큰 충격을 주었다. 그러나 소련의 해체와 종결은 너무 예상 밖의 시점에 일어났을 뿐만 아니라 드라마 같은 요소가 없는 맥빠진 과정이어서 이 또한 충격이었다.

소련의 탄생과 종말은 러시아 역사뿐 아니라 20세기 세계사에 큰 영향을 주었고, 한반도 분단에도 결정적 영향을 끼쳤다.

러시아가 세계사에 공헌한 것은 나폴레옹과 히틀러의 침공을 저지하고, 먼저 실패의 본을 보여 다른 나라가 공산 혁명을 하지 않도록 교훈을 준 것이라는 우스개가 있다. 개혁을 계속 미룬 제정러시아가 극적인 종말을 맞은 것은 일견 당연한 일이지만, '그 대안이 꼭 가장 폭력적인 볼셰비즘이어야 했는가'라는 의문은 계속 남는다. 또한 프롤레타리아 독재를 주장하는 마르크스주의 본령에서 크게 벗어난 통치 방식과 역정을 어떻게 평가해야 할 것인가가 역사가들에게 큰 과제이지만, 누구보다 이 시기를 차분히 되돌아보고 교훈을 얻어야 할 주체는 러시아 사람들이다. 러시아에서는 이상하리만치 소련 시대와 그

몰락 이유에 대한 철저한 분석과 자성이 없고, 소련 해체를 타자의 탓으로 돌리는 경향이 강하다. 러시아가 아직 국가 발전 모델을 제대로 잡지 못한 근본적 이유는 소련 몰락에 대한 역사적 평가와 성찰이 부족하기 때문이라고 볼 수 있다. 소련을 복원해야 할 대상으로 보면 다시 팽창적 정책을 취하는 것이 당연하고, 소련의 몰락이 필연이었다고 판단하면 내실을 쌓는 국가 발전 모델을 택할 것이다.

이 책은 소련사를 재평가한 혁신적 저술은 아니다. 그러나 수천 쪽에 걸쳐 서술해도 모자랄 소련사를 230쪽(원서 기준)으로 압축한 것은 원서 서평에 나온 것처럼 기적적인 일에 가깝다. 책을 길게 쓰는 것은 누구나 할 수 있는 일이지만, 핵심을 추려내어 간결한 책을 쓰는 것은 대가나 할 수 있는 일이다.

평생을 소련 연구에 몸 바치고, 서구 학계에서 소련 전문가로 명성을 떨친 실라 피츠패트릭 교수가 쓴 소련사 책이 나왔다는 소식을 듣고 바로 책을 읽었고, 개정판의 감수자 역할도 자임했다. 저자의 방대한 지식을 전달하느라 일부 부분에서 세심한 서술에 빠진 것은 다소 흠으로 지적할 수 있지만, 일반 독자나 학생들이 쉽게 읽을 수 있는 소련사 책이 나온 것은 정말 환영할 일이다. 이 책을 꼼꼼히 읽으면서 오랜 기간 독자들이 찾는 역사서가 될 것이라는 확신이 들었고, 또한 러시아 지역학에서 한 학기 동안 쓸 수 있는 교재가 나와서 강의자들이 부담을 덜게 된 것도 좋은 일이라는 생각이 들었다. '아주 짧은 소련사'라는 제목 중간에 '알찬'이라는 수식어를 넣어도 좋을 만한 책이다.

허승철(고려대 노어노문학과 교수, 전 우크라이나 대사)

미국에서 이 책을 집필하는 동안

작고한 세 명의 사회주의 학자를 추모하며

제리 F. 허프(1935~2020)

스티븐 F. 코언(1938~2020)

세베린 비알러(1926~2020)

그리고 나의 모스크바 멘토이자

소비에트 역사의 블랙 코미디를 사사한

노장 볼셰비키

이고르 알렉산드로비치 사츠(1903~1980)를 추모하며

차례

서론

1980년은 소비에트연방에 좋은 해였을 것이다. 소비에트연방이 탄생한 지 58년, 지겹긴 하지만 안정적인 레오니트 브레즈네프의 지도 체제가 출범한 지 16년이 되던 해, 마침내 소련은 최악의 상황이 지나갔다는 안도감을 느낄 수 있었다. 국내 상황은 정상으로 회복했고, 더 나은 시대가 도래할 것이 확실했다. 국제적으로는 누구나 인정하듯 제2차 세계대전 이후 미국 버금가는 초강대국이 되었으며, 군사적으로는 마침내 대등해졌다.

그간 소련은 우여곡절 많은 역사를 거쳐왔다. 혁명과 내전으로 시작하여 1921년의 기근, 1924년 혁명 지도자 블라디미르 레닌의 때이른 죽음이 이어졌다. 레닌의 후계자 이오시프 스탈린이 1920년대 말에 새로운 격변을 몰고 왔다. 급격하고 강제적인 산업화, 농업집단화의 여파로 1932~33년에 대기근이 발생했다. 그후 1937~38년 대숙청의 엄청난 유혈사태로 공산당 엘리트 계층이 특히 큰 타격을 받았다. 곧이어 제2차 세계대전이 터져, 그때껏 외면 받았던 소련이 서방 세계의 동맹국이 되었다. 전쟁이 끝나고 힘겹게 얻은 승리 덕분에 소련은 서방 세계와의 냉전 상황에서 예기치 않게 갑자기 초강대국 지위에 올랐다. 1953년 스탈린 사후 권좌에 오른 니키타 흐루쇼프는 1961년 쿠바 미사일 위기로 나라를 전쟁 목전까지 몰고 가는 등 '무모한 계획'을 추구하다가 1964년에 실각했다.

그후 레오니트 브레즈네프가 권력을 장악했다. 그는 강인하면서도 다정한 사람으로, 평지풍파를 일으키지 않고 소련을 더 잔잔하게 만들었다. 그는 미국이나 서유럽과 비슷한 생활 방식을 원하는 소련 시민들의 열망을 이해했다. 브레즈네프의 과업은 뜻밖의 오일머니 덕분에 더 쉬워졌다. 1980년 세계 석유 가격(소련은 수십년 동안 주요 석유 생산국이자 수출국이었다)은 1970년대 중반 이후 2배로 상승한 뒤 최고 가격을 유지했다.

경솔하게도, 흐루쇼프는 소련이 1980년까지 공산주의를 완전하게 실현할 것이라고 약속했다. 더 신중했던 브레즈네프는 이를 유보하고 '발전된 사회주의'를 제시했다. 이는 사실상 소련의 기존 경제적·정치적 시스템을 유지하는 온건한 체제를 의미했다. 대다수 소련 사람들은 그것을 좋아했고 공산주의 모델로 제시되는 재화의 공동 소유가 아니라 개인을 위한 소비재를 더 원했다. 당시는 혁명이 끝난 시기였고 혁명은 역사의 뒤안길로 사라졌다. 혁명을 위해 싸웠던 세대는 이제 죽거나 은퇴했고, 스탈린 통치하에서 혁

패배한 적을 발 아래 둔 레닌을 그린
레메셴코와 세메노바의 1980년 만화.

명의 수혜를 입은 핵심 집단(브레즈네프도 포함하여)도 은퇴할 시기가 다가오고 있었다. 말년에 브레즈네프의 가치관도 그의 선임자들이 옹호했던 가치관보다 혁명가들이 '부르주아'라고 불렀던 가치관에 더 가까웠다(당시에 이런 농담이 널리 회자되었다. 브레즈네프가 값비싼 서방 자동차들을 수집하는 것을 염려하며 그의 어머니가 이렇게 물었다. "아들아, 볼셰비키가 다시 일어나면 어쩌지?").

생활수준이 올라갔다. 이전에 극심했던 주택 부족 문제가 개선되었고, 반란을 일으킬 민족 집단이나 사회 집단도 없었다. 소련 사회주의 건설의 성공을 확언하는 1977년 헌법은 "새로운 역사적 인민 공동체 소비에트연방"이 실현되었다고 주장했다. 하지만 소련은 여전히 여러 문제점을 안고 있었다. 이를테면 침체된 경제, 개혁의 열망이나 역량이 없는 통제 불가능한 관료 체제, 소련에 대한 동유럽 국가들의 정기적인 불만 표출, 미국과의 난제와 '데탕트', 소련 내부적으로는 다수 국민의 지지를 얻지 못했지만 서방 언론과 긴밀하게 연결된 소규모 '반체제' 운동의 등장 등이다. 1979년 12월 24일 소련군이 아프가니스탄을 침공한 뒤 모스크바 올림픽 보이콧 운동이 벌어져, 1980년 7월 자랑스럽게 열린 하계 올림픽은 빛이 바래고 말았다.

서방은 냉전 시기 소련을 전체주의 괴물국가로 만들었고, 서구 민주주의와 상반된 공산주의를 나치주의와 똑같이 취급했다. 전체주의 체제란 일단 만들어지면 절대로 바뀌지 않고 오직 외부의 힘으로만 무너뜨릴 수 있다는 것이 이 사상의 골자였다. 이 사상은 스탈린 사후 타당성을 잃은 듯했다. 전체주의 체제는 붕괴하지 않을 뿐만 아니라 스스로 급격히 바뀔 수 있다는 걸 보여주었기 때문이다. 1980년 미국 정치학자 스티븐 F. 코언Stephen F. Cohen과 제리 허프Jerry Hough가 이런 추세에 대해 문제를 제기했지만 '전체주의'는 학자들의 주목을 별로 받지 못했다(물론 전체주의는 여전히 서구 대중에게 정서적으로 강력한 영향을 미치는 이미지로 남아 있었다). 심지어 60년 이상 소련 체제가 붕괴하기를 바랐던 보수 진영도 그런 희망을 조용히 포기했다.

로버트 번스Robert Byrnes는 학술회의에 참석한 미국의 주류 소련 전문 학자들의 일치된 의견을 요약하면서 이렇게 언급했다. "우리는 소련이 정치적으로 민주주의 체제가 되거나, **가까운 장래에 붕괴할**(내가 강조한 것이다) 가능성이 전혀 없다는 데 모두 동의했다." 정치학자 세베린 비알러Seweryn Bialer는 1980년에 미국에서 출간한 중요한 소련학 저서에서 미국이 체제 변화의 헛된 희망을 포기하고 소련의 존속을 받아들여야 할 때라고 주장했다. 이와 비슷한 분위기 속에서 워싱턴DC 소재 미 의회 도서관은 정치 망명자와 냉전 압력에 대응하여 수십 년 동안 소련의 존재를 무시하다가, 마침내 어쩔 수 없이 소련을 도서관 카드 카탈로그에 등록하기로 결정했다. 이는 매우 합리적인 변화였고, 소련을 연구하는 거의 모든 학자들이 동의하듯 오래전에 이루어져야 했던 일이었다. 하지만 도서관은 괜한 수고를 했는지도 모른다. 알다시피 카탈로그에 등록된 소련이 10년 만에 무너졌기 때문이다.

가장 짧은 역사(1922~91년)

대학원생 시절 내가 소련을 처음 접한 때는 10월혁명 50주년 기념일 직전이었다. 당시에는 소련이 존속했다면 소련 건국 100주년이 될 해에 내가 소련의 몰락에 관한 글을 쓰게 될 줄 몰랐다. 소련의 공식 존속 기간은 70년도 안 됐다. 소련의 마지막 시기에 태어난 소련 시민의 기대 수명(67세)보다 불과 몇 년 더 길다(67세는 소련 초기에 태어난 사람들의 기대 수명보다 2배 긴 것이다).

역사가들은 속성상 역사적 사건들을 불가피했던 것처럼 기술하는 경향이 있다. 설명이 훌륭할수록 독자들은 다른 결과는 있을 수 없다고 느낀다. 하지만 내가 이 책을 쓴 의도는 그런 것이 아니다. 나는 인류 역사를 구성하는 개개인의 삶이 그렇듯이, 인류 역사에서 불가피한 사건은 거의 없다고 본다. 우연한 만남, 세계적인 대변동, 죽음, 이혼, 세계적인 유행병을 제외하면 상황은 항상 다르게 전개될 수 있었다. 더욱이 소련의 경우 우리는 마르크스주의 혁명가들과 상대해야 한다. 이들은 역사를 잘 관찰해왔고, 특정 역사적 단계에서 어떤 일이 벌어질지 대략 안다고 생각하는 사람들이다. '**우연히**sluchaino'와 '**저절로**stikhiino'라는 단어는 소련에서 늘 경멸적인 의미, 즉 계획에 따라 마땅히 일어나야 할 일이 발생하지 않았다는 의미로 쓰였다. 러시아어 어휘 중 가장 흔하게 사용되기도 했다. 자연적·경제적 환경을 인간의 계획에 따라 개조해야 한다는 사상에 투신한 마르크스주의 혁명가들은 1917년 10월에 권력을 잡고 자신들도 놀랐다. 이것은 당시 상황에 대한 그들의 이론적 분석과 반대로 거의 우발적으로 이루어진 사건이었다.

내가 말하려는 소련 역사는 아이러니로 가득하며, 이것은 부분적으로는 마르크스주의를 통해 보편적인 역사 해석 도구를 갖췄다는 혁명가들의 확신에서 비롯된다. 예컨대 마르크스주의는 사회가 적대 계급들로 이루어지고 각 계급은 자신의 정치적 대변자를 갖고 있으며 그들의 정당(처음에는 러시아 사회민주노동당의 볼셰비키 분파였다가 1918년에 공산당이 되었다)은 프롤레타리아를 대변한다고 주장했다. 이 주장은 상황에 따라 때로는 정확했지만 때로는 아니었고, 어느 경우든 점차 타당성을 잃어갔다. 러시아 공산당이 권력을 잡은 후 그들을 지지했던 노동자와 농민에 대한 당의 주요 역할은 그들에게 계층 상승의 기회(마르크스주의 이론에서는 인정하지 않는 과정)를 제공하는 것이었다.

볼셰비키는 마르크스주의 이론에 따라, 국경선이 상당 부분 일치함에도 불구하고 새로운 다민족 소비에트 국가와 옛 러시아제국은 전혀 다르다고 주장했다. 그 차이의 핵심은 개념 정의상 제국주의가 '자본주의의 최고 단계'이기 때문에 중앙이 변방 지역에 대한 제국주의적 착취를 할 수 없다는 것이었다. 곧 살펴보겠지만, 이는 특히 초기 수십 년 동안에는 언뜻 보기보다 더 합리적인 전제였다. 변방의 비슬라브 지역 사람들이 소비에트 체제인 모스크바의 감독을 받는 것을 전제군주제였던 상트페테르부르크의 감독을 받는 것과 완전히 다르게 느꼈으리라는 점을 쉽게 이해할 수 있다.

서구 세계가 소련 체제를 두고 '전체주의적'이라고 한 것은 소련에 아첨할 의도가 아니었으나, 소련 입장에서 이 말은 칭찬이나 다름없었다. 서구와 반대로 소련 공산당은 과학과 계획에 근거하여 안정적인 진로를 설정하고 모든 것을 세세하게 통제하는 전지한 지도자라는 자기 이미지를 갖고 있었기 때문이었다. 그러나 역사적 진행 과정에서 '우연한' 진로 변화와 '자발적인' 전환이 많이 발생하는 바람에 이런 대계획과 틀어져버렸다(이런 내용들이 이 책에서 큰 부분을 차지한다). 물론 이는 소련 사람들의 삶과 맞지 않았다. 공식적인 선전과 실제 경험의 격차는 소련 특유의 정치적 농담거리anekdoty가 되었고 표면 아래에서 불손한 비판이 꾸준히 제기되었다. '원칙'(서구에서 '솔직히'라는 단어처럼 즉각 불신을 유발하는 상투적인 러시아어)과 '실제'의 대조는 소련의 주요한 정치 우화anekdot의 단골 주제였다. 또한 마르크스주의의 변증법 개념은 가령 자본주의와 같은 사회경제적 현상에는 자체에 반대 명제(자본주의의 경우 사회주의)가 내포되어 있다고 주장한다. **변증법**dialetika이라는 낯선 단어는 헤겔에게서 빌려온 철학적 개념이다. 의무적으로 '정치적 소양'을 학습한 계급을 확대한 덕분에 대부분 소련 시민들은 명백한 모순을 설명하는 이 개념의 놀라운 능력에 매우 익숙했다. 변증법에 관한 소련의 전형적인 농담은 아래처럼 문답 형태를 띠었다.

질문: 자본주의와 사회주의의 차이점은 무엇인가요?

대답: 자본주의는 **인간이 인간을** 착취하는 제도이며, 사회주의는 그

반대의 형태로(앞의 '인간이 인간을'이 순서가 바뀌어서 - 옮긴이) 대체한 것입니다.

자본주의가 결국 붕괴하고 사회주의로 대체될 것(흐루쇼프는 직설적으로 말했다. "우리는 당신들을 묻어버릴 것이다!")이라는 마르크스주의의 예측은 러시아의 '후진성'에 대항하여 산업화·도시화된 현대 사회를 만들기 위해 투쟁하는 소련 공산주의자들에게 위안이 되었다. 그들은 1980년대 초에 얼마간 성공을 거뒀다. 소련의 힘과 위상은 전 세계적으로 인정받았다. '소련 사람'은 동유럽 소련 블록에 있는 가까운 동지들, 그리고 문제 많은 중국과 북한의 동지들, 제3세계의 추종자들과 함께 인정받는 존재가 되었다.

그러나 붕괴한 것은 소련의 사회주의였다. 이것은 근대 역사에서 가장 놀랍고 누구도 예상치 못한 '우연한 사건' 중 하나로, 1990대 사회주의는 러시

'60년이 지났지만 여전히 상처가 쓰리다'는 적군기념일(1978년 2월 23일)을 위해 구로프E. Gurov가 그린 만화의 제목이다. 이 만화는 러시아 내전 당시 영국의 개입 실패에 상심한 영국 귀족의 모습을 보여준다.

아인들이 '야만적 자본주의'라고 부르던 것에 굴복한 것이다. 러시아연방을 비롯하여 15개의 새로운 국가가 자유의 빛 속으로 깜빡이며 등장했다. 러시아인을 포함하여 모든 사람들이 옛 소련 시절에 자신이 착취의 피해자였다고 크게 불평했다. 인류학자 캐서린 버더리는《사회주의란 무엇이며, 그다음에 무엇이 올 것인가?What Was Socialism, and What Comes Next?》라는 적절한 제목의 소비에트 이후 시기에 대한 비평서를 출간했다.

이 책은 이전의 소련 블록이 미래뿐만 아니라 과거도 갑자기 알 수 없게 되었다는 사실을 지적했다. '그다음에 무엇이 올 것인가?'는 신중한 역사가라면 대답하려 시도한 적 없는 질문이다. '사회주의란 무엇인가?'라는 질문은 정치철학자들이 고전적인 문헌을 참고해 다룰 수 있지만 나는 다른 관점, 즉 역사인류학자의 관점에서 접근할 것이다. 사회주의의 **원칙적인** 의미가 무엇이든, 1980년대에 어설프게 명명된 '실제 존재하는 사회주의'가 소련에 **실제로** 등장했다.

소비에트연방의 탄생

1

러시아혁명은 유럽 전역에 혁명을 확산하는 도화선이 될 것으로 예상되었다. 하지만 그 예상은 빗나갔고 남은 것은 혁명 정부, 즉 모스크바를 수도로 삼은 러시아 소비에트연방 사회주의 공화국Russian Soviet Federal Socialist Republic이었다. 러시아제국에 속했던 비러시아계 지역에서도 다양한 결과와 격변이 발생했다. 발트 지역은 독립을 선택했고 폴란드 지역은 새로운 폴란드 국가 건설을 원했다. 10월혁명으로 촉발된 러시아 내전이 끝난 후, 다른 지역들도 새로운 혁명 정부의 적군Red Army으로부터 지원을 약간 받아 소비에트공화국을 세웠다.

1922년 12월, 우크라이나 소비에트공화국과 벨라루스 소비에트공화국, 트랜스코카서스(남코카서스) 소비에트연방공화국이 러시아 소비에트공화국에 합류하여 소비에트 사회주의 공화국연방Union of Soviet Socialist Republic의 일원이 되었다. 소비에트연방(소련)

의 수도는 모스크바였으며 러시아제국의 수도였던 상트페테르부르크는 제2의 도시가 되었다. 소련의 상징은 망치와 낫이었고, 표어(러시아어, 우크라이나어, 벨라루스어, 조지아어, 아르메니아어, 아제르바이잔어로 적혔다)는 "만국의 노동자여, 단결하라!"였다.

새로운 연방의 헌법은 각 공화국에 연방 탈퇴의 자유를 부여했지만 거의 70년 동안 어느 국가도 이 권리를 사용하지 않았다. 러시아제국 몰락 후 잠시 독립했던 중앙아시아 5개국(우즈베키스탄, 투르크메니스탄, 타지키스탄, 카자흐스탄, 키르기스스탄)이 1920년대와 30년대에 소련에 추가로 병합되었다. 트랜스코카서스 소비에트연방공화국은 다시 조지아, 아르메니아, 아제르바이잔으로 분리되었다. 1939년 발트 3국(라트비아, 리투아니아, 에스토니아)과 몰다비아가 1939년 독일-소련 조약에 포함된 비밀조항에 따라 소련에 병합되어 연방 소속 국가는 총 15개국이 되었다(몰다비아에 이어 1940년 카렐레아가 연방공화국이 되면서 공화국 수는 16개가 되었으나, 1956년 카렐리아 연방공화국이 자치공화국으로 경하되면서 다시 15개로 줄었다-옮긴이).

영토가 다소 줄긴 했지만 소련은 분명히 러시아제국을 계승한 국가였다. 소련 역시 제국(러시아인들이 영토 내에 공화국 형태의 여러 식민지를 세워 통치하는 것)이 되려고 의도했는지는 논란의 대상이었다. 볼셰비키 체제에 적대적이고 이 체제의 붕괴를 바랐던 서구 열강들은 소련을 제국으로, 그것도 불법적인 제국으로 간주했다. 하지만 볼셰비키는 완전히 다른 방식으로 소비에트연방을 바라보았다. 볼셰비키당 지도부 중 다수는 러시아인이 아니라 옛 러시아제국

치하에서 억압받던 소수민족인 라트비아인, 폴란드인, 조지아인, 아르메니아인과 유대인이었다. 그들은 러시아 제국주의와는 불구대천의 원수였고 러시아제국 말기에 점점 강화된 비러시아인 차별 조치에 분노하면서 성장했다. 그들은 소비에트연방 지역 안팎, 특히 (19세기에 러시아제국에 의해 정복당한 중앙아시아 지역을 포함한) 아시아 지역의 식민지 주민을 해방하는 일을 자신들의 사명으로 여겼다. '배타적 러시아 민족주의Russian chauvinism'가 '가장 큰 위협'이라는 1920년대의 슬로건은 소련의 모든 민족주의 가운데 가장 치명적인 것이 러시아 민족주의라는 뜻이었다.

볼셰비키는 열렬한 국제주의적 마르크스주의자들이었다. 그들에게 민족주의는 허위의식에 불과했으나, 그들은 민족주의가 대중적인 호소력을 지녔고, 없애려고 시도할수록 더 강해지는 경향이 있다는 걸 알았다. 그래서 볼셰비키는 민족주의를 억압하는 실수를 범하지 않았다. 그들의 전략은 비러시아인의 민족주의를 **권장**하는 것이었다. 이를테면 각 민족의 언어를 공용어로 사용하고, 민족문화를 장려하며, 공화국 단위(예컨대 우크라이나)에서 시작하여 마을 소비에트 단위(유대인, 벨라루스인, 러시아인, 라트비아인, 그리스인, 그리고 다른 '자치 구역들')까지 내려가는 독립된 행정구역을 만들었다. 소련의 행정 체계가 각 민족의 정체성을 보호하는 것은 물론, 정체성을 형성하는 데에도 도움을 주었다는 점이 소련 통치의 역설 가운데 하나였다.

후진성의 문제

볼셰비키들은 철두철미하게 근대주의자이면서 합리주의자들이었다. 국가 주도로 산업을 발전시키는 방식의 근대화야말로 그들의 핵심적인 계획이었으며, 그들이 의도하는 사회주의의 큰 부분을 차지했다. 그들은 서구 국가들에 비해 뒤떨어진 러시아의 후진성을 극복해야 할 큰 과업으로 생각했으며, 인프라와 산업 분야에 대한 자본 투자와 문해 교육, 적극적인 실행 계획을 통해 소련에 속한 '동양', 즉 중앙아시아 지역을 근대화하고 문명화해야 한다고 분석했다. 소련 전 지역에서 장·단기 계획에 따라 근대화와 전통 해체가 활발하게 추진되었다. 서구 국가가 사용한 그레고리력보다 13일 더 빠른 러시아제국의 율리우스력은 일찌감치 폐기되었다(1918년에 율리우스력이 그레고리력으로 바뀌었기 때문에 '10월혁명'의 기념일은 11월 7일이 되었다). 볼셰비키가 권력을 장악한 뒤 몇 달 만에 옛 문자 표기법 변경, 여러 법적인 족쇄로부터 여성 해방, 낙태 합법화, 당사자에게 책임을 묻지 않는 이혼, (특히 미신의 심각한 온상으로 간주된) 동방정교회 해산, 사회적 계급 철폐 등이 이루어졌다.

러시아혁명 이전 러시아는 얼마나 낙후되었을까? '후진성'은 더 발전한 국가와 비교하는 개념이기 때문에 정확히 평가하기가 쉽지 않다. 러시아는 서유럽과 비교되었다. 러시아를 후진성에서 탈피해 서구 사회로 바꾸는 것은 2세기 전 표트르 대제의 목표였

1900년경 모스크바의 붉은광장 모습. 이 명칭이 공산주의자들 이전에 사용되었다는 점에 유의하기 바란다('붉은'을 뜻하는 러시아어에는 '아름답다'는 뜻도 있다). 왼쪽이 성바실리 성당, 오른쪽이 크렘린이다.

1900년경 모스크바의 루뱐카 광장 모습. 1926년에 제르진스키 광장으로 개명되었다.

다. 그는 이를 위한 전략으로 새로운 수도 상트페테르부르크(유럽과 최대한 가까운 지역)를 건설하고 귀족들의 수염을 깎도록 강요했다. 표트르 대제의 후계자들–특히 예카테리나 2세는 계몽주의 철학자인 디드로나 볼테르와 자주 교신하던 군주였다–은 이 목표를 잘 수행하여 러시아는 19세기 초에 유럽의 강대국으로 인정받았고, 러시아의 광활한 스텝 지대에서 나폴레옹 군대를 물리친 후 이런 평가가 공고해졌다. 러시아제국의 영토는 19세기 동안 남쪽으로 캅카스(코카서스)까지, 그리고 칸khan들이 통치했던 중앙아시아 국가들을 넘어 동방 지역까지 확대되었다. 하지만 농민들이 농노 신분에서 해방된 것은 1860년대 초 알렉산드르 2세의 대개혁 이후였다.

러시아제국은 산업혁명의 후발주자였다. 러시아의 산업화는 영국보다 반세기 늦은 1890년대에 시작되었으며, 같은 시기의 일본처럼 국가의 재정 지원과 외국인 투자에 주로 의존했다.

1897년에 시행된 러시아 최초의 근대적 인구조사에 따르면 러시아제국의 인구는 1억2600만 명이었고, 이 가운데 9200만 명이 러시아제국의 유럽 지역(현재의 폴란드 동부지역과 우크라이나 포함)에 살았다. 약 900만 명이 폴란드와 코카서스 지역 사이에 거주했고, 나머지는 시베리아와 중앙아시아에 흩어져 있었다. 러시아제국의 유럽 지역 도시 인구는 1863년부터 1914년 사이에 3배 증가했지만, 서구 국가들과의 국경에서 멀어질수록 도시화와 산업화의 수준이 급격히 낮아졌다. 당시 폴란드 지역이 러시아제국에서 가장

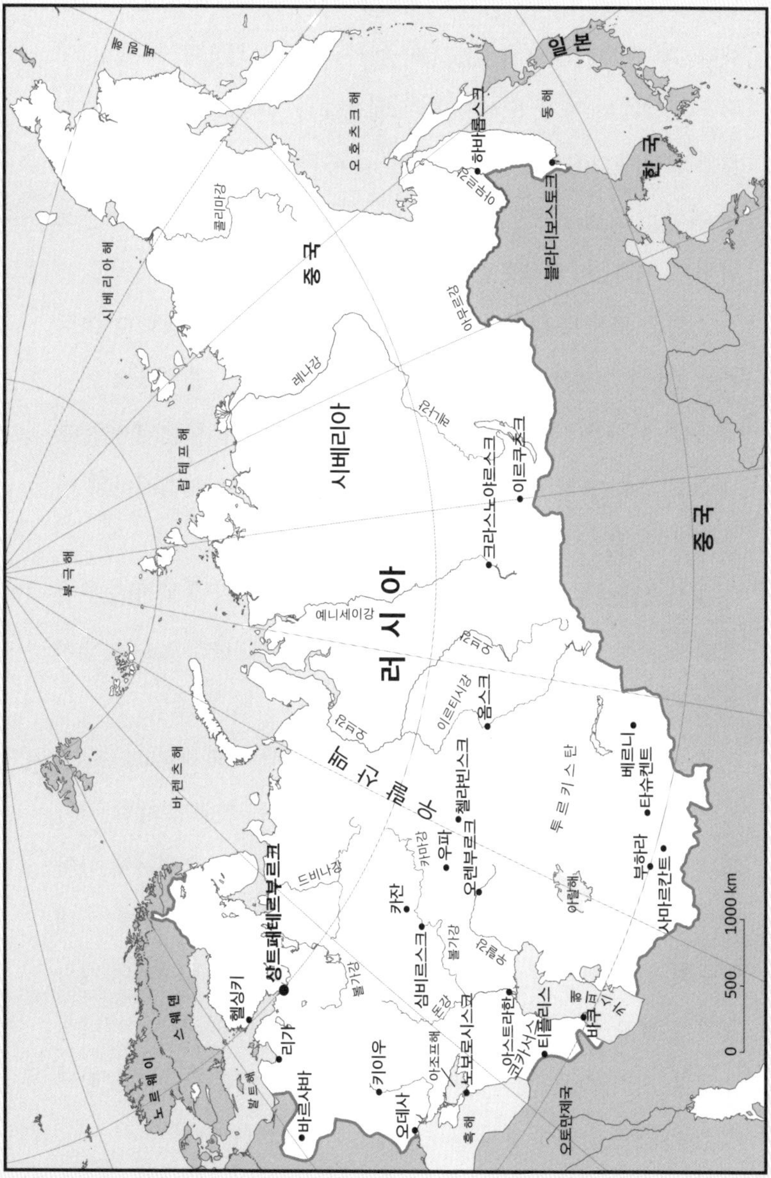

러 시 아
시베리아
중국
일본
한국
오호츠크해
동해
하바롭스크
블라디보스토크
아무르강
콜리마강
시베리아해
랍테프해
레나강
북극해
바렌츠해
노르웨이
스웨덴
발트해
헬싱키
상트페테르부르크
리가
바르샤바
키이우
오데사
흑해
오토만제국
아조프해
노보로시스크
돈강
심비르스크
카잔
볼가강
드비나강
우랄산맥
카마강
우파
오렌부르크
첼랴빈스크
오비강
이르티시강
옴스크
예니세이강
크라스노야르스크
이르쿠츠크
투르키스탄
아랄해
베르니
타슈켄트
부하라
사마르칸트
카스피해
바쿠
티플리스
아스트라한
코카서스
우랄강
0 500 1000 km

러시아제국

발전한 곳이었다. 시베리아 지역 인구의 92퍼센트가 농촌에 거주했다. 10~59세 인구 중 읽고 쓸 줄 사람은 3분의 1이 안 됐고, 이 비율은 남자와 여자, 도시와 농촌, 젊은층과 노년층 사이에서 큰 격차를 보였다. 20대 인구 중 남자는 45퍼센트가 읽고 쓸 줄 알았지만 여성은 12퍼센트만 가능했다. 50대 인구 가운데서는 남자는 26퍼센트, 여자는 1퍼센트만 읽고 쓸 수 있었다.

소련은 고도로 발전한 도시였던 바르샤바와 리가(현재 라트비아 수도. 혁명 후 소련이 상실했다 – 옮긴이)와 더불어, 지금은 우크라이나에 속한 돈바스 지역에서 광산업과 금속산업이 급성장 중이었다. 그중 대다수는 외국인 소유였고 노동자들은 대부분 러시아의 마을에서 모집한 사람들이었다.

상트페테르부르크, 모스크바, 키이우, 하르키우, 흑해 항구도시 오데사도 산업화되고 있었고, 바쿠(카스피해에 면한 아제르바이잔 지역)는 주요 석유 생산지로 부상 중이었다.

전체 인구는 행정 관리와 인구조사를 위해 사회계급soslovija(귀족, 성직자, 도시민, 농민)으로 나누었고, 각 계급은 차르에 대해 각각의 권리와 의무를 졌다. 이런 계급은 서유럽에서는 오래전에 사라진 터라, 러시아의 서구 지향적 지식계급에게는 당혹스러운 시대착오처럼 보였다. 77퍼센트에 이르는 농민들이 계급 가운데 가장 규모가 컸고, 도시민들과 다른 도시 계급들은 11퍼센트에 지나지 않았다. 지식계급(인텔리겐치아) 또는 교육받은 계급 구조에 포함되지 않은 것은 근대에 맞지 않는 비정상적 현상이었다.

러시아는 제국이었지만 민족 개념은 차르 체제에는 너무 근대적이었고, 1897년 인구조사는 종교와 모국어에 관한 자료만 수집했다. '러시아어'는 러시아제국 인구의 3분의 2가 사용한다고 주장하는 언어였지만 여기에는 지금의 우크라이나어와 벨라루스어 사용자도 포함되었다. 44퍼센트만이 러시아 본토 출신을 의미하는 '대러시아인Great Russians'으로 등록되었다. 종교는 인구의 약 70퍼센트가 러시아정교회였다. 여기에는 17세기에 정교회에서 분리해 나온 200만 명의 분리파 교도Raskolnik도 포함된다. 11퍼센트는 이슬람교, 9퍼센트는 로마가톨릭, 4퍼센트는 유대교이다.

서부 유럽, 특히 영국이 보기에 러시아는 계몽되지 않은 전제 군주국의 전형이었다. 이것은 러시아제국에서 추방된 혁명가들이 영국의 관대한 망명 정책으로 혜택을 받아 정착한 뒤 활발하게 선전한 탓도 컸다. 반체제 인사들을 시베리아로 추방하는 차르의 행동은 냉전 시기 강제노동수용소gulag처럼 '문명' 세계에서 비난받았다. 러시아제국의 규모와 강대국 지위에도 불구하고 1905년 일본과의 전쟁에서 굴욕적으로 패배한 뒤 차르 권력은 위태로워졌고, 전국 각지에서 일어난 혁명에서 간신히 살아남기는 했지만, 소요를 진압하는 데 1년 이상이 걸렸다. 1905년 혁명의 결과로 러시아 급진주의자들은 영웅적인 전설이 되었고, 인민들이 자발적으로 만든 혁명 조직인 소비에트(문자적 의미는 '평의회')가 등장하여 행정 권력과 입법 권력을 행사했다. 멘셰비키파 마르크스주의자 레온 트로츠키는 곧장 페테르부르크 소비에트의 카리스마적 지도자로서

명성을 얻었다. 반면 트로츠키처럼 망명했다가 귀환한 볼셰비키파 지도자 블라디미르 레닌은 1905년 혁명이 끝난 후에야 러시아에 도착해 눈에 띄지 않는 역할만 수행했다.

기다리는 혁명가들

러시아에서 혁명을 원하는 사람이라면 억압받는 농민들의 지원을 고대하는 것이 확실한 경로처럼 보였을지도 모른다. 그것은 실제로 혁명 1세대의 추론이었고, 이른바 인민주의자들 Narodnik(무정부주의와 허무주의에 영향을 받아 인민주의를 주창한 운동 세력 – 옮긴이)이 1860년대와 70년대 급진적인 현장을 주도했다. 러시아에서 오랜 농민 반란 전통을 인식한 그들은 농민을 차르 체제의 잠재적 전복자이자 순수한 도덕적 지혜의 원천으로 보았다. 하지만 농민들은 인민주의자 운동가들을 신경 쓰지 않았고, 자신들과 아무런 공통점도 없는 도시 엘리트로 인식했다.

이러한 거부에 대한 실망이 1880년대 혁명 운동에서 마르크스주의가 등장하는 계기가 되었다. 독일 사회주의 사상가 카를 마르크스와 프리드리히 엥겔스의 제자들인 러시아 마르크스주의자들은 혁명의 불변하는 '필연성'이라는 '과학적 예측'을 제시했다. 자본주의는 역사적으로 사회주의에 길을 내줄 운명이라는 것이다. 자본주의 발달 과정에서 발생한 산업 프롤레타리아야말로 역사가 선택한 혁명 주체였고, 이는 농민들은 (적어도 이론상으로는) 혁명의 적절한 주체가 아니라는 뜻이었다. 혁명 운동에 대한 헌신은 도덕적 정당성에서 역사적 필연성(독일어로 gesetzmässigkeit, 러시아어로 zakonomernost이다. 영어권에서는 낯선 개념이었다)에 기초한 합리적인 선택으로 바뀌었다. 이런 내용은 심오한 철학적 영역이며 선택된 소수만이 이해하는 개념이었다. 하지만 모든 러시아(나중에는 소비에트) 마르크스주의자들은 이 **필연성**의 의미를 알았다. 그것은 원칙적으로 세상이 예정된 대로(실제로 종종 경험하는 '우연하고' '저절로 일어나는' 방식과는 달리) 흘러가는 것을 의미했다.

러시아의 마르크스주의 혁명가들은 산업 노동계급과 동질감을 느꼈지만, 초기에 그들 중 대다수는 귀족이나 지식계급의 자손이었다. 19세기 말과 20세기 초 다른 선진국들처럼 러시아의 고등교육은 서구화되었고, 흔히 그렇듯이 지식계급이 급진화되었다. 첫 번째 특징(서구화)은 러시아 국민과의 거리감을, 두 번째 특징(급진화)은 러시아 국민을 이끌 사명 의식을 형성했다. 급진 사상을 가진 교육받은 러시아인들은 대부분 자신들을 '지식계급'이라고 불렀고, 같은 교육을 받고 국가를 위해 일하는 사람들을 경멸하며 배척했다(알렉산드르 2세의 대개혁이 막후에서 일하는 '계몽된 관료들'에 의해 신중하게 계획되었다는 사실은 이런 판단에 영향을 주지 않았다. 철저한 혁명과 정신적 재탄생이 필요한 시기에 피상적인 개혁이 무슨 소용인가?). 정부(차르 체제 붕괴 후 명백해졌듯이 **모든** 정부)를 비판하고 사회의 양심으로 행동하는 것이 지식계급이 자임하는 역할이었다. 물론 이런 태도로 인해 지식계급은 러시아 당국, 특히 비밀경찰인 오흐라나

Okhrana와 끊임없이 충돌했다. 본업으로 급진적인 정치운동을 하는 경우는 거의 없었지만, 소수는 직업 혁명가가 되었다. 그들은 학생 시절 체포되어 투옥되거나, 러시아 국내 지역으로 추방되거나, 추방지에서 탈출하거나(그렇게 어려운 일이 아니었다. 일례로 스탈린은 유형지에서 도보, 마차, 기차 등을 이용해 다섯 번 탈출했다 – 옮긴이), 부모의 재정 여건이 허락하는 경우 해외로 망명했던 사람들이었다. 자신들의 사회계급적 토대를 농민이라고 했든 노동자라고 했든 상관없이 모든 혁명 당파는 혁명적 지식인들에 의해 주도되었고, 그들 중 대부분은 유럽에서 오랜 기간 망명 생활을 했다.

블라디미르 레닌은 1870년 볼가 강변의 심비르스크(1924년 레닌 사후 울리야놉스크로 개명되었고, 놀랍게도 아직도 같은 명칭이 유지되고 있다)에서 블라디미르 울리야노프라는 이름으로 태어났다. 그는 카잔 제국대학 법대 시절 급진화되었는데, 그의 형이 황제 암살 음모에 가담했다가 처형된 것이 그 원인 중 하나였다. 울리야노프 집안은 서구 기준으로 전문직 중산층이었고(아버지는 장학관까지 승진하여 비세습 귀족이 되었다), 혈통 측면에서는 대체로 러시아인이었지만 독일계와 유대계의 혼혈이었다. 혁명을 받아들인 레닌은 상트페테르부르크 마르크스주의 노동계급 해방투쟁연맹에 참여했다. 그로 인해 그는 당시 흔한 행정 처벌이었던 유배형을 받았고, 그 후 어머니의 재정 지원으로 스스로 해외로 망명했다. 그는 러시아 및 동부 유럽 지역 출신 혁명가들이 다양하게 참여한 단체에 가입해 런던·파리·제네바·취리히·베를린에서 회합했다(이 기간은 지저분한 하숙집, 다른 혁명가들과의 열정적이고 날카로운 논쟁, 경찰 스파이와 정보원들의 추적, 외로움, 도서관에서의 긴 독서 시간으로 채워졌다).

그가 속한 마르크스주의 혁명 집단 내에서 레닌과 그의 부인 나데즈다 크룹스카야 같은 러시아인들은 유대인, 폴란드인, 라트비아인, 그리고 19세기 후반부터 제정 러시아 당국에 학대당하고 러시아화 정책의 대상이 되었던 러시아제국 내 다른 소수민족보다도 소수파였다. 레닌은 비타협적인 태도와 자신이 만든 작은 파벌을 주도하려는 성향 탓에 혁명 단체에서 유명인사가 되었다. 이 파벌은 1903년 레닌이 주도한 사회민주화 운동 분열 이후 볼셰비키파가 되었다. '볼셰비키Bolshevik'라는 용어는 '다수파'를 뜻하는 러시아어에서 비롯되었고, 그들의 적대세력은 러시아어로 '소수파'를 뜻하는 '멘셰비키Menshevik'라고 불렀다. 이는 레닌 측의 교묘한 술책이었고, 실제로는 멘셰비키가 다수파였다.

러시아 마르크스주의자들에게는 몇 가지 근본적인 문제가 있었다. 역사 법칙에 대한 마르크스주의 이론에 따르면, 생을 바친 '그들의' 혁명은 당면한 역사적 과제가 아니라 그 다음번 과제였다. 이것은 러시아가 아직 자본주의 초기 단계인 탓에 부르주아가 너무 미약하거나 수동적이어서 시대착오적인 전제군주제에 대항하는 부르주아 자유주의 혁명을 수행할 수 없었기 때문이다. 영국이나 독일과 달리, 러시아는 프롤레타리아 사회주의 혁명을 수행할 정도로 '성숙'하지 못했다. 트로츠키 등 일부 독불장군 같은 인사들과 달리 멘셰비키들은 러시아가 미성숙한 사회라는 주장을 진지하게

1879년에 찍은 울리야노프 가족의 초상화. 앞줄 오른쪽이 학생인 블라디미르, 뒷줄 왼편에 서 있는 사람이 그의 형 알렉산드르(21세 때 차르 암살 계획에 가담했다가 체포되어 처형되었다).

받아들였지만(아마도 그들과 레닌의 주요한 교조적 차이일 것이다), 볼셰비키는 그렇지 않았다. 그렇다고 해서 볼셰비키가 결과적으로 나쁜 마르크스주의자라는 멘셰비키의 주장을 액면 그대로 받아들이는 것은 옳지 않다. 집권 후 그들의 정책이 보여주었듯이, 계급 전쟁과 역사적 필연성에 대한 마르크스주의 이론은 볼셰비키 정당 지도부에 깊이 각인되어 있었고, 게다가 마르크스주의 입장에서 러시아 프롤레타리아 혁명의 타당성을 정당화하는 이론들(예컨대 제국주의 족쇄의 가장 약한 연결고리를 가장 먼저 부숴야 한다는 이론)이 있었다. 사실, 역량이 있는 혁명가라면 혁명 이론의 금기를 우회할 방법을 찾을 것이다.

마르크스주의 혁명가들의 또 다른 문제는 러시아 프롤레타리아가 비교적 미약하다는 것이었다. 프롤레타리아는 대규모 기업에 고도로 집중되어 있었고, 이는 혁명에 유리한 요인이기는 했다. 그러나 1897년에 총인구가 1억 2500만 명을 넘었음을 고려할 때 1914년 300만 명이 겨우 넘은 프롤레타리아 수는 형편없이 적은 것이었다. 이런 미약함은 레닌의 혁명 정당 개념에 의해 일부 보완되었다. 그의 이론에 따르면 혁명 정당은 직업 혁명가들로 구성되어 프롤레타리아의 '전위대' 역할을 할 수 있었다. 노동자들이 역사적 혁명 과업에 눈을 뜨게 하는 것이 전위대의 과제였다. 노동자들 – 이제는 '의식화된'이라는 수식어가 덧붙여진다 – 은 계몽되지 않았지만 반항적 민중의 전위대 역할을 한다. 1901년 러시아 경찰의 보고서에 따르면, 볼셰비키는 이 과업에서 어느 정도 성공을 거두었다. 경찰은 안일하게 지내던 젊은 남성 노동자들이 특별한 형태의 반半문맹 '지식인'으로 바뀌었다고 보고했다. 그들은 가족과 종교를 거부하고, 법을 무시하고, 제도적 권위를 부인하고 비웃는 성향을 보이며, '무기력한 노동자 대중'을 이끄는 권위를 획득했다.

레닌은 러시아 마르크스주의 망명가 중 가장 비타협적인 혁명가였을 뿐만 아니라 그의 파벌 내에서도 도전을 용납하지 않는 가장 권위주의적인 사람이었으며, 혁명 운동에서 민중의 자발성과 반대되는 조직 및 전문적인 지도력의 중요성을 강조했다. 그러나 그는 일차원적인 인물이 아니었다. 교사이자 교육사상가였던 크룹스카야와 결혼한 레닌은 인민의 계몽이 혁명의 중대한 목적이라는 그녀의 확신을 어느 정도는 공유했다. 그랬기에 일반 대중을 위해 학교를 세우고, 글자를 가르치고, 도서관을 보급하는 것을 핵심적인 혁명 과제로 삼았다. 확실히, 크룹스카야와 달리 레닌은 강한 사명감을 지닌 타고난 정치가였다. 레닌에게 파벌 싸움과 권력 투쟁은 삶의 일부였다. 그는 정치적 침체기일 때는 대중을 계몽할 방법을 생각하며 시간을 보냈다.

제1차 세계대전과 혁명

1917년 1월 취리히에서 망명 생활을 하던 레닌은 자신의 생애에 러시아혁명을 보지 못할 것 같다며 한탄했다. 이 합리적 판단은 틀린 것으로 드러났다. 전쟁 시기는 레닌이나 국제 사회주의 운동 전반에도 좋은 일은 아니었다. 제국주의 경쟁국들 사이에서 전쟁이 터졌을 때 노동자들이 정부를 지지하지 않고 동료 프롤레타리아를 향해 총을 쏘는 일이 일어나지 않기를 레닌은 바랐다. 실제 상황은 정반대로 전개되었다. 노동자와 많은 사회주의 지식인들이 갑자기 애국주의자가 되어 정부에 동조하였고, 전쟁 초기 단계의 특징인 강력한 민족주의 열풍에 휩싸였다. 레닌은 특이하게도 이 전쟁이 노동자에게 아무런 이익도 없는 제국주의 전쟁이라고 줄기차게 주장했다. 아울러 러시아혁명이라는 대의 측면에서 러시아의 패배가 최선의 결과라고 주장했다. 그것은 그의 망명 동료들 사이에서 인기 있는 관점이 아니었고, 그 결과 볼셰비키 정당은 더욱 분열되었다.

러시아가 전쟁을 수행할 준비가 되지 않았다는 사실은 곧 명백해졌다. 제국 군대는 징집한 신병에게 지급할 총조차 모자랐다. 1915년 독일이 군대를 동부전선으로 이동시켜 러시아제국의 서부 지역을 상당히 점령했다. 패배, 점령, 피난은 초기에 애국적이었던 대중에게 충격으로 다가왔다. 전쟁 말기에 250만 명의 러시아 병사가 독일군에 포로로 잡혔고, 엄청난 숫자의 부상자와 의병 제대자를 제외하고 약 200만 명의 군인 사망자, 약간 더 적은 수의 민간인 사상자가 발생했다. 1917년 2월 러시아 군대는 총 1500만 명 넘는 남자를 징집했다. 그들은 주로 농민들이었으며 여자들은 농토를 경작하도록 남겨두었다. 독일이 러시아제국 서부 지역을 위협하자, 러시아 군대는 약 100만 명의 유대인과 45만 명의 독일계 러시아인을 러시아의 특별 정착 지역으로 이주시켰다. 추가로 600만 명의 피난민이 전쟁을 피해 러시아 동쪽 내륙 지역으로 이주했다.

정치·군사 분야의 엘리트들과 고난을 겪는 시민들, 심한 타격을 입은 징집 군인들 사이에 불만이 증가했다. 황제 니콜라이 2세는 무능하고 우유부단한 사람이며, 그의 아내인 알렉산드라 황후와 혈우병 환자인 황태자 알렉세이를 치료했다고 전해지는 수상한 파계승 그리고리 라스푸틴의 손에 놀아난다는 소문이 퍼졌다. 라스푸틴은 행실이 나빴던 젊은 왕자 펠릭스 유수포프에 의해 1916년 12월에 살해되었다. 펠릭스는 자신이 전제군주제를 수호했다고 생각했다. 고위 장성들은 이런 상황에 충격을 받고 최근 창설된 두마(1905년 혁명의 산물인 의회)의 지도자들과 협의하기 시작했다. 그들은 통치자의 역할을 제대로 수행하지 못하는 니콜라이 2세와 알렉세이 황태자가 자진해 퇴위하고, 더 강력한 지도력을 발휘할 것으로 기대되는 황제의 동생에게 권력을 이양할 것을 요구하기로 결의했다. 니콜라이 2세는 이에 동의하고 퇴위했지만 동생이 그 제안을 거부하자 그들은 혼란에 빠졌고 다른 대안도 없었다.

서구 달력으로 3월 초 마르크스주의자들이 '부르주아 자유주의 혁명'(하지만 혁명 참여자들은 주로 귀족 계급에 속했고 소수만이 자유주의자였다)이라고 부른 2월혁명이 일어났다. 2월혁명은 임시정부라는 오래 지속되기 힘든 과도정부를 탄생시켰고, 임시정부는 조만간 제헌의회Constituent Assembly를 소집해 러시아의 통치 방식을 결정하기로 약속했다. 러시아가 계속 전쟁을 수행하기를 간절히 바랐던 협상국들은 즉시 새로운 정부를 승인했고, 이것이 그나마 긍정적인 측면 중 하나였다.

징집된 일반 병사들의 분위기가 암울해졌다. 주로 사상자, 패배, 의외로 긴 기간 때문이었다. 전통적으로 병사들에게 제공하던 보드카를 황제가 1914년 지급 거부한 것에 대한 분노도 한 가지 원인이었을 것이다. 일반 시민에게도 적용된 금주법은 중요한 국가 수입원을 없애버렸고, 곡물이 가정의 불법적 밀주 제조에 사용되면서 빵이 부족해졌다. 1916~17년 겨울, 페트로그라드(러시아 수도 '상트페테르부르크'가 너무 독일어처럼 들려서 전쟁 초기에 개명했다)에서는 여성 노동자들이 빵을 사기 위해 줄을 서야 했다. 이에 대중의 불만이 터지기 시작하여 군대로 확산하였고, 총알받이 역할에 진저리를 치던 병사들이 탈영하기 시작했다. 봄 파종 시기가 다가오자 점점 더 많은 농민 출신 병사들이 고향으로 떠났고, 장교들은 그들을 막을 힘이 없었다. 점점 더 많은 군중이 황제의 퇴위를 기뻐하자 대도시의 경찰도 점차 무너졌다. 전형적인 혁명 직전 상황이었다. 혁명의 힘이 막강하고 대도시 시위대가 가장 강력했기 때문이 아니라, 구체제가 대중과 엘리트 계층에게서 정당성을 상실했고 군대와 경찰도 믿음직한 수호자 역할을 포기했기 때문이었다.

2월혁명에서 맛본 의기양양한 자유의 순간은 대중의 기억에 오래 남았다. 거리 곳곳에서 혁명의 물결이 일어났고 시위대는 환호했다. 마르크스주의자들이 **말하기는 이상한 일이었지만** 그들 중 다수는 노동자였다. 1905년 페테르부르크 소비에트를 모델로 삼

1917년 2월, 페트로그라드의 혁명 시위. 배너에 '자유, 평등, 형제애'라고 적혀 있다.

아 공장과 군부대에서 직접 선출한 대표들로 이루어진 임시 인민 조직이 임시정부와 거의 같은 시기에 탄생했다. 페트로그라드 소비에트는 인민 혁명의 대표를 자임하며 군대에 대한 모든 명령에 공동 서명할 권리를 요구했다. 임시정부는 그것을 받아들이는 수밖에 없었다. 그 결과 '이중 권력'이 성립하여 본질적으로 임시정부와 페트로그라드 소비에트가 권력을 공유하게 되었다. 이것은 소비에트 사회주의 지도자(초기에는 주로 멘셰비키)들의 신념이 제도적으로 훌륭히 표현된 것이었다. 러시아가 아직 프롤레타리아 혁명을 하기에는 미성숙하니 프롤레타리아의 감독하에 부르주아 자유주의 혁명이라는 역사적인 통치기를 거쳐야 한다는 신념 말이다.

혁명 열기에 휩싸인 대중은 들뜬 분위기 속에 사회주의자들의 단결을 지지했다. 레닌은 이런 관점에 혼자 반대했다. 취리히에 머물던 그는 한 달 정도 걸려 (전쟁이 여전히 진행 중이었던) 전선을 거쳐 러시아로 돌아왔다. 그와 다수의 혁명가가 마침내 독일의 지원을 받아, 유명한 '봉인 열차sealed train'를 타고 독일 영토를 거쳐 스웨덴과 핀란드를 경유해 러시아로 돌아온 것이다. 4월 페트로그라드의 핀란드역에 도착한 레닌은 화해하려는 의도를 가진 소비에트 사회주의자를 포함한 열광적인 군중으로부터 환영받았다. 레닌은 곧장 행복한 단합 분위기에 종지부를 찍었다. 그는 더 이상 임시정부와 권력을 공유해서는 안 된다고 발표했다. 그의 새로운 슬로건 '모든 권력을 소비에트로!'는 다른 마르크스주의자들이 러시아에 필요하다고 생각한 부르주아 자유주의 혁명을 잊고 곧장 프롤레타리아 혁명으로 이행해야 한다는 뜻이었다. 그의 주장에 충격을 받은 사람들은 멘셰비키만이 아니었다. 더 일찍 러시아 수도에 도착해 사회주의 연합 전선에 참여한 레닌의 볼셰비키파 사람들도 그랬다. 심지어 레닌의 아내도 깜짝 놀랐다. 그녀가 옆에 서 있던 오랜 동지들에게 낮은 목소리로 이렇게 투덜거렸다고 전해진다. "레닌은 미쳤어요."

그 후 여러 달 동안 경제 상황이 악화되고 탈영병이 증가했다. 수도 근처 군 주둔지에서 근무하는 노동자와 병사와 수병들의 대규모 시위가 페트로그라드와 모스크바 거리를 메웠다. 임시정부와 군 총사령부는 하계 전투를 대비해 군을 재정비하려고 필사적으로 노력했다. 정치 행위가 이루어지는 페트로그라드에서 볼셰비키파의 비타협적인 입장이 시위대의 관심을 끌었고 볼셰비키파 가입자와 영향력이 급격히 증가했다. 트로츠키와 같은 행동파 멘셰비키들은 동료들과 갈라져 볼셰비키파에 합류했다. 7월 초 최대 규모의 시위가 발생한 후 강력한 탄압이 이루어졌고 레닌은 체포되지 않으려면 핀란드로 도피해야 한다고 느꼈다. 소수파 사회주의 정당 소속 변호사였던 알렉산드르 케렌스키가 르보프 공으로부터 임시정부 권력을 인계받았다. 하지만 군대와 수도의 상황은 나아지지 않았고, 독일은 계속 진격하여 8월에 리가(러시아제국의 일부였던 라트비아의 수도)를 점령했다. 그로 인해 독일군이 페트로그라드에 가까이 오자 불안감이 고조되었다.

9월이 되자 극적인 드라마가 펼쳐졌다. 케렌스키가 최근 총사령관으로 임명해 군대 사기 회복 임무를 맡겼던 라브르 코르닐로프 장군이 군사 쿠데타를 시도했다. 그 결과 코르닐로프와 케렌스키의 관계가 멀어졌다. 이는 73년 뒤 미하일 고르바초프 서기장과 1990년 8월에 쿠데타를 시도한 소련 지도자들의 관계와 똑같았다. 어쩌면 코르닐로프는 케렌스키를 반대해서가 아니가 지원하려고 쿠데타를 감행했을 수도 있다. 철도 노동자의 즉각적인 조치로 코르닐로프 부대의 수도 진격이 저지당해 쿠데타는 실패했고, 케렌스키의 입지는 치명적으로 손상되었다.

트로츠키의 지지를 받은 레닌은 거리의 시위대가 7월 이후 요구해온 권력을 쟁취할 때가 왔다고 결정했다. 페트로그라드에서 10월혁명은 2월혁명만큼이나 조용히 이루어졌다. 하지만 나중에 만들어진 신화는 이를 훨씬 더 대범하고 유혈이 컸던 혁명으로 묘사했다. 페트로그라드 여학교에서 국가 소비에트 회의가 소집되었고, 트로츠키가 페트로그라드에서 필요한 준비 작업을 수행했다. 핀란드 은신처에서 나온 레닌은 볼셰비키가 권력을 소비에트로 이양하고 임시정부를 철폐할 것이라고 발표했다. 멘셰비키는 소비에트 의회에 참여하지 않았는데, 이는 제 손해일 뿐이었다. 케렌스키는 여자 옷을 입고 변장한 채 이미 비행기를 타고 있었다.

'모든 권력을 소비에트로'라는 슬로건이 일부 소비에트 기관 – 페트로그라드 소비에트, 또는 소비에트 의회에서 선출된 집행 기구 – 이 국가 권력을 갖는다는 의미라고 생각한 사람들 앞에는 놀라운 일이 기다리고 있었다. 새로운 정부가 레닌이 임명하고 레닌의 대변인이 소비에트 의회에 통보하는 위원으로 구성된 인민위원회Council of People's Commissars(사실상 내각)라는 사실이 드러나자 볼셰비키들도 매우 놀랐다. 위원들은 모두 볼셰비키였고 레닌이 의장을 맡았다. 볼셰비키가 권력을 장악했다.

볼셰비키 통치권 확립과 내전

볼셰비키들은 레닌의 프롤레타리아 혁명론을 격렬하게

거부했었지만 10월혁명에서는 손쉽게 승리를 거두었다. 전쟁 실패는 구체제 탓으로 돌아갔고, 전쟁에서 빠져나오지 못한 실패는 똑같이 임시정부 탓으로 돌아갔다. 전시 비상 상황 때문에 불만(그리고 무기)을 지닌 인파가 도시와 군 주둔지로 모였고 혁명가들은 그들을 대규모 지지자로 이용할 수 있었다. 산업 노동계급 역시 몇 안 되는 대도시에 집중되어 있어 혁명 조직의 과업 수행이 더욱 수월했다. 이와 더불어 러시아 최대 자본 기업들 중 다수가 외국인 소유였는데, 이 기업들의 소유주 및 관리자 일부가 전쟁 초기에 이미 떠났고 남은 사람들은 러시아인보다 몰아내기가 훨씬 더 쉬웠다. 하지만 10월 페트로그라드의 권력 이양은 그저 시작일 뿐이었다. 볼셰비키가 이 권력을 유지하고, 러시아의 나머지 지역으로 확대하면서, 새로운 통치 방식을 제시할 수 있을지는 두고 볼 일이었다.

마르크스주의의 엄정한 원리에 따라 볼셰비키는 그들의 새로운 국가 통치 형태를 '프롤레타리아 독재'라고 말했다. 프롤레타리아 독재의 과제는 '전위' 정당을 도구로 삼아 국가가 과도기를 거친 후 사회주의를 실현할 수 있도록 준비하는 것이었다. 사회주의 비판자들은 권력을 잡은 사람들이 진짜 프롤레타리아인지에 대해 비판할지 모르지만, 1918년에 발생해 2년 이상 계속된 내전 상황에서 당의 프롤레타리아 정체성은 이차적인 문제였고 독재가 더 핵심적인 개념이었다. 의회주의와 비슷한 일부 내용에도 불구하고 사실상 그것은 볼셰비키당의 독재였다. 볼셰비키들은 구 통치 세력, 지주 계급, 도시 부르주아의 저항을 예상하고 '계급의 적들'에 대해 테러를 불사할 것이라고 공개적으로 밝혔다. 이를 위해 체카cheka(반혁명, 파괴 공작, 투기 방지특별위원회를 일컫는 러시아 두문자어 - 옮긴이)가 1917년 12월 설립되었다.

체카는 사회 정의라는 명분으로 주택과 아파트를 포함해 부르주아와 귀족들의 재산을 강제로 '몰수'했다. 하층민들이 이 몰수 부대에 많이 자원했다. 사실 1917~18년 볼셰비키의 작은 문제 가운데 하나는 상습범들이 국가가 아니라 자신을 위해 몰수자로 행세하며 부르주아의 아파트 문앞에 나타나 몰수 행위를 개인 사업으로 둔갑시킨 것이었다. 볼셰비키는 이런 행위를 저지른 범죄자들이 진정한 노동계급이 아니라 '룸펜 프롤레타리아'라며 비난했다. 하지만 부랑자를 뜻하는 룸펜lumpen은 마르크스주의자들이 올바른 사회주의 의식을 갖지 못한 프롤레타리아들을 경멸하는 표현이었기 때문에 외부인이 룸펜 프롤레타리아와 진정한 프롤레타리아를 구분하기는 어려웠다.

이런 혁명적 조치는 대부분 볼셰비키가 가장 확실하게 통제하는 대도시에서 일어났다. 농촌 지역에서는 효과적인 정부 통제와 별도로 농민들이 지주들을 몰아내고 저택을 불태우는 등 나름의 방식으로 복수했다. 복수가 대강 완수되자 그들의 복수는 지역사회의 더 부유한 농민들, 이른바 부농kulak에게로 향해 그들의 재산을 몰수했다. '몰수'라는 전문용어는 새로운 유행어가 되었다.

내전은 양측 모두에게 잔인하고 피비린내 나는 전쟁이었고 극심한 고통과 분노를 남겼다. 러시아 서부 지역에 사는 유대인들은 집단학살을 당했는데 그 야만성이 러시아제국 말기보다 더 심했다. 무정부주의와 혼란이 그 지역을 휩쓸었다. 옛 러시아제국 군대의 장교들이 이끄는 백군(볼셰비키 반대파)은 이전의 러시아전쟁 협상국(영국, 프랑스, 미국)과 일본의 적극적인 지원을 받아 변경 지역에 조직되었다. 그들은 볼셰비키를 몰아내고 구체제를 회복하고 싶어 했다. 우크라이나 지역에서는 먼저 독일이, 이후 폴란드의 군사적 침략 상황에서 우크라이나 민족주의자, 볼셰비키, 무정부주의자, 백군이 불안정한 정권을 수립했다(수도는 키이우였고 1년도 안 되는 기간에 집권 세력이 다섯 차례 바뀌었다). 1918년 중반 멘셰비키가 조지아에서 집권하고 오스만튀르크·아르메니아와 싸웠다. 볼셰비키는 영국에 의해 지도자들이 처형된 바쿠에 주민자치 조직인 코뮌commune을 설치했다. 볼가공화국이 열차 몇 대분의 무장한 체코인 전쟁포로들(사회주의자들이었지만 볼셰비키에 반대했다) 덕분에 사마라에 설립되었지만 단명했다. 체코인 전쟁포로들은 세계를 일주하여 서부전선에 있는 연합군에 합류하기 위해 태평양에 접한 블라디보스토크로 가던 길이었다. 일본은 러시아 연해주와 시베리아로 수만 명을 파병했다.

1918년 봄, 볼셰비키들은 큰 대가를 치르고 가까스로 유럽 전쟁으로부터 빠져나왔다. 8개월 뒤 나머지 협상국에 의해 독일이 패퇴하면서 조약이 무효화되지 않았다면, 독일과 맺은 가혹한 브레스트-리토프스크 조약으로 러시아는 우크라이나 지역의 매우 귀중한 영토를 상실했을 것이다. 하지만 볼셰비키는 집권 6개월 만에 내전이 발생했기 때문에 전쟁의 손아귀에서 벗어나지 못했다. 그들은 완전히 전쟁에서 벗어나길 바라지는 않았을 것이다. 지금까지 군사적 역량은 볼셰비키의 덕목이 아니었고 그들에겐 준군사조직 전통조차 없었다. 당과 지지자들, 레닌에게 '백군'과 싸우려는 열정이 급속히 생겨났다. 레닌은 많은 동료가 바라는 군사적 역량을 보여준 적이 없었지만, 내전 승리가 볼셰비키의 통치를 정당화하는 좋은 방법이 되리라 여겼던 것 같다. 우랄 지역 수도 예카테린부르크에서 러시아 황제와 그의 가족을 처형(지역 볼셰비키들이 실행하기는 했지만 최소한 중앙당의 암묵적 승인이 있었다)하는 도발을 하지 않았더라도 내전을 피할 수는 없었을 것이다. 해산되어 무직 상태인 제국 군대 장교들은 싸우길 원했고, 볼셰비키는 1918년 11월 제1차 세계대전 협상국에서 탈퇴했기 때문에 다른 협상국들이 기꺼이 백군을 지원했다.

볼셰비키는 트로츠키의 지도하에 새로운 '적군'을 창설하는 상당한 성과를 거두었다. 내전 말기에 500만 명이었던 적군은 국가의 주요 고용 기관이었으며, 많은 지역에서 명목상의 공무원 조직들보다 더 실질적인 행정 권력을 행사했다. 참호를 사이에 둔 피비린내 나는 대규모 대치가 아니라 간헐적인 소규모 교전 형태였던 내전 방식 탓에 옛 제국 군대의 징집병들보다 사망 확률이 훨씬 더 낮았고, 볼셰비키는 (종종 파종이나 추수 후 다시 돌아오는) 탈영병들에게 비교적 관대했기 때문이다. 군대에서 배급받는 병사 가운데 소수만이 실제 전투부대였다. 백군의 경우 장교 수는 많았지만 일반

사병을 모집하는 데는 적군보다 더 어려움을 겪었다. 동맹국들의 지원은 전세를 바꾸기에는 모자랐고 오히려 '외국 개입'에 대한 러시아 대중의 반감만 확실히 불러일으켰다.

1920~21년 겨울에 적군이 거둔 성과는 농민들의 지지 덕분이었다. 농민들은 백군이 승리하면 지주들이 복귀할까 봐 두려워했다. 똑같은 이유로 러시아제국의 비러시아계 사람들도 '나뉠 수 없는 하나의 러시아'를 강조하는 백군에 시큰둥했다. 교통망과 유통망이 중앙에서 주변 지역으로 연결되는 거대한 국가에서 통합력과 지도력이 부족했던 백군은 변방 지역에 흩어져 있어 불리했다. 내전 말기, 백군은 남부 지역 국경을 넘어 탈출했고, 많은 사람이 유고슬라비아·체코슬로바키아·불가리아에 정착했다. 동부 지역 국경을 넘어간 사람들은 중국으로 가서 많은 이들이 사실상 만주 지역의 러시아인 도시인 하얼빈에 정착했다. 엘리트층이 다수 포함된 100만~200만 명이 이주하면서 새로운 정부에서 일할 인재들이 상당 부분 사라졌지만 정치적인 위협도 영구히 제거되었다.

1921년 초 중앙아시아, 코카서스 지역, 극동 지역에서 소규모 소탕 작업이 진행되었다. 하지만 내전의 결과는 명백했다. 적군의 승리였다. 그들이 통치하는 영토는 옛 러시아제국 때보다 크게 줄어들었다. 발트해 국가들과 러시아로부터 핀란드가 분리되었다. 옛 러시아제국 가운데 도시화와 산업화가 가장 많이 이루어졌던 폴란드 지역은 적군과 새로운 폴란드 국가 사이의 군사적 충돌 이후 상실했다. 이 전쟁에서 적군은 패배했고, 볼셰비키 지도부는 유

'소련 땅에 평화와 자유를'이라는 제목이 붙은 백군 선전 포스터에
붉은 악마로 표현된 트로츠키.

용한 교훈을 얻었다. 이를테면 1921년 바르샤바에 진격한 소비에트 군대를 보고 폴란드 노동자들은 이들을 프롤레타리아 해방군이 아니라 러시아 침략자로 생각했다는 사실 같은 것 말이다.

1922년 공산당 당원은 러시아인 72퍼센트, 우크라이나인 6퍼센트, 유대인 5퍼센트, 라트비아인 3퍼센트, 조지아인 2퍼센트로 구성되었다. 이는 모든 민족의 소비에트 시민 1000명당 약 3명이 공산당원이라는 뜻이었다. 유대인·조지아인·러시아인은 각 민족의 인구 비율에 비해 대표자가 너무 많았고, 우크라이나인은 너무 적었다. 공산당 내 러시아인 비중이 높았던 것은 내전 당시 징집의 결과였다. 징집병이 1917년 2만4000명에서 1921년 3월 70만명 이상으로 늘면서 처음으로 공산당은 대중 정당이 되었다. 또한 1917년 이전 상황과 대조적으로, 내전에서 함께 싸운 기억이 접착제 역할을 하면서 공산당은 압도적일 정도로 **남자**들의 정당이 되었다. 1922년 초 여성 당원의 비율은 8퍼센트 이하였다.

볼셰비키 지도자들은 소련의 영토가 러시아제국과 비슷하고, 러시아제국의 지배를 받았던 국가들이 스스로 러시아 제국주의자라고 인식할 가능성이 있다는 점을 다소 불편하게 느꼈다. 레닌은 비러시아인들을 정중하게 대우하고, 민족적 측면에서 오해할 여지가 있는 '어떠한 사소한 무례나 불의'도 행해서는 안 된다고 주장했다. 그는 폴란드인이 사라진 이후 영토 문제에서 가장 저항적이었던 조지아인을 다루는 방식 때문에 스탈린과 충돌했다. 조지아인인 스탈린은 조지아가 트랜스코카서스 연방에 포함된 것이 민족적 자부심에 상처를 낸 일이라고 생각하는 조지아 공산당원들을 용납하지 않았다. 그의 관점은 매우 단순했다. 그는 새로운 혁명 정부가 옛 러시아제국에 속했던 주변 지역을 상실하면 그들이 '필연적으로 국제적 제국주의와 한패가 될 것이기 때문에' 국제 혁명 운동에 타격을 주리라 여겼다. 그래서 둘 중 하나를 택해야 했다. "러시아와 함께하든지(이것은 제국주의 굴레로부터의 해방을 뜻한다), 협상국(제1차 세계대전 당시 군사동맹을 맺은 프랑스, 영국, 미국, 이탈리아 등을 말한다 – 옮긴이)과 함께하는 것(제국주의와 함께하면 필연적으로 제국주의가 될 수밖에 없다) 중 하나를 택해야 하며 제3의 선택지는 없다." 옛 러시아제국의 영토에 기반한 소비에트연방은 '세계 사회주의 소비에트공화국'으로 가는 첫 발걸음이 될 터였다.

레닌의 통치와
후계 투쟁

2

볼셰비키의 역사 기록에 따르면, 그들은 산업 노동계급을 대표하는 당으로서 권력을 잡았다. 이것은 순전한 환상이 아니었다. 7월 모스크바와 페트로그라드 거리에 모인 군중들은 그들을 지지했고, 볼셰비키당에 새로 가입했다. 1917년 10월, 그들은 선출된 소비에트 의회에서 다수파가 되었다. 11월에 개최된 제헌의회 선거에서 그들은 농민 중심의 사회주의혁명당Socialist Revolutionary(SR) Party에 이어 지지율 25퍼센트를 획득해 2위를 차지했다. 사회주의혁명당은 12월에 분열되었고 일부 좌파 당원들이 레닌 정부에 참여했다.

볼셰비키의 대표자 개념은 의회 개념과는 상당히 달랐다. 그들은 자신들을 '선택된 노동계급을 대표하는 당'으로 보았고, 이것은 한 번뿐인 역사적 선택이자 불가분의 연합이라고 생각했다. 볼셰비키는 노동자가 새로운 체제에 불만을 갖고 다른 정당에 의지하리라고 상상하지 못했다. 하지만 전반적으로 경제적·군사적 상황이 끔찍했기 때문에 그런 불만이 제기될 가능성이 극히 높았다. 실제로, 일찍이 1918년 봄부터 노동자들이 다른 (사회주의적) 정당에 새로운 관심을 보이면서 이런 현상이 분명해졌다. 1920년 말 크론시타트 수병들 – 1917년 초기에 볼셰비키를 강력하게 지지했다 – 이 반란을 일으켜 '공산주의자들을 제외한 소비에트'를 요구했다(볼셰비키는 1918년에 당명을 러시아공산당으로 바꾸었고, 1924년에는 소련공산당이 되었다). 크론시타트 반란은 볼셰비키를 거부하는 무서운 상징적 사건이었지만 볼셰비키의 진로를 바꾸지는 못했다. '프롤레타리아 독재'를 통해 후진성으로부터 탈피해 러시아를 사회주의로 이끌 권력이 그들의 손에 떨어졌고 그들은 그것을 놓을 생각이 없었다.

노동자들의 불만 외에 볼셰비키는 노동계급과 관련한 다른 문제도 있었다. 노동계급 자체가 붕괴될 가능성이 매우 컸다. 혁명이 일어난 해에 프롤레타리아로서 일시적으로 참여했던 제국 군대의 병사와 수병들은 이미 제대한 상태였다. 산업 노동자 가운데 일부는 러시아 서부 국경 건너편에 있었고, 러시아와 우크라이나에 남은 산업 노동자 중 다수는 당황스럽게도 생존을 위해 가족의 토지를 경작하려고 도시를 떠나 고향인 농촌으로 돌아갔다. 마르크스에 따르면, 이것은 프롤레타리아의 행동 방식이 아니었고, 볼셰비키는 러시아의 1세대 프롤레타리아가 여전히 농민과 강하게 결속되어 있다는 사실을 쉽게 잊었다. 이는 공장이 문을 닫고 기근이 도시를 휩쓸면 그냥 고향으로 돌아가 다시 농민이 되는 선택지가 있다는 뜻이었다. 볼셰비키를 적극적으로 지지하는 '의식화된' 노동자 중 다수는 적군에 지원하거나 당 상근직을 얻었다. 내전이 끝나자 승리자들은 그들의 사회적 지지층인 노동계급을 찾았지만 사라져버렸다. 정적들은 이렇게 조롱했다. "있지도 않은 계급의 전위대가 된 여러분을 축하해요."

농민과의 관계는 어려웠지만 이것은 적어도 예상되었던 문제였다. 볼셰비키는 농민들이 자발적으로 몰수한 토지를 소급해 인정하여 농촌 지역에서 그들의 입지를 강화시켰다. 하지만 그들이 도시와 군대에 필요한 곡물을 징발—무장한 노동자와 병사들이 징발의 대가로 준 것은 극히 적은 공산품뿐이었다—했기 때문에 많은 농민들이 분노했다. 이는 농민을 여러 적대적 진영으로 분열시키려 했던 볼셰비키의 경향을 보여주는 것이다. 볼셰비키는 도시와 마찬가지로 농촌에도 계급 착취가 있다고 가정했고, 부농이 착취자, 빈농이 피해자라고 보았다. 하지만 농민들은 이런 계급 모델을 대체로 거부하고, 전통적인 마을을 자치 조직인 미르mir를 통해 외부 세계에 대응하는 하나의 공동체로 생각했다. 우크라이나에서는 네스토르 마흐노의 지휘하에 농민으로 조직된 '녹군Green Army'이 한편으로는 볼셰비키와, 다른 한편으로는 백군과 싸웠다. 중앙 러시아 도시 탐보프에서 발생한 대규모 농민 반란은 적군 5만 명을 파병한 후에야 비로소 진압되었다.

내전 말기, 적군은 농민 병사를 위한 사실상의 학교이자 미래 공

빅토르 데니가 만든 포스터 '부농과 사제'.
부농의 돼지코에 유의하라.

산당 관료('간부')들의 모집 창구, 소비에트 행정부의 중추가 되었다. 하지만 적군이 이런 기능을 무기한으로 수행할 수는 없었다. 혁명사를 열심히 공부한 볼셰비키들은 유럽의 많은 지역을 정복한 나폴레옹 보나파르트가 자신을 황제로 선언한 순간 프랑스혁명이 끝났다는 것을 잘 알았다. 러시아에서는 그런 일이 일어나서는 안 되었다. 1921년 초 200만 명이 적군에서 제대했고, 곧이어 소련공산당 정치국은 적군의 카리스마적 지도자 트로츠키에게 다른 업무를 맡겼다.

내전이 끝나자, 볼셰비키가 어떤 통치 방식을 제안할 것인지가 명백한 문제로 대두되었다. 그 이전에 이에 대해 뚜렷한 생각이 없었던 것은 부분적으로 혁명 초기에 세계혁명에 대한 실제적인 기대가 존재했고, 그로 인해 러시아에 독자적인 혁명 정부를 만들 필요성이 없었던 탓이었을 것이다. 하지만 1920년 초, 전후 유럽의 혁명 물결은 사라졌고, 러시아는 홀로 길을 가야 했다. 하지만 미래의 세계혁명은 여전히 그들의 신조로 남았다. 1919년 전 세계의 공산당을 모스크바의 지도력 아래 단결시키기 위해 설립한 공산당 인터내셔널(코민테른)이 그 증거다. 소련과 코민테른은 이제 서방뿐만 아니라 동방도 바라보았다. 1920년 9월 바쿠에서 열린 동방인민대회Congress of Peoples of the East는 식민지 착취 피해자와의 연대와 그들의 해방운동에 대한 지지를 선언했다. 그러나 혁명은 지금까지 러시아에서만 성공했기 때문에 나중에 스탈린이 언급한 이른바 '일국 사회주의'를 위한 준비 작업을 긴급하게 수행할 필요가 있었다.

볼셰비키는 장기적으로 혁명이 모든 시민의 고용, 무상 교육과 의료, 사회 복지를 보장하리라고 보았다. 하지만 소련은 국가의 빈곤과 전후 혼란 탓에 어느 것도 즉시 전면적으로 제공할 수 없었다. 그들이 단기적으로 제안한 것은 '프롤레타리아 독재'였다. 사실상 정당이 하나뿐인 국가에서 이것은 볼셰비키당의 통치를 의미했다(좌익 사회혁명당은 1918년 중반에 정부에서 떠났고 다른 사회주의 정당들도 점차 사라졌다). 다른 한편으로 이는 국가의 희소한 자원을 분배할 때 노동자를 우대할 것이라는 뜻이었다. 지금처럼 당시에도 '독재 통치'는 일반적으로 독재적 권력을 쥔 한 사람에 의한 통치를 의미했다. 이를테면 역사적인 예로는 나폴레옹이 있고, 근대적인 사례로는 이념적으로 헌신적인 정당과 대중 동원력을 지녔던 무솔리니가 있다. 소련 언론은 영도자를 의미하는 '일 두체IL Duce'라고 자칭하는 무솔리니의 허세를 크게 조롱했다. 1인 독재는 레닌이 생각한 통치 방식이 결코 아니었다. 소련공산당 정치국에서 레닌은 정당 설립자로서 높은 권위에도 불구하고 자신은 그저 대표자에 불과하다고 주장했다.

하지만 레닌은 1917년 10월 정부(인민위원회)의 수장이 되었고, 많은 사람들이 인민위원회를 새로운 체제의 최고 권력기관으로 간주했다. 실은 그렇지 않다는 게 드러났지만 말이다. 정부 내각의 명칭을 '인민위원회'로 바꾼 조치는 소련공산당이 차르 관료제의 계승자라는 것을 은폐하지 못했고, 비공산주의자 '전문가'를 고용함으로써 그 위상이 추가로 손상됐다. 볼셰비키당은 재빨리 지방 조직을 만들어 공산주의자를 상근직으로 임명하여 이후 막강한 권력자가 되었다. 내전 말기부터 지역당 서기가 흔히 해당 지역의 1인자가 되었고, 지역 소비에트(이제는 국가기관) 의장은 2인자가 되었다. 중앙에서 똑같은 과정이 약간 더 오랜 걸린 이유는 레닌이 정부 수장으로서 지닌 특별한 권위 때문이었다. 하지만 1924년 그가 사망했을 무렵에는 정치국이 확실하게 지배적인 위치를 갖게 되었다.

1920년대 전반기 동안 정치국은 소련공산당 중앙위원회에서 선출된 약 10명으로 구성되었다(당 중앙위원회는 대략 해마다 소련공산당 하부 조직의 대표자들이 참여하는 회의에서 선출되었다). 정치국은 주요 정책 문제를 결정하는 기능을 했지만, 새로운 체제가 설립되면서 긴급한 과제로 대두한 임명 문제도 수행했다. 정부와 군대의 임명뿐만 아니라 당의 최고위직 임명도 정치국의 승인을 받아야 했다. 또한 새로운 전국적인 정당의 하위 관료를 임명하는 과제를 수행할 사람이 필요했다. 이 일은 당 중앙위원회 서기가 처리했는데 1922년부터 정치국원인 이오시프 스탈린이 서기장을 맡았다. 그의 통제하에 있던 핵심 임명직들은 소련공산당 지역당 및 지구당 서기들, 즉 '프롤레타리아 독재'의 현지 실행자였다.

새로운 기관 – 각 기관은 이해하기 어려운 두문자어(Tseka, Ispolkom, Sovanarkom, VTsIK 등)로 표기되었다 – 의 확산에 소련 시민들은 당황했고 이와 관련해 많은 대중적인 일화가 탄생했다. 예를 들어 전설적인 연극 감독 콘스탄틴 스타니슬랍스키가 모스크바의 국영 백화점 GUM을 보안경찰 체카의 후신인 GPU(국가정치총국)와 혼동했다는 일화가 있다. 하지만 혁명 기관들은 비슷한 패턴으로 바뀌는 경향이 있다. 체제가 정착되고 역사적인 관례가 다시 조용히 효력을 갖게 되자 소련공산당의 지역당 서기 사무실은 차르 시대의 지방정부 사무실과 비슷해졌다. 특히 중앙 권력(당 서기와 정치국)의 승인에 계속 의존하느라 막강한 지방 권력이 축소되었다는 점도 유사했다.

소비에트는 이차적인 역할을 맡게 되었다. 국가 차원에서 보자면 1930년대 소비에트 최고회의로 알려진 선출직 기구가 의회와 유사한 기능을 수행했다. 소비에트 최고회의 대표들(당이 지명했다)은 노동자, 농민, 소수민족들과 여성을 적절하게 대변하기 위해 신중하게 선택되었다. 대부분의 전쟁 시기에 소련의 공식 수장이었던 정치국 의장은 농민과 노동계급 출신으로, 많은 이들의 존경을 받던 당 원로 미하일 칼라닌이 맡았다. 지방 단위의 소비에트 집행위원회는 지방에서 선출된 사람이 아니라 중앙에서 임명한 사람들로 채워졌고 중앙인민위원회의 지역 조직과 지구 조직으로 바뀌었다.

처음 몇 해 동안 볼셰비키 지도자들은 끊임없이 새로운 체제를 만들어내고 제대로 운영하려고 노력했다. 특히 지침을 이해하고 계획을 실행할 수 있는 믿을 만한 간부를 발굴하는 것이 큰 과제였다. 레닌이 "요리사도 정부를 운영할 수 있다"고 말했다고 알려졌

1920년 5월 5일 내전 중 폴란드 전선의 적군을 방문한 트로츠키, 레닌, 카메네프. 두 사람은 군인 복장이지만 레닌은 민간인 복장을 했다는 점에 유의하라.

지만, 그가 '부르주아' 비판에 대응하여 실제로 언급한 내용은 달랐다. 그는 어떤 요리사도 훈련 없이 곧장 나서서 국가를 운영할 수 있다고 생각할 정도로 어리석지 않았고, 또한 특권층으로 태어난 사람들만이 국가를 운영할 수 있다고 생각할 만큼 편협하지도 않았다. 볼셰비키의 전략은 '의식화된' 산업노동자 – 도시 사회의 가장 낮은 집단이 아니라 사회경제적 중간계급 – 를 행정 관료 인력의 모집단으로 활용한다는 것이었다. 요리사들은 일단 교육 훈련을 받고 의식 수준이 올라간 뒤에야 승진할 수 있었다.

적군은 볼셰비키 간부를 배출하는 또다른 주요 원천이었다.

1920년대 초, 군대 소집 해제로 인해 (군 복무 기간에 볼셰비키 사상을 접한) 수많은 부사관과 문해력이 있는 사병들이 도시와 농촌 마을로 돌아왔고, 그들은 지도자 역할을 수행할 준비가 되어 있었다. 그로 인해 의도하지 않게 문민 성향의 당에 어느 정도 군사적 문화가 스며들었다. 때로 50세의 레닌만 아직 당에서 양복을 입는 듯 보였다. 1920년대 전형적인 볼셰비키 행정 관료는 내전 경험이 있고 군용 부츠와 재킷, 노동자 모자를 착용한 젊은 남자였다(비교적 소수의 여성 행정 관료들도 똑같은 복장을 하거나 상당히 비슷하게 입었다).

신경제정책

내전 기간, 볼셰비키들은 이데올로기와 전시 경제라는 현실적인 필요에 따라 상거래를 포함해 도시에서 눈에 띄는 모든 것을 국유화했다. 정부의 공문서가 대도시 밖으로는 거의 전달되지 않았기 때문에 농촌 마을들은 적군(백군이 점령한 지역은 백군)으로부터 정기적인 징발을 당하긴 했지만 기본적으로 자율적인 공간이었다. 제1차 세계대전 때 도시 지역에 도입된 배급제가 여전히 시행 중이었고, 배급제하에서 항상 그렇듯이 암시장이 활성화됐다. 급격한 인플레이션이 화폐 가치를 끌어내리자, 희망에 찬 열광주의자들은 마르크스가 사회주의에서 일어날 것으로 예측한 '화폐의 점진적 소멸' 신호라며 기뻐했다. 레닌이 1917년 중반에 썼듯이 행정 체계 붕괴와 혼란도 사회주의에 수반되는 '국가의 점진적

소멸'로 해석할 수 있었다. 그러나 내전이 한창 진행 중인 시기에 레닌은 국가의 소멸을 결코 바라지 않았다. 국가는 강력해질 필요(프롤레타리아 독재)가 있었고 가장 긴급하게 기능을 수행해야 했다.

공산주의자들이 내전에서 승리했지만 당시 긍정적인 요소라고는 그것뿐이었다. 도시 경제와 산업 인프라 시설은 완전히 망가졌다. 소련은 서구 열강으로부터 보이콧 당하는 상황이었다. 서구 열강은 중대한 순간에 제1차 세계대전에서 철수한 러시아를 용서하지 않았다. '무신론적 공산주의'는 서구 교회로부터 비난받았고, 식인 행위나 '아내 공유' 등 무서운 이야기가 횡행했다. 특히 독일과 동부 유럽에는 반유대적인 〈시온 장로 의정서〉에서 예언한 대로 러시아를 장악한 거친 남자들이 한 무리의 유대인이라는 이야기가 은밀히 유포되었다. 엄밀하게 말하면, 볼셰비키는 이런 소문에 대해 긍정적인 태도를 보였다. 유럽 서부 지역의 젊은 유대인들은 이제 특별 정착 지역에 머물지 않고 모스크바와 페트로그라드로 몰려들어 많은 수가 공산당에 가입했다. 새로운 정부 내에 유대인이 급격히 늘어났다. 유대인은 라트비아인 다음으로 공산당에서 대표자 비중이 지나치게 큰 민족이었다(1927년 유대인이 공산당에서 차지하는 비율은 4.3퍼센트, 총인구에서 차지하는 비율은 1.8퍼센트였다).

1921년 3월 제10차 공산당대회에서 선출된 중앙위원회는 옛 러시아제국처럼 다민족으로 구성되었으며, 조지아인·유대인·우크라이나인·라트비아인 및 그 외 다른 민족들이 포함되지만 러시아인이 지배적인 다수를 차지했다. 하지만 의결권을 가진 정치국원 5명 가운데서는 유대인이 3명(트로츠키, 그리고리 지노비예프, 레프 카메네프), 조지아인이 1명(스탈린)이고, 러시아인은 1명(레닌)이었다. 여기에 후보위원 3명(니콜라이 부하린, 미하일 칼리닌, 뱌체슬라프 몰로토프)도 러시아인이었다.

볼셰비키당은 산업 근대화(마르크스주의 관점에서 사회주의의 선결 조건)에 확고하게 매진했으며, 중앙정부의 경제 계획을 통해 이를 수행하려고 했다. 제1차 세계대전 당시 독일과 다른 교전국들이 계획경제를 전시의 임시방편으로 실행하긴 했지만 소련의 경제 계획은 평화 시기를 위한 혁신 구상이었다. 하지만 1921년 당시 긴급한 경제적 과제들은 러시아 경제 계획 초기에 당국의 역량을 훨씬 뛰어넘곤 했다. 전략적 일시 후퇴로 이해할 수도 있었지만 레닌은 시장의 부분적 부활이 즉시 취할 수 있는 유일한 선택지라고 판단했다. 신경제정책NEP에 따라 은행 및 대규모 산업체가 국유화되고 소매업과 작은 기업들은 개인이나 협동조합에 맡겨졌다. 농민들은 다시 농산물을 시장에 팔 수 있게 되었다. 이런 변화는 열정적인 공산주의자들에게 실망스러운 일이었고, 이 일을 실행하기 위해선 레닌의 절대적인 권위가 필요했다.

그 결과 도시에서 소규모 기업과 상거래뿐만 아니라 도시 생활의 여러 영역도 빠르게 회복되었으나 볼셰비키들은 이를 시대에 역행하는 것으로 여겨 크게 실망했다. '부르주아'와 모피 옷을 입은 부인들이 자주 방문하는 레스토랑, 카바레와 매춘이 재등장했다. 볼셰비키들은 네프맨NEPman으로 불리던 새로운 부르주아 사

'레닌이 지구에서 인간 쓰레기를 청소하다'. 1920년 빅토르 데니 작품(미하일 체럼니크를 모방). 차르, 성직자, 자본주의자들이 인간 쓰레기다.

업가를 증오하고 그들을 사기꾼일 뿐만 아니라 '계급의 적'으로 간주했다. 신경제정책하 경제가 암시장과 유사한 특징 – 온갖 수단을 이용해 국가 소유 창고에서 빼돌린 재화가 시장에서 유통되었다 – 이 많았다는 점을 고려할 때 이것이 완전히 터무니없는 말은 아니었다. 산업, 특히 대규모 산업은 자본 부족으로 정체되었다. 국내 자본가들은 투자할 여력이 없고 외국 자본가들은 더 이상 환영받지 못한 탓에 새로운 소비에트 국가는 재정난에 빠져 있었다.

비러시아계 공화국 및 지역들에서는 역사적으로 이슬람교가 지배한 중앙아시아의 통합이 주요 과제였다. 전통적인 관습과 소비에트 관습이 대립했는데, 이때 중요한 쟁점은 여성의 베일을 없애는 문제였다. 소비에트의 민족 정책은 '후진적인' 민족 집단(가령 우즈벡인과 바시키르인)과 문화적 차원에서 러시아인과 비슷하거나 우위에 있는 민족(가령 우크라이나인, 조지아인, 유대인)을 구별했다. 하지만 어디서나 '토착화 정책' – 현지 언어의 사용, 현지 출신 간부 교육과 승진 – 이 표어로 제시되었다(심지어 우크라이나의 1920년대 현지화 실행자는 어린 시절 농촌 마을에서 자랐고 우크라이나어가 서툰 유대인인 라자르 카가노비치였다).

일부 관찰자들은 신경제정책 덕분에 러시아가 혁명의 광기에서 벗어나 정상 상태로 돌아갈 것이라고 기대했다. 하지만 그것은 정확히 볼셰비키 지도자들이 **두려워했던** 상태였다. 그들은 정치적 측면에서는 혁명에 성공했지만 경제적·사회적 측면에서 패배할까 두려워했던 것이다. 서방에서는 (볼셰비키가 인정하지 않는) 차르의

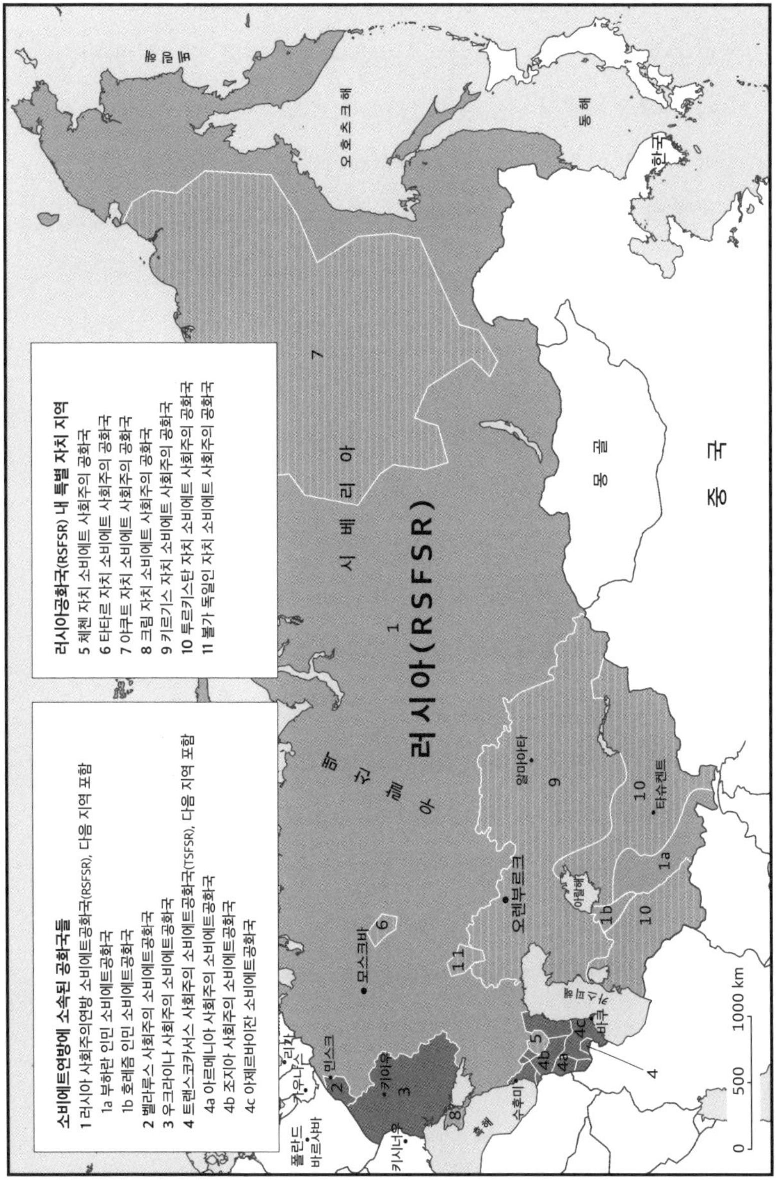

1922년 당시 연방공화국과 일부 자치 지역을 보여주는 소련 지도.

부채를 일부 탕감하고 무역을 재개하는 조건으로 소련과 다시 관계를 복원할 수 있다고 여기는 사람들이 등장했다. 하지만 레닌은 국제 무역 문제에서 단호했다. 그는 차르 시대 때처럼 제국주의자들이 무역을 이용해 러시아를 다시 식민지로 만들 수 있으므로 소련은 국가 독점을 계속 유지해야 한다고 보았다. 무역에 대한 이런 태도의 당연한 결과로 혁명 후 첫해에 활발했던 해외 밀수품 – 나중에는 위험한 서구 사상의 유입 – 을 막기 위해 국경이 철저하게 폐쇄되었다. 소련 통치 시기 거의 내내 이어진 이런 자발적인 고립은 서구 세계에 대해 허풍과 열등감이 섞인 소련 특유의 공격적인 문화적 편견을 낳았다.

레닌은 경제 정책의 완화가 정치적 완화를 의미하지 않는다고 주장했다. 군대의 전술적 후퇴와 유사하게, 그는 후퇴가 완패로 바뀌지 않으려면 규율이 흔들려서는 안 된다고 썼다. 소련은 내전 말기 무렵 사실상 일당 체제였으므로, 잠재적으로 중요한 갈등이 발생할 수 있는 곳은 당 내부였다. 레닌은 혁명 이전 볼셰비키 당내에서 반대를 별로 용인하지 않았다. 하지만 1917년과 집권 첫해 그는 많은 이슈에 대해 싫건 좋건 반대를 용인했다. 구체적으로 말하자면, 10월혁명 때의 권력 쟁취(지노비예프와 다른 사람들은 이에 의구심을 가졌다), 1918년 독일과 브레스트-리토프스크 조약 체결, 내전 시기 적절한 통제하에 차르 체제의 관료들('부르주아 전문가들')을 적군에서 활용할 것인지(트로츠키는 찬성했고 스탈린은 반대했다)에 대해 반대를 용인했다.

1920년 말, 파벌 투쟁이 당내에서 상습화되었을 뿐만 아니라 원칙 문제를 불러일으켰다. '민주적 중앙주의자Democratic Centralists'라는 그룹이 당내 민주주의 수준을 끌어올려야 한다고 주장했지만 레닌은 이미 당내 민주주의가 지나치다고 여겼다. 민주적 중앙주의자들이 승리했다면 공산당은 특정 의제를 지지하는 조직화된 다양한 파벌의 집합체가 되어 투표로 결정된 결과를 구속력이 있는 것으로 모두 수용했을지도 모른다. 하지만 그런 파벌주의는 대부분의 일반 볼셰비키들과는 맞지 않았다. 그들은 민주적인 지도력보다는 결단력 있는 지도력을 원했고, 고위 지도자들의 불일치를 못마땅한 것으로 여기는 경향이 있었다. 아무튼 레닌은 이런 시도를 용인하지 않으려고 했다. 제10차 공산당 대회에서 그는 뻔뻔하게도 자신의 파벌 – 스탈린, 정치국 후보위원 몰로토프를 포함하여 – 을 동원하여 파벌을 금지하는 '당의 단결'에 관한 결의안을 통과시켰다. 그로 인해 레닌 그룹은 반대파에게 사용할 수 있는 유용한 무기를 확보하여 파벌주의 금지를 위반하는 사람들을 기소할 수 있었다. 하지만 이 결의안으로 당내 파벌이 사라졌다고 성급하게 결론을 내리는 것은 잘못이다. 실은 파벌은 전과 달리 1920년대에 활발하게 활동했으며, 나중에 스탈린이 종지부를 찍었다.

이제 어디로 가야 할까?

1920년대는 종종 파벌주의와 관용의 황금시대로 회고

되었다. 하지만 당시 사람들은 그 시기를 '황금시대'로 느끼지 못했다. 불안의 시대라고 말하는 것이 더 어울릴 것이다. 노동자들은 실업을 걱정했다. 농민, 특히 나이 든 농민들은 볼셰비키의 서구화된 언어와 낯선 사고방식을 당혹해했다. 카를로 마르스Karlo-Mars가 누구지? 혁명levoliutsiia(똑같이 이해할 수 없는 단어인 레볼루치아revoliutsiia를 잘못 들은 표현)이 뭐지? 왜 도시 출신의 젊은 사람들은 자신을 콤소몰츠komsomoltsy(Komsomol은 공산주의청년동맹Communist Union of Youth의 두문자어이다)라고 부르고 성직자를 조롱하는 거지? 레닌이 새로운 차르라면 왜 그를 차르라고 부르지 않을까? 볼셰비키의 '여성부'는 왜 온건한 농민 여성들과 노동계급 여성들을 본래 영역에서 공적인 삶으로 끌어내려고 시도할까? 왜 남자들이 이른바 '우편엽서를 통한 이혼 제도'로 아내와 아이들을 손쉽게 버릴 수 있도록 하는 걸까? 평범한 도시민들 – 볼셰비키가 '소부르주아적 속물'이라고 부른 사람들 – 은 거의 이해하지 못하는 정치적 폭풍에 휩싸였다고 느껴 우려하고, 또 볼셰비키가 다음에는 무엇을 할까 두려워했다. 지식계급(나중에 '황금시대' 신화의 선동대가 된다)은 당시 볼셰비키가 자신들을 '부르주아'라고 부르고, 도덕적 지도 집단이라는 그들의 주장을 무시하며, 정치적 감독 없이 대학이나 국가 소유 극장 등 기관을 운영하지 못하게 만든 것을 불쾌하게 여겼다. 당시는 예술 분야에 전위적인 아이디어와 격렬한 예술적 분파주의가 대단히 활발했던 시기였으며, 경쟁적인 예술 분파들이 계속 서로의 목을 죄면서 당국에 서로를 고발했다.

1920년대 중반 교육인민위원회(1917~29년) 위원 아나톨리 루나차르스키(오른쪽)와 그의 비서이자 처남인 이고르 사츠(나중에 〈노비 미르Novy Mir〉의 편집자가 되었다).

당원들 역시 걱정으로 가득했다. 그들은 제대로 준비되지 않은 상태에서 관리직을 수행할 수 있을지 우려했다. 그들은 자본가 스파이와 전복, 외국 군대의 공격, 악독한 부르주아의 보복, 부농, 성직자, 네프맨, 다른 '계급의 적들'로 인해 위협받았다. 그들은 이를테면 프롤레타리아 행세를 하는 부르주아들, 빈농 행세하는 부농들의 '가장'을 두려워했다. 프롤레타리아들을 우대하고 보상하고 부르주아를 처벌하는 볼셰비키의 정책이 모든 유형의 사람들로 하여금 그런 기만 행위를 하도록 몰아갔기 때문에 충분히 이해할 만한 두려움이었다. 그들은 소중한 집단인 '노장 볼셰비키들'의

탈진과 건강 악화, 청년들의 환멸과 자살을 염려했다. 그들은 프랑스혁명 테러의 여파로 발생했던 당의 '반동적 퇴보'를 두려워했다. 내전 참전 군인들은 전시의 동지애를 그리워했다. 너무 어려서 전쟁에 참여하지 못했던 공산주의청년동맹의 열정주의자들은 당에서 군사 정신이 사라지는 것을 소리 높여 슬퍼했다.

레닌은 말년에 당이 스스로 자임한 엄청난 과제를 수행할 역량과 문화를 갖추고 있는지 걱정했다. 그는 말년의 글에서 10월혁명의 '미성숙'을 개탄했던 1917년 멘셰비키들과 거의 비슷한 말을 했다. 그는 당시 신병으로 실질적 권력에서 사실상 제외되어 있었고, 이것이 그가 비관적 태도를 취한 중요한 원인이었을 것이다. 레닌은 1920년에 불과 50세였지만 1918년 암살 사건에서 입은 총상으로 건강에 타격을 받았고, 1922년 5월에는 뇌졸중이 발병했다. 그는 계속 일하려고 했지만 12월에 두 번째 뇌졸중이 발생하여 정치적 삶에서 은퇴했다. 1923년 3월 세 번째 뇌졸중이 왔고, 1924년 1월 21일 사망했다.

20개월의 투병 기간에 그는 아내와 함께 모스크바 외곽의 별장에 고립되어 있었다. 러시아의 후진성과 당의 저급한 문화 수준에 대한 염려는 거의 강박 상태가 되었다. 레닌은 소극적인 대중 탓에 공산주의자들이 힘든 일을 모두 감당해야 하는데, 그들의 교육 수준이 대부분 형편없어 다른 가치관을 지닌 정부 관료들(구체제의 유임자)의 자비에 의존하게 될까 두려워했다. 그는 1922년 거의 절망적인 어조로 말했다. "모스크바의 책임 있는 직책에 4700명의 공산주의자가 필요하다면, 우리에게 필요한 거대한 규모의 관료 집단에서 누가 누구를 지도할 것인가?"

이 시기 레닌은 또한 당의 '과두정치' 경향에 대해 강하게 비판했다. 여기서 과두정치란 그가 병으로 더 이상 실질적으로 참여하지 못하는 정치국에 의한 통치를 말한다. 일부 역사가들은 이러한 말년의 글들을 레닌이 참여적 민주주의와 정당 다원주의로 입장을 바꾼 증거로 해석했다. 이런 해석 가능성은 소련공산당 내부에서 앞으로 진행되는 토론의 구성에 상당히 중요하다. 왜냐하면 '민주적인' 레닌을 일종의 반스탈린, 즉 억압적이고 독재적인 국가 권력에 반대할 수 있는 합법성을 지지한 사람으로 언급할 수 있기 때문이다(스탈린 사후에 그랬다).

이런 말이 레닌의 실제 삶을 그대로 대변하는 것인지는 의심스럽다. 노련한 변증가인 레닌은 항상 논쟁의 한쪽 편에서 다른 편으로 갑자기 바꿀 능력이 있었다. 그는 의사의 지시에 따라 정치국에서 제외되자 매우 분개했다. 하지만 자신이 정치국 수장으로 있을 때 정치국의 과두정치에 대해서는 결코 불평하지 않았다. 투병 중일 때 그는 파벌 금지 조치가 폐기되어야 한다고 제안하지도 않았고, 점점 약해져가는 소비에트가 정치활동에 다시 적극적으로 참여해야 한다고 말하지도 않았다. 레닌이 말년에 확실히 다시 관심을 갖게 된 분야는 학교, 문해 교실, 독서실과 도서관을 보급하여 인민을 계몽하는 인도적인 과제였고, 이것은 그와 아내 – 당시 유일한 동료 – 의 공통 관심사였다.

후계 싸움

레닌이 사망하기 전부터, 파벌 금지 규정에도 불구하고 레닌의 질병으로 인해 수뇌부 사이에서 파벌 싸움이 일어났다. 이 투쟁은 5년 동안 지속되었고 결국 스탈린이 새로운 지도자로 떠올랐다. 이 싸움은 처음에는 수뇌부 싸움이 아니라 정치국의 단합을 유지하는 투쟁으로 이해되었다. 처음으로 이런 단합을 위협하는 인물로 인식된 사람은 트로츠키였다. 그는 내전의 영웅으로서 레닌 다음으로 대중적 명성이 높았지만 볼셰비키에 뒤늦게 합류한 사람이었다. 그는 프랑스 혁명사를 읽었고, 나폴레옹처럼 돌변해 혁명을 가로챌 가능성이 가장 높은 사람이었다. 스탈린, 지노비예프, 부하린을 포함한 나머지 정치국원들은 대부분 트로츠키를 몰아내는 대열에 합류했고 결국 성공했다.

레닌은 이 싸움에 직접 개입하지 않았지만 두 번째 뇌졸중 직후 당 중앙위원회 앞으로 서신–레닌에게는 아니었지만 역사가들에게는 그의 '유언'으로 알려졌다–을 썼다. 그는 이 서신에서 트로츠키, 스탈린, 지노비예프, 부하린 등 여러 고위급 당원들의 역량을 간단히 언급했다. 가벼운 칭찬과 비판이 거의 공평하게 담긴 서신 원본은 잠재적 지도자 후보 중 누구를 지지하지도 실격시키지도 않았다. 하지만 며칠 뒤 레닌은 스탈린에 관해 덧붙인 추신에서 그가 "너무 무례하고", 당의 총서기로서 자질이 부족하다고 언급했다. 이런 평가는 크룹스카야와 스탈린 사이에 분쟁을 불러일으켰다. 정치국은 레닌이 신문과 공문서를 보지 못하게 하라는 의사의 지시가 제대로 이행되었는지 확인하라는 달갑지 않은 과제를 스탈린에게 맡겼다. 레닌의 아내 크룹스카야는 무지한 상태로 있는 편이 환자를 더 자극한다고 생각해 의사의 지시를 따르지 않았다. 레닌은 스탈린이 이 일로 아내를 모욕했다는 말을 듣고 매우 볼셰비키답지 않은 표현 – 청년기 레닌의 명예심이 다시 발동한 것이었다 – 으로 아내를 모욕한 사람과는 결코 상종할 수 없다고 썼다.

레닌의 이런 언급은 스탈린에게 인간적인 상처를 주었고(그 서신 이후 스탈린은 모스크바를 떠나 며칠 동안 시골 별장에서 혼자 숨어 지냈다고 한다), 정치적으로 상당히 곤란한 상황에 직면했다. 이런 내용이 공개되었을 당시 아마 스탈린을 제외하고 아무도 그를 레닌의 적절한 후계자라고 인식하지 않았을 것이다. 스탈린은 조지아어 악센트를 썼고 당 서기로서 무미건조한 밀실에서 다른 정치국원들이 싫어하는 지루한 조직 업무를 수행하던 사람이었다. 1923~24년 트로츠키와 싸우던 때 스탈린은 '당 중앙위원회 다수파'를 차지하는 정치국의 한 분파에 속한 사람에 불과했고, 트로츠키의 도전에 맞서 당의 단결을 옹호했다. 이 분파에는 지노비예프와 부하린도 포함되었다. 지노비예프는 레닌그라드 당 지부장이자 코민테른의 수장으로서 자신을 이 분파의 지도자로 생각했던 것 같다. 부하린은 대중적이지만 더 젊고 다소 진중하지 못한 인물로서 당 기관지 〈프라우다〉의 편집자였고, 1926년에 지노비예프의 뒤를 이어 코민테른의 수장이 되었다.

후계 싸움은 1920년대의 파벌 갈등에 배경을 둔 근본적인 문제였지만 공공연하게 인정되지는 않았다. 소련공산당은 **총통** führerprinzip이나 그에 상응하는 직책이 없기 때문에 공식적으로는 특정 지도자를 대체한다는 개념이 인정되지 않았다. 그러다 레닌이 사망하자 그를 신격화해야 한다는 대중의 요구 – 일부 당 지도자들에 의해 받아들여졌지만 그들로부터 비롯된 것은 아니었다 – 가 분출되면서 모든 것이 바뀌었다. '레닌은 살아 있다'가 슬로건이 되었고, 그의 추종자들은 그의 유언을 실천하도록 강력하게 밀어붙였다. 레닌의 시신이 방부 처리되어 크렘린 옆 묘역에 안치되자 그의 무신론자 아내와 동지들은 공포를 느꼈다. 레닌 우상숭배가 실제로 시작되었고, 그 결과 암묵적으로 당에 지도자(러시아어로 vozhd)가 필요하다는 인식이 생겼다.

후계 문제는 1920년대의 파벌 싸움에서 은밀히 진행된 중요한 이슈였지만 명운이 걸린 정책 문제들도 있었다. 그 가운데 대단히 중요했던 문제는 당이 선호하는 공격적인 정책을 펼칠 것인지, 아니면 모든 국민에게 호소하는 유화 정책을 펼칠 것인지였다. 국가 권력을 이용해 네프맨, 부농, 성직자, '부르주아 전문가', 외국 자본가 등 일부 낯선 집단들과 싸우고 그들을 파괴하는 것은 당의 혁명 정체성과 목적을 유지하는 데는 좋았다. 하지만 모든 사람, 특히 농민들을 끌어들여 체제를 더 안정화하려는 유화 정책이 명백히 신중한 노선이었다. 1920년대에는 대부분 유화 정책이 우세했다.

트로츠키와의 갈등은 당 지도력 문제가 아니라 정책 문제에서

레닌 영묘. 알렉세이 시추세프가 1920년대부터 크렘린 벽 옆 붉은광장에 설치한 구성주의적 화강암 기념 건물의 1950년대 모습.

시작되었고, 당시 레닌은 아직 살아 있었다. 당 내부의 관료 집단 증가, 평당원과의 대화 부족, 소수의 '노장 볼셰비키' 엘리트의 과도한 권력, 레닌이 언급했던 것과 비슷한 문제가 대두되었다. 트로츠키가 1923년에 제시한 '새로운 노선' 선언문은 세대교체 요구로서 당 내부에서 광범위한 토론을 촉발했다.

1923~24년 겨울, 곧 다가올 제13차 전당대회를 위한 지역 대표 선발은 사실상 선거운동처럼 진행되었다. 어떤 대표자들은 트로츠키의 주장을 지지했고, 다른 대표자들은 (1920년부터 당내 민주주의 이슈를 제기했던) '민주적 중앙주의자' 입장을 지지했다. 또 다른 대표자들은 지노비예프와 스탈린의 '당 중앙위원회' 노선을 지지했다. 결국 당 중앙위원회 노선이 승리했지만 상당한 반대에 직면했다.

그 뒤로 트로츠키 파벌은 '당 중앙위원회 다수파'의 '반대파'라고 불렸다. 이것은 1903년 레닌이 사회민주노동당에서 소수파에 해당하는 자신의 파벌을 '볼셰비키'라고 불렀던 것처럼 훌륭한 낙인이었다. 지노비예프·카메네프·스탈린은 삼두정치를 장악했고, 1924년 중반 정치국의 지원을 받은 지노비예프가 '농촌으로'라는 캠페인을 시작해 더 많은 경제적·문화적 자원을 농촌으로 투입하여 농민들에게 프롤레타리아 권력이 그들 편이라는 확신을 주고자 했다. 부하린이 농민을 '부자로 만들라'는 요청과 함께 이 과제를 맡았다. 이것은 근대적 정신을 가진 부유한 농민들을 '부농 착취자'라고 낙인찍지 말라는, 공산주의자들에 대한 암묵적인 요청이기도 했다. 또한 한때 인민민주주의 수호자였다가 지금은 쇠약해진 소비에트에 다시 생기를 불러일으키려는 노력이기도 했다. 몇 년 동안 소비에트 선거에서 후보자를 지역당에서 지명한 사람들로 제한하는 관행이 폐지되었다. 당과 콤소몰 조직이 그들의 통제권을 완화하면서 각 지역은 후보를 자유롭게 내고 원하는 후보에게 투표할 수 있었다.

그 결과 1920년대 중반, 당과 소비에트에서 민주적인 변화가 일어나기 시작했다. 하지만 소비에트 민주주의 실험은 곧 사그라들었고(너무 많은 농민이 지역당이 계급의 적으로 간주하는 지역 실세들을 선출하고 싶어 했다), 당내 민주주의도 더 개선되지 못했다. 비교적 근소한 차이로 승리한 1924년 선거 이후 당 서기장 스탈린은 모스크바가 인정하는 지역 대표들을 선출하여 전당대회를 채우려고 더욱 노력했다. 모스크바 밖에서는 당의 파벌이 거의 힘을 얻지 못하는 상황 덕분에 이런 시도가 쉽게 이루어졌다. 지역 공산주의자들은 정치국 갈등을 '귀족들 간의 싸움'이라는 오래된 러시아적 개념으로 바라보는 경향이 있어 반대파들을 특권적 **반역자**frondeurs로 여겼다.

지역당 서기(흔히 지역 대표로 전당대회에 참석하여 당 중앙위원회, 그리고 최종적으로는 정치국원을 선출했다) 임명에 대한 스탈린의 통제는 '권력의 순환'이 스탈린에 유리한 방향으로 흐르도록 만들었다. 지역당 서기들은 단순히 스탈린의 후원자 역할만 한 것이 아니었다. 그들은 '작은 스탈린'으로서, 친밀한 정치적 의뢰인 '집단'으로 둘러싸여 있었고, 모스크바는 그들 없이 지역을 통치할 수 없었다. 좋지 않은 물의가 반복적으로 빚어졌고 때로 숙청 사건도 있었지만, 전반적으로 해당 지역의 통치자이자 중앙정부에 대한 로비스트로서 지역당 제1서기의 권력은 소련 역사 내내 흔들리지 않았다.

1920년대 중반, 내전의 혼란 이후 경제가 어느 정도 정상화되었다. 당의 근본적 과제인 근대화에 대해 더 진지하게 고민할 때가 된 것이다. 사회주의의 선결 조건인 급속한 산업화가 필요하다는 데 모두 동의했다. 하지만 얼마나 급속하게 해야 할지 그리고 수많은 새 공장, 광산, 수력발전 계획, 철도 건설에 필요한 투자금을 어디서 마련할 것인지에 대해서는 의견이 엇갈렸다. 트로츠키를 포함한 일부 사람들은 레닌의 심한 비난에도 불구하고 외국인 투자자를 신중하게 이용하자는 쪽이었다. 그러나 이 방안은 당 전체의 수용 여부는 차치하고라도 외국인 자본가들이 투자를 원할지가 불확실했다. 5년 전, 서구 국가에서 혁명이 성공했다면 러시아의 경제개발 방식 문제는 더 논의할 필요도 없이 독일 등 다른 선진국들의 협력을 기대할 수 있을 터였다. 하지만 이제 그런 희망은 사라졌고, 스탈린이 '일국 사회주의'를 주장함으로써 한 가지 사실이 분명해졌다. 다른 선택지가 없다는 것이었다.

외국인 투자 없이 산업화를 시작하려면 투자금을 국내 경제에서 찾아야 했다. 안타깝게도 돈을 소유한 사람들('착취자')은 대부분 재산을 몰수당했다. 많은 이들에게 '농민 쥐어짜기'–농민들이 도시에서 구입하는 제품의 가격을 올리고 그들이 시장에 팔려고 내놓는 농산물 가격을 낮추는 것–가 좋은 선택지처럼 보였다. 하지만 이것은 지노비에프가 선호한 '농촌으로' 정책과 양립하기 어려웠고, 농민에 대한 지나친 압박이 반란을 유발할 수도 있다는 우려도 있었다.

약 1년 뒤, 스탈린은 반反 트로츠키 성향의 세 정치인 가운데 두

정치국원인 지노비예프와 카메네프를 새로운 반대파로 몰았고, 두 사람은 트로츠키 반대파와 힘을 합쳤지만 정치적 영향력을 미치기에는 때가 너무 늦었다. 파벌의 움직임이 어느 때보다 복잡해지면서 다양한 파벌이 어떤 정책을 주장하는지를 이해하기가 더 힘들어졌다. 트로츠키는 대체로 급진주의자('좌파')로서 가장 야심차고 신속한 경제개발 계획을 요구했다. 1920년대 초 사회 문제에서 급진주의자였던 부하린은 갑자기 입장을 바꾸어 '우파'가 되었다. 스탈린은 때로는 우파, 때로는 좌파처럼 보였다. 그는 '당의 노선은 절대 빗나가지 않는다'라는 당시의 농담을 상기시키면서 처음에는 팔을 좌측으로 돌리고, 그다음에는 오른쪽으로 돌리는 제스처를 해 보였다.

레닌 숭배와 함께 또 다른 해로운 숭배가 강하게 자리 잡았다. 당과 당 '노선'의 무오류성에 대한 숭배였다. '당은 항상 옳다'는 말이 주문처럼 되었다. 존경받는 노장 볼셰비키들은 전당대회에서 야유하고 휘파람을 부는 지역당 대표들 앞에서 자신이 내놓은 반대 의견에 대해 비굴하게 용서를 구해야 했다. 1925년 지노비예프 반대파에 합류한 크룹스카야는 아주 예외적으로 지역 대표들로부터 야유를 받지 않았고, 사과를 거부했으며, 당이 잘못을 범할 수 없다는 사상을 조롱했다. 오직 레닌의 아내만이 감히 그렇게 할 수 있었다.

당원의 72퍼센트가 러시아인인 상황에서 당원의 1퍼센트에 불과한 조지아인인 스탈린이 1920년대 말에 지도력을 장악할 수 있었다는 것은 놀라운 일이었다. 조지아어 악센트에도 불구하고 그는 점차 러시아인으로 인식되었다. 물론 그의 큰 이점은 두 주요 경쟁자인 트로츠키와 지노비예프가 유대인이라는 점이었다. 트로츠키 자신이 인정했듯이, 유대인이 모든 소련 사람들의 지도자가 되기엔 무리였고, 아마 일반 당원들도 그렇게 생각했을 것이다. 러시아인인 부하린이 더 나은 정치인이었다면 스탈린과 맞설 기회가 있었을지도 모른다. 하지만 그는 너무 늦게 움직였다. 스탈린이 공개적으로 이용하지는 않았지만 유대인 문제가 스탈린의 '일국 사회주의'에 관한 당 논쟁에 영향을 끼친 것은 거의 확실했다. 이 논쟁에서 국제주의자인 트로츠키는 궁지에 몰렸다. 물론 국제주의는 레닌의 핵심적인 당 정책이었지만 이 용어는 유대인의 정체성을 나타내기도 했다.

볼셰비키들은 계급의 적에 대한 테러에 반대하지 않았고, 내전 중에 극히 자유롭게 테러를 자행하다가 신경제정책 시기에 다소 완화되었다. 하지만 그들은 프랑스혁명 때처럼 '혁명이 자신의 자식을 잡아먹는 것'(이를테면 당내 반대파들을 무기로 테러를 자행하는 것)을 허용하는 일에는 강하게 반대했다. 레닌 통치기에는 정책 갈등에서 패한 사람들이 당에서 강제로 축출되지 않았고, 체카와 그 후신인 GPU는 당의 지도자들을 모두 그대로 두었다. 이런 방침이 바뀐 것은 1927년 말이었다. 반대파 지도자들은 당에서 축출되었고, GPU는 반대파와의 관계 단절을 거부하는 사람들을 유배형에 처했다. 트로츠키의 유배지는 카자흐스탄의 중국 국경 지역인 알마

1958년 예브게니 부세티치가 펠릭스 제르진스키 동상을 모스크바의
제르진스키 광장(옛 이름은 루뱐카 광장)에 세웠다.
오른쪽에 비밀경찰 본부 건물이 일부 보인다.

아타였다. 이상하게도 그에게는 모든 책과 문서를 소지하는 일(나중에 하버드대 와이드너 도서관에 소장되었다)이 허용되었고, 다른 지역으로 추방당한 동료들과 폭넓게 서신을 교환했다. 2년 뒤(1929년 2월), 당의 전통과는 매우 이례적으로 그는 혁명 반역자로서 고국인 소련에서 강제 추방되었다. 그로부터 11년 뒤, 그는 스탈린이 보낸 암살자에 의해 멕시코에서 살해됐다.

거만한 트로츠키는 늘 스탈린을 경멸했고 그를 좀처럼 정치적 위협으로 보지 않았다. 스탈린은 웅변가도 아니고 이론가도 아니었다(당에서 높이 평가하는 이 두 분야에서는 트로츠키가 뛰어났다). 그는 조지아의 정교회 신학교에서 교육받다 중퇴하고 직업 혁명가가 되었으니, 트로츠키의 눈에는 지식인도 아니었다. 국제적 배경도 없었다. 그의 혁명 훈련은 오랜 망명 생활이 아니라 감옥과 유배지에서 이루어졌다. 스탈린에게는 1905년 페테르부르크 소비에트를 지도한다거나 내전 당시 아무것도 없는 상태에서 적군을 만드는 것과 같은 탁월한 업적이 없었다. 레닌의 '유언장'에 기록된 질책은 스탈린에게 상당한 정치적 난관이 됐다. 회고록 작가 니콜라이 슈카노프의 말을 인용하자면 그는 "회색빛의 흐릿한 사람"이었다. 트로츠키가 나중에 주장했듯이 스탈린은 '관료제가 만든 인물'이었고, 레닌이 병에 걸렸을 당시 크룹스카야에게 보인 무례함을 사과할 때 스스로 인정했듯 '상스러운 사람'이었다. 트로츠키는 스탈린을 정중하게 대하지 않았고, 스탈린 지지자들에게는 더더욱 그랬다. 1920년대 중반부터 이 스탈린 지지자 그룹에 몰로토프를 비롯한 일부 정치국원들, 전 적군 기병대장 클림 보로실로프, 정치국 후보위원이자 우크라이나 공산당 제1서기였던 카가노비치가 포함되었다.

1990년 소련 역사 기록물이 공개되기 전까지 역사가들에 의해 널리 언급됐던 트로츠키의 경멸은 심각할 정도로 빗나갔다. 스탈린은 평범한 사람이 아니었다. 그는 우둔하지도 않았고 별 볼일 없는 사람도 아니었다. 다른 사람들이 1920년대 정책 논쟁에서 더 빛나는 역할을 했다면, 성공적인 미래를 위한 단순명료한 결론을 내린 사람은 스탈린이었다. 레닌은 10월의 정치혁명에서 당을 지도했지만 마르크스주의의 핵심인 경제혁명은 아직 이루어지지 않았다. 스탈린은 경제혁명을 주도할 사람이었다.

스탈린주의

3

소련에 필요한 두 번째 혁명인 경제혁명은 어떻게 수행되어야 했을까? 분명한 것은 1917년처럼 거리에 자발적으로 쏟아져 나온 사람들에 의해 이루어지지는 않았다는 것이다. 이 혁명은 모스크바의 계획(경제혁명의 목적은 결국 중앙집중적 계획경제라는 사상을 실현하는 것이었다)과 지시가 필요했다. 역사가들은 흔히 이를 '위로부터의 혁명'이라고 부르고, '위로부터'라는 측면을 강조한다. '혁명'이라는 부분을 간과하지 않는 한 이것은 매우 정확한 시각이다. 스탈린의 경제 전환 프로그램에서 특별한 점은 이를 혁명과 비슷한 수단을 통해 시행했다는 것이다. 이를테면 스탈린은 목표 달성을 위해 당과 지지자들을 동원해 반대파들에게 폭력을 행사했다.

국가가 지원하는 계획적인 산업화 프로그램을 마치 '계급의 적'이나 '외국 간섭 세력'에 맞서 싸우는 혁명전쟁처럼 제시한 것이 이상해 보일지 모른다. 하지만 스탈린은 무엇보다도 혁명가였다.

베라 무키나의 상징적인 조각상 〈노동자와 집단농장의 여성〉은
1937년 파리 국제박람회 소련 전시장에 처음 세워졌다.

폭력과 계급적 분노 고취는 그가 할 줄 아는 일이었다. 당 역시 이런 일에 능숙했다. 이 방법은 경제적 합리성 측면에서는 매우 불합리했지만 당의 투쟁적 사고방식과 내전기의 당 체제를 고려할 때 그 나름대로 정치적 합리성이 있었다.

스탈린이 명명한 1929~32년의 '대대적인 변화'는 세 영역에서 이루어졌다. 첫째는 국가계획 당국이 만든 5개년 계획에 따라 수행된 강제적인 산업화였다. 둘째는 농업 집단화였고, 셋째는 '문화혁명'이었다. 소련이 만든 이 용어는 오랜 시간이 지나 1960년대 중국 공산주의자들이 다시 사용했다. 이 세 영역을 둘러싼 폭력은 비공산주의자들을 위협하고 굴복시키기 위해 사용되었다. 또한 이런 폭력행위에는 스탈린의 군대인 공산주의자, 청년 공산주의자, '의식화된' 도시 노동자들이 그 시기에 적으로 생각하던 사람들과 싸우고 싶은 욕구를 허용하여 그들을 결집하려는 목적도 있었다.

국내 위기 때 흔히 그렇듯이, 지도부는 외국의 위협을 주장함으로써 사람들의 행동을 자극했다. (명백하게 적대적인) 서구 자본주의 열강이 소련을 상대로 즉각적인 군사 행동을 준비한다는 실제적인 증거가 없었는데도, 소련 언론은 수개월 동안 전쟁 불안을 크게 부추겼다. 문화혁명 – 문화 분야에서 '부르주아 지배'를 타도하기 위한 운동 – 이 언론의 선동과 결합되었다. 문화혁명은 1928년 초 산업 사보타주와 외국 정보기관을 위한 스파이 활동 혐의로 기소된 기술자들('부르주아 전문가들')에 대한 재판을 극적으로 공개함으로써 시작되었기 때문이었다. 공장 노동자들은 그들의 공분을 유발하는 특권적 지위를 가진 '파괴자' 기술자들에 대한 마녀사냥에 나섰다.

스탈린 혁명의 경제적 핵심 과업은 농업 집단화가 아니라 산업화였다. 농업 집단화는 예상되는 농민 저항을 고려할 때 신중하게 훗날로 미룰 수도 있는 이차적인 목표였다. 하지만 1928년 소련공산당 논쟁에서는 신중함이 아니라 계급 전쟁의 필요성이 이겼다. 처음은 아니지만 농민들과 소련 정부는 농산물 가격을 두고 싸움을 벌였다. 국가가 농산물 구매 가격을 올릴 수도 있었지만 산업화를 위한 유일한 자금 조달 방법은 농민을 '쥐어짜는 것'이라는 게 경제학자들의 전통적인 지혜였다. 스탈린은 수도 밖으로 짧은 여행을 떠났다. 상황을 직접 살펴보려고 시베리아로 간 것이다. 그는 부농이 곡물을 시장에 내놓지 않아 가격이 올라가고 결국 정치적 사보타주가 발생하고 있다는 사실을 알고 돌아왔다. '비축 행위'에 대한 새로운 처벌 조항이 도입되었고, 농민들의 더 큰 저항이 뒤따랐다. 1929년 겨울, 농업 집단화 프로그램이 최종적인 문제 해결책으로 전면 시행되었다. 그로 인해 새로 만들어진 집단농장이 유일한 합법적 곡물 판매자가 되고 국가가 그 유일한 고객이 되었다. 부농 문제는 그들을 마을에서 쫓아냄으로써 확실히 해결되었다.

한편 도시에서는 도시 경제의 탈사유화 운동 속에서 또 다른 계급의 적이 포위당했다. GPU의 도움을 받아 네프맨, 소규모 상인과 제조업자가 사업계에서 쫓겨났다(종종 투옥되었다). 이는 국가가 소매 유통망을 거의 사전계획 없이 서둘러 수립해야 하는 조급하고 설익은 정책이었다. 결과는 물품 부족과 배급제(전시 위기를 국민에게 전가하는 또 다른 조치), 그리고 당연한 결과인 암시장의 급속한 성장이었다.

집단화와 문화혁명

농업 집단화는 자발적인 과정으로 진행할 예정이었다. 하지만 농촌에서 집단화를 자발적으로 원한다는 신호가 거의 없었고, '탈부농화'라는 유사한 과정을 통해 집단화 프로그램에 강제력이 동원되었다. 탈부농화는 부농이라고 낙인찍힌 사람들의 땅과 주택을 몰수하고 GPU가 '부농들'을 추방하여 외딴 지역에 정착시키는 것이었다. 당시 내세운 슬로건은 '부농 계급 청산'이었지만 빈농의 노동력을 착취한 옛날 방식의 부농들은 소수만 남아 있었기 때문에(1920년대에 그런 관행을 억제하는 활동의 결과로), 농촌에서 인기가 없는 사람들이 모두 이런 낙인이 찍히고 절차에 따라 처벌받았다. 공산주의자들과 도시인 지원자들의 무리가 농촌으로 파견되어 집단화 문제를 처리했다. 이것은 기본적으로 농민들을 설득하면서, 동조하지 않으면 부농처럼 마을에서 추방할 거라고 암묵적으로 위협하여 **집단농장**kolkhoz 문서에 서명하게 만드는 것이었다. 문서에 서명할 때 농민들은 개별 농가들의 토지를 통합해서 만든 집단농장을 경작하기 위해 말까지 넘겨주어야 했다. 때로 집단농장 관리자들은 다른 동물도 가져갔다.

당대 사람들은 집단화 계획에 들떴지만 집단화는 사실상 준비 없이 시작되어 대체로 즉흥적으로 진행됐다. 집단화 집행자들이나 농민들에게 명확한 지침이 제시되지 않았으며, 공유하는 마구간 등 필수 시설물에 관한 지시도 없었다. 상황이 제대로 전개되지 않자 스탈린은 지나치게 열성적인 지방 관리들을 비난했다. 소련의 선전매체는 집단화를 소규모 농장에서 대규모 농장으로, 낡은 수동적 기술에서 근대적 기계화로 바꾸는 것이라고 표현했다. 하지만 사용할 트랙터와 콤바인이 충분하지 않았고 농민들은 기계 사용법을 몰랐다. 아울러 '거대한'이라는 명칭을 붙여 새로운 집단농장을 선전했지만, 일반적으로 기존 농촌 마을보다 더 큰 농촌 단위를 설치해 운영하기가 너무 어려워 작은 규모의 농업 단위에 (조용히) 만족해야 했다.

집단화는 전국적으로 시행되었지만 지역별로 차이가 있었다. 토착민들이 대부분 유목 생활을 하는 카자흐스탄의 경우 의무적인 정착화로 인해 대규모 저항이 일어나 국경 너머 중국으로 도피했다. 곡식보다 과일, 포도주, 특용 작물들을 주로 생산하는 조지아는 라브렌티 베리야를 비롯한 그 지역 출신 공산주의 지도자들의 보호 노력 덕분에 더 완화된 기준을 적용받았다. 여러 민족이 혼합되어 사는 지역에서는 다수 민족 집단이 때로 독일 농부 등 비교적 부유한 소수 집단에 부농이라는 낙인을 찍으려고 했다. 추방된 러시아인 부농들과 우크라이나인 부농들을 카자흐스탄 같은 지역으로 이주시킨 탓에 민족 간의 긴장이 더 심해졌다.

모든 농가의 약 4퍼센트에 달하는 500만~600만 명의 농부들이 탈부농화의 피해자였다(여기에는 몰수 위협으로 도시로 도피한 농부도 포함된다). 살던 지역에서 추방된 200만 명 중 다수는 개간되지 않은 농촌 지역에 정착했고 소수는 새로운 산업건설 현장으로 보내졌다. 러시아의 유럽 지역에서는 대규모 반란이 일어나지 않았다. 이례적인 기습 테러 조치로 농민 대부분을 충분히 억제했으나, 분노와 수동적인 저항이 널리 확산되었다. 농민들은 가축을 넘겨주는 대신 도살하고 국가 할당량을 내지 않으려고 곡식을 숨겼다. 집단화는 적그리스도가 나타난 것이며, 집단화 집행자들이 여자들의 머리카락을 자르고 집단결혼을 시행할 것이라는 소문이 돌았다. 여성 농민들은 대중적인 저항의 표시로 마을을 돌아다니는 집단화 집행자들을 따라다니며 울거나 찬송가를 불렀다.

집단화의 가장 놀라운 측면은 러시아와 우크라이나 농촌 지역에서 일어난 사제·교회 반대 운동과 러시아의 다른 지역에서 일어난 불교·이슬람교 반대 운동이었다. 이것은 '계급 전쟁' 폭력이 집단화 과정의 필수적인 부분이라는 것을 여실히 보여준다. 농민들에게 전통적인 농사법과 판매 방식을 바꾸라고 진지하게 설득하려던 사람들은 지역 교회나 모스크의 가르침에 따라 농민들에게 상처와 모욕을 주지 않으려 했다. 하지만 '집단화'가 시작되었을 때 도시의 콤소몰들은 웃으면서 교회를 파괴하고 묘지를 파헤치고, 유골을 들고 춤추고, 교회 종을 철거해 '산업용 고철'로 만들었다. 한편 GPU는 조용히 사제들을 체포하여 부농들과 함께 내륙으로 추방했다. 러시아 농민들의 기존 기독교 신앙이 얼마나 깊었는지는 논쟁의 여지가 있지만 박해는 확실히 신앙을 강화했다. 도시 출신의 집단화 집행자 중 일부는 농민들에게 미안한 감정을 느꼈지만, 다수는 농촌 지역에 있는 계급의 적들로부터 위협받을 수 있다고 믿었다. 분노한 농민들이 그들에게 무차별 사격을 가하거나 밤에 은밀히 그들을 불러내어 강에 던져버릴지 모른다고 말이다. 이런 불세례(과하게 뜨거운 불은 아니었을망정)는 공산주의 신화에서 내전 투쟁의 영웅적 전설과 결합했다.

대도시와 중소도시의 문화혁명은 축제 형식에서부터 교육에 이르기까지 다양한 방식으로 이루어졌다. 소련 콤소몰은 중국 홍위병에 비할 바는 아니었다. 중국 문화대혁명 당시 홍위병들은 실제 피해자들에게 바보 모자를 씌우고 거리를 행진하게 했지만, 콤소몰들은 사제와 네프맨의 모형을 들고 거리를 행진하면서 조롱하고 때로 불태웠다. '경기병대'가 관공서에 침입하여 서류를 뒤엎고, 공무원들이 '관료'가 되었다며 비난했다. 중앙아시아에서는 여성들의 베일 착용 금지가 더 심해지고 확대되었다. 대학생들은 '부르주아' 교수들을 맹렬히 비난하는 집회를 열었다. 부르주아 교수들은 정치적 죄를 공개적으로 자백하고 마르크스주의 문서를 교과목에 포함하겠다는 약속을 해야 했다. 문화혁명에서 가장 지독한 행위들은 간혹 당 지도자들로부터 질책을 받기도 했지만, 일반적으로는 정당한 이유가 있는 '과도함'으로 이해되었다. 이를테면 전통을 없애고 부르주아를 문화적 지배 위치에서 끌어내리는 것은 과격하지만 정당한 행위였다. 과업을 시행하려는 청년 공산주의자들의 열정은 확실했다. 당시의 한 관찰자는 이렇게 말했다. "그들은 '족쇄에서 벗어나려고' 안달했다."

문화혁명 중 무정부주의적 측면과 다른 부분은 1920년대 말 노

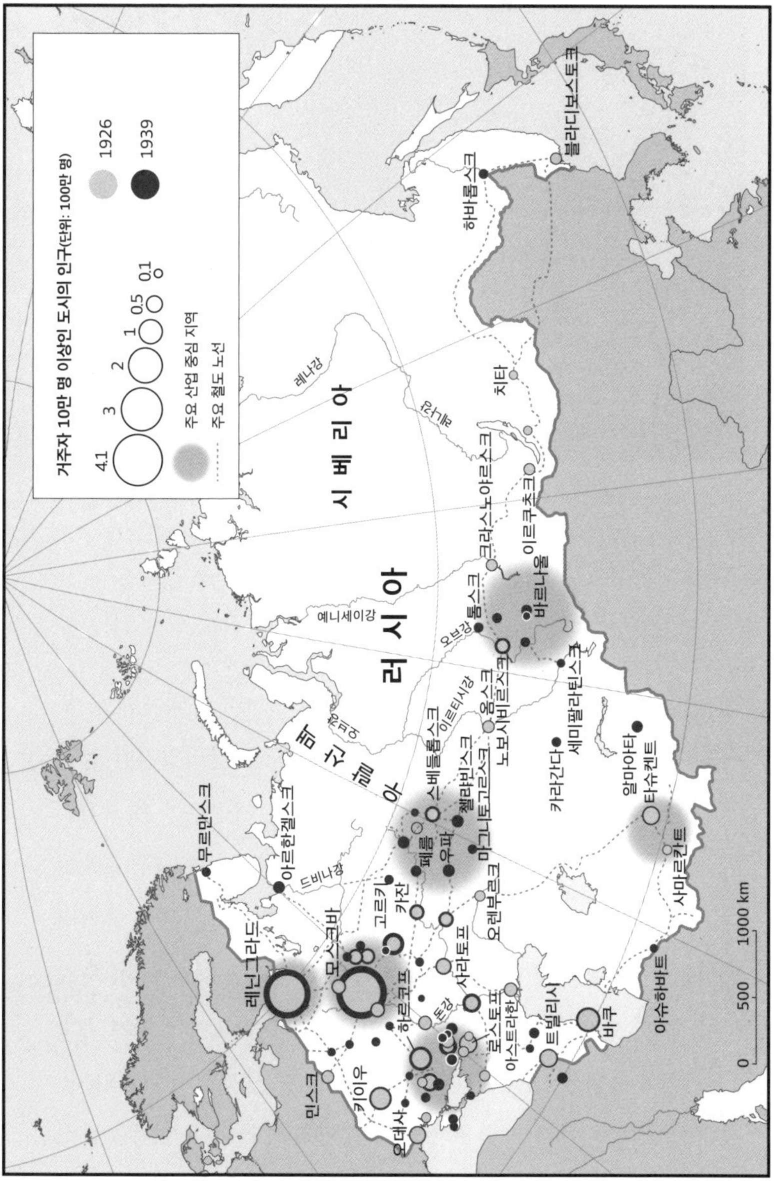

제1차 5개년 계획(1928~32년) 당시 산업개발 지역

1930년대의 다문화주의. 1936년 투르크메니스탄과 타지키스탄의 집단농장에서 중앙아시아 전통 복장을 착용한 조지아인 이오시프 스탈린과 러시아인 클림 보로실로프의 모습.

동자, 빈농, '낙후된' 민족 집단을 위한 사회적 약자 우대 정책을 우선 과제로 추진한 것이었다. 여기에는 여성도 포함되었지만 당시에 우선순위는 상당히 낮아 당 중앙위원회의 여성부는 해체되었다. 약자 우대 정책이란 관리직으로 곧장 승진하거나 고등교육이나 기술 교육을 먼저 받을 기회를 주는 것이었다. 괜찮은 문화혁명 방식을 취한 교육 분야에서도 고통이 없었던 것은 아니었다. 부르주아, 부농, 사제 가문 출신의 기존 학생들은 대학교에서 쫓겨났다. 약자 우대 정책은 1930년대에 세계적으로도 신선한 것이었다. 동시대 영어에는 이런 정책을 표현할 용어조차 없었다. 노동자들이 자신의 계급을 떠나고 싶어 해서는 안 되기에, 마르크스주의 이론가들은 이 정책을 경멸했다. 하지만 노동계급, 농민, 비러시아인 출신 가족은 상승 기회를 환영했다. 미래의 국가 지도자 니키타 흐루쇼프와 레오니트 브레즈네프, 그 밖의 여러 공화국 토착민 출신 지도자들이 이 우대 정책의 수혜자들이었다.

산업화

제1차 5개년 계획은 소련 최초의 국가(소련 선전매체들이 반복하듯이 세계를 위한) 경제계획 활동이었다. 이 계획은 중공업, 특히 광업·금속업·기계산업의 급속한 발전에 초점을 맞추었다. 이 야심찬 계획은 5년 동안 국가의 산업 투자를 2배로 늘려 전쟁 전 수준의 3배 생산량을 달성하는 것이었다. 투자금을 찾는 문제는 만족스럽게 해결되지 않았다. 단기적으로, 농민의 집단화는 효과적인 '쥐어짜기' 방법이 아니었다. 지출이 예상보다 더 많았고 소득이 들어오는 속도는 더 느렸기 때문이었다. 도시 지역의 생활수준이 뜻밖에 큰 폭으로 추락하자 소련은 보드카 생산량을 늘려서(스탈린이 1930년에 몰로토프에게 썼듯이 군사력 확대를 위해 필요했다) 격차를 메웠다.

투자금이 부족했던 소련은 값싼 노동력을 투입했다. 처음으로 여성 노동자 – 이 시기 여성 해방의 주된 초점이었다 – 가 중요한 노동 공급원이 되었다. 1930년대에 약 1000만 명의 여성이 유급 노동에 참여했다. 또 다른 노동 공급원은 도시의 실업자들이었다. 하지만 일차적인 노동 공급원은 농민이었으며, 추방된 부농들이 중요한 부분을 차지했다. GPU는 강제노동수용소의 증가와 함께 핵심적인 산업 노동 공급자가 되었다. 아울러 집단화 시기에 수백만 명의 젊은 농민들이 마을을 떠나 도시로 향했다. 도시에 일자리가 생기자 어떤 사람들은 탈부농화나 집단농장를 피하기 위해, 어떤 사람들은 기회를 찾으려고 도시로 모여들었다. 제1차 경제계획 기간에 마을에 머물며 집단농장 농민이 된 이들 중 3분의 1이 마을을 떠나 임금노동자가 되었다. 1928~32년에만 1200만 명이라는 이례적인 수가 영구히 농촌을 떠나 도시로 이동했다.

과감히 지적한다면, 소련의 집단화는 마르크스가 언급했듯이 18세기와 19세기에 농민을 토지에서 가차 없이 몰아내고 산업혁명에 필요한 노동력을 제공한 영국의 인클로저 운동과 똑같은 기능을 수행했다. 이런 결과가 얼마나 예상된 것인지, 또 소련 체제의 집단화 전략의 일부였는지는 명확하지 않다. 스탈린은 이에 대해 구체적으로 언급하지 않았다. 소련의 도시 인구가 400만 명 증가한 해, 집단화가 농촌의 빈곤을 성공적으로 해결했다고 축하하는 연설에서 스탈린은 집단농장의 장점 덕분에 농촌에서 도시로 가는 전통적인 '농민 도주'가 과거의 일이 되었다고 거짓 주장을 했다.

제1차 5개년 계획과 그 후속 계획의 초안을 마련할 때 큰 논점은 국가가 어떤 공장, 철도, 수력발전소를 어디에 건설할 것인가였다. 이것은 암묵적으로 서구의 선심 정치와 비슷했다. 가장 치열하고 오랜 논점 중 하나는 우크라이나 지역(우크라이나는 근대적 인프라가 더 많았지만 서구 나라들과 국경이 가까워 거북했다) 혹은 우랄 지역(산업 기지의 근대화는 부족했지만 지리적으로 더 안전했다) 중 어디를 집중적으로 개발할 것인가였다. 소련 정책 입안자 및 정치가들은 오랫동안 시베리아, 중앙아시아, 코카서스 지역처럼 산업적으로 낙후된 지역에 우선권을 주어야 한다고 보았다. 하지만 국가 안보처럼 고려해야 할 긴요한 문제들도 있었다. 이를테면 제1차 5개년 계획의 주요 목표 중 하나는 국방력 증강이었다. 스탈린은 방위 산업 관련 공장의 위치로 비슬라브 지역보다는 러시아/우크라이나 중심지를 선호하는 경향이 있었다. 하지만 최종 결정권은 스탈린이 아니라 정치국에 있었고, 의사결정 과정에서 각 공화국과 지역들은 자신들이 선호하는 프로젝트를 유치하기 위해 지속적으로 엄청난 로비를 벌였다. 이 로비 – 더 넓게 보면 지역의 관심사를 중앙정부에 제시하는 것 – 는 공화국과 지역의 제1당서기에게 핵심 과제가 되었다. 많은 정치국원들도 예산 계획 수립 때 자신의 출신 지역을 위해 로비를 했다. 그중 중공업 담당 인민위원이자, 스탈린과 같은 조지아인인 세르고 오르조니키제가 가장 많은 로비를 벌여 성공을 거두었다.

인적이 드문 우랄 지역에 대규모 금속산업단지 마그니토고르스크를 세우는 것은 제1차 5개년 계획에 따른 대표적인 건설 사업이었고, 많은 모순을 안고 있었다. 마그니토고르스크 사업은 GPU의 감시하에 동원된 수감자와 추방된 부농들의 노동력에 주로 의존하였고, 살기 좋은 지역에서 강제 이주한 '파괴자' 기술자들이 새로 교육받은 공산주의자와 함께 일했으며, 또한 젊은 콤소몰 지원자들의 성지였다. 이 사업은 그들에게 '자연을 정복'하여 텅 빈 스텝 지역에 소련 산업을 일으키기 위해 역경과 싸우겠다는 투쟁 의식을 불러일으켰다. 이곳은 전형적인 국경 도시로서 고난과 많은 모험, 동지애로 가득했다. 이곳에서는 사람들의 출신은 잊혔고, 부농의 자녀도 스타하노프Stakhanovite(놀라운 성취를 이룬) 노동자가 되어 콤소몰에 가입할 수 있었다. 청사진에 그려진 형태와 정확히 같지 않았지만 여기에서 '새로운 소비에트 인간'이 만들어졌다.

소련 언론에서는 독특한 과시 문화가 등장했다. 사회주의 건설을 위한 국가의 '성과'(1930년대의 핵심 용어)를 매일 발표했다. 얼마나 많은 철광석을 채굴했는지, 얼마나 많은 용광로가 가동되었는지, 얼마나 긴 철로가 건설되었는지, 새로운 수력발전소가 얼마나 많은 전기를 생산했는지 발표했다. 스탈린은 흔한 군사 관련 비유를 이용해 "볼셰비키가 급습할 수 없는 요새는 없다"고 말했다. 이런 과정에서 많은 '매복 공격'과 '전술적 후퇴'가 일어났다. 이 시점의 소비에트 계획은 경쟁적인 사업 가운데서 우선순위를 정하고, 생산 목표량을 정하고, 기업들이 그 목표를 '초과 달성'하도록 촉구하는 것이었다. 특정 트랙터 공장이 타이어 제작에 필요한 고무를 어디서 확보할 것인지에 대해서는 구체적인 내용이 없었다. 기업들은 공장 감독관의 비자금으로 임금을 주는 비공식 '대리인들'을

모스크바 청년 노동자 극장에서 상연된 대작 〈플락스Flax〉를 홍보하는 F.F. 콘드라토프의 포스터에 묘사된 집단농장의 행복한 생활(1931년).

파견해 필요한 공급망을 찾았다.

식량과 소비재의 부족이 산업 원재료 부족보다 훨씬 더 심각해지자, 소련 시민들은 최선을 다해 비슷한 기술을 연마했다. 소련 속담에 이런 말이 있다. "100루블보다 친구 100명이 낫다." '인맥'을 통해 재화에 대한 접근성을 확보하는 것이 일차적이었고, 재화를 살 돈을 갖는 것은 이차적인 일이었다. 이 속담은 지역당 서기나 학술원 원사(정회원)뿐만 아니라 신발 공장 노동자가 집단농장에서 일하는 친구에게 몰래 장화를 제공하고 감자를 얻을 때도 적용되었다. 경찰서장 니콜라이 예조프의 아내가 고급 휴양지에서 시인 오시프 만델스탐의 아내를 우연히 만나 "당신은 누구에게로 가나요?"라고 물었다. 이 말은 "누가 당신의 후원자입니까"라는 뜻이었다. 고상한 나데즈다는 처음에는 이 질문을 이해하지 못했으나, 그녀의 남편이 설명해주었다. "우리는 니콜라이 부하린에게 갑니다."

결과

5개년 계획의 첫 2년 동안 산업이 크게 발전했지만 엄청난 비용과 막대한 낭비가 발생했다. 소련이 발표한 수치에 따르면, 1928~32년에 총산업생산량이 2배로 늘었고, 그다음 5개년 계획 기간에 추가로 2배 늘었다. 1928~40년에는 연평균 성장률이 약 17퍼센트였다. 서구의 분석가들(그리고 1980년대의 수정주의 소비에트 경제학자)은 연평균 성장률이 10퍼센트 정도라고 말했지만 이 수준도 대단한 것이었다. 석유, 석탄, 운송용 트럭과 트랙터의 생산지수가 제1차 5개년 계획이 끝날 무렵에 급격히 증가했다. 하지만 제1차 계획의 많은 사업이 선철·압연강 등 원재료를 생산하는 공장을 만드는 것이었는데, 이는 1930년대 중반까지 제대로 기능하지 못했다. 생산량이 증가한 유일한 소비재는 보드카였다. 1930년대 중반에 보드카 생산으로 국가 총소득의 5분의 1을 벌어들일 정도였다.

제1차 5개년 계획 기간에 완전 고용이 기본적으로 달성되었고, 실업은 이후 60년 동안 사회문제 항목에서 사라졌다. 하지만 중공업에 자본을 투입하느라 사회복지 프로그램은 만성적인 자금 부족에 시달렸다. 사회복지는 도시의 임금 및 봉급 생활자들만 이용할 수 있었고, 실제로는 핵심 산업 노동자 등 특권 집단으로 제한되었다.

산업 생산의 지리적 분포 측면에서 보면, 우랄·시베리아·중앙아시아 비중이 상당히 증가했다(하지만 중앙아시아는 매우 낮은 수준에서 출발했다). 소련은 아직 서구 자본주의 경쟁자들보다 한참 뒤처졌지만 일본과 비슷한 수준에 도달했다. 일부 경제학자들이 주장하듯이, 더 온건한 정책을 추진했다면 낭비 없이 비슷한 결과를 이룰 수도 있었겠지만, 그것도 정치문화가 온건함을 받아들이는 국가라야 가능했을 것이다.

농업 집단화는 크게 실패했다. 집단화는 소비에트 농업의 발전을 수십 년 동안 가로막고, 농민을 소외시키고, 도시 지역에 식량 부족 문제를 유발했다. 스탈린 사후 소련 정치인들은 비난의 대상은 집단화 자체가 아니고 그것의 '과도함'이라고 말했다. 하지만 그 과도함이야말로 집단화 정책의 일부였다. 단기적으로 보면 집단농장에 부과된 높은 생산 목표가 주요 곡물 재배 지역에 가장 심한 타격을 주었다. 오늘날 우크라이나 정부는 우크라이나의 '홀로도모르Holodomor'라는 대기근이 우크라이나인을 죽이려던 스탈린의 의도적 계획으로 인한 결과라고 주장한다. 하지만 러시아 남부지역과 카자흐스탄에서도 똑같이 파괴적인 결과가 발생했다.

스탈린은 농민을 죽이려 했다기보다, 농민들이 봄 파종까지 생존할 수 있는 양만 남기고 최대한 많은 곡식을 확보하려 했다. 문제는 누구도 그 양이 얼마인지 알지 못했다는 것이다. 스탈린은 지방 관리들이 최대한 많은 곡식을 확보하도록 압박했고, 농민들이 더는 숨겨둔 게 없다고 말해도 곧이 듣지 않았다. 농민들의 '굶주림 연기'와 '거짓 파산 행세'와 같은 기괴한 표현이 소비에트 담론에 등장했다. 농민들이 속이는 것이 아니라 실제로 죽어간다는 것을 스탈린이 알았을 때는 너무 늦었다. 1932~33년 겨울, 굶주림을 피해 도망치는 농민을 막기 위해 도시 입구를 봉쇄해야 했다. 봄이 오자 파종을 위해 국가 창고에 저장했던 양곡을 다시 농촌으로 보내야 했다. 기아 사망자(수십 년 후까지 소련은 인정하지 않았다)는 500만 명 이상이었다. 기근은 깊은 상처를 남겼지만 반세기 동안 공식적으로 언급되지 않다가, 페레스트로이카perestroika 시절 우크라이나 당 서기 볼로디미르 셰르비츠키가 우크라이나 소비에트공화국 건설 70주년 기념식에서 침묵을 깼다.

승리자 대회

연례 전당대회를 개최하여 중요한 정책을 결정하고 당 중앙위원회와 정치국을 선출하던 관례와 달리, 1930~34년에는 전당대회가 소집되지 않았다. 부하린과 알렉세이 리코프는 레닌의 뒤를 이은 정부의 수장이 되어 더 온건한 집단화 및 산업화 접근 방식을 주장했다. 그들이 주도하는 당내 '우파'는 1930년 제16차 전당대회에서 비교적 간단히 패배했다. 이것은 당에서 공개적으로 벌어진 마지막 파벌 싸움이었으며, 레닌이 1921년에 결정한 파벌 금지가 오랫동안 지연되다가 비로소 시행되었음을 보여주었다. 그 이후 파벌 조직은 소규모 음모 조직 형태를 띠었고, 초기에 신속하게 제거되었다. 같은 시기에 스탈린 숭배가 점점 심화되었고, 모든 정부 계획은 스탈린 개인의 공로로 돌려졌다. 행복한 아동기부터 지방정부의 면화 생산 계획 조기 달성에 이르기까지 모든 것이 그의 덕분이라며 감사했다. 진심은 아니었을지도 모르지만, 스탈린은 레닌처럼 공식적으로는 개인숭배를 일축하며 개인숭배를 차르 통치에 익숙했던 단순한 인민대중 탓으로 돌리고, 외국인 접견자들에게 자신을 온건하고 가식 없는 사람으로 소개했다.

이제 200만 명 당원을 보유한 공산당을 대표하는 제17차 전당대회는 '승리자 대회Congress of Victors'라고 자칭했다. 어렵게 얻은 승리였고, 그것도 기근이 거의 끝났을 무렵에야 그렇게 부를 수 있었다. 집단화 이후 발생한 농업 문제에 대해 스탈린을 개인적으로 비난하는 당 간부가 틀림없이 많았을 것이다. 항상 의심스러워하는 스탈린의 기질이 1932년 말 아내의 자살로 더 나빠졌다. 어디서나 들리는 '위대한 지도자이자 교사'라는 찬사도 모든 사람이 그를 사랑한다는 확신을 그에게 심어주지 못했다. 그의 관점에서 볼 때 어디엔가 불만 세력이 분명히 존재해야 했다. 문제는 정확히 어디에 있는가였다. 그래야 찾아내 박멸할 수 있으니까. 이를 수행할 수단도 있었다. 보안 기관(1934년 내무인민위원부NKVD로 개명했다)의 힘과 사법권은 부농과 네프맨에 맞서는 운동과 강제노동수용소의 증가로 크게 확대되었다.

'전쟁'에서 승리한 뒤 스탈린과 당 지도부는 정상 상태로의 복귀라는 관념을 활발하게 홍보했다. 물론 그것은 새로운 정상 상태였다. 농촌은 집단화되었고 중공업은 러시아 전역에 흩어져 있었다. 중소도시가 허허벌판에서 생겨났고 도시 노동력은 농민들로 채워졌다. 경찰 활동이 증가했고 테러 가능성이 어렴풋하게나마 남아 있었다. '동지 여러분, 삶이 더 나아졌습니다. 삶은 더 즐거워졌습니다'라는 스탈린의 새로운 슬로건은 사실이기보다는 희망사항일 수도 있지만 적어도 사람들에게 기운을 주는 내용이었다. 배급제가 사라졌고 새로운 국영 '상점'에 가격이 붙은 재화가 진열되었다. 농가가 개인 텃밭에서 곡물이 아닌 농작물을 기르는 것, 소 한 마리를 소유하는 것(말은 금지되었다)이 허용되었다. 예전에는

1934년 측근들과 편안한 시간을 보내는 스탈린. 왼쪽에서 두 번째와 세 번째가 뱌체슬라프 몰로토프와 발레리안 쿠이비셰프, 앞줄은 세르고 오르조니키제와 흐릿한 모습의 세르게이 키로프, 소파에 앉은 것은 디미트로프와 스탈린, 스탈린 뒤편 맨 오른쪽은 클림 보로실로프이다.

부르주아의 유물이라고 비난받았던 크리스마스트리가 다시 허용되었고, 판매용 결혼반지도 재등장했다. 체포되었던 기술자들은 곧 석방되었고, 많은 이들이 이전 직장으로 복귀했다. 학생들도 교실로 돌아가서 다시 교수에게 예의 바르게 행동했다. 노동조합은 노동자들을 경영자로부터 보호하는 예전의 역할에서부터 휴가나 요양소 등 비금전적 요소를 공급하거나 배분하는 역할까지 제 기능을 수행하라는 권고를 받았다(그들은 심지어 축구팀 경영자가 될 수도 있었다).

많은 사람의 기억 속에 1930년대는 놀랍고 흥분되는 성장의 시기였다. 희망에 찬 모험('자연을 정복하고 사회주의를 건설하기 위해' 외딴 지역으로 떠났다)과 보잘것없는 삶을 개선하려는 집단적 목표의식이 있었다. 이 목적의식과 보잘것없는 삶에 대한 거부는 문학과 예술에 반영되었다. 작가들은 '인간 영혼의 기술자'라고 불렸다. '사회주의 리얼리즘'이 예술 이론으로 권장됐다. 이것은 흔히 지저분하고 혼란스러운 현재에 밝게 빛나는 미래 모습을 볼 수 있는 능력을 의미했다. 방법론적으로는 대중들이 쉽게 인식하는 전통적 형식을 이용하고 전위적 기벽을 피하는 것으로 해석되었다. 창의적인 예술가와 일반적인 지식인에게 문화혁명 이후의 새로운 기준은 장단점이 있었다. 글을 쓰고 그림을 그리는 방법에 관한 경고성 지침은 단점이 됐지만, 글과 그림에 대한 보수가 관대해지고 혁명 이후 잘 알려지지 않은 특권과 사회적 지위가 주어진 것은 장점이었다. 1930년대 중반, 이것은 채찍이기보다는 당근처럼 보였다. 스탈린은 고급문화와 고등교육의 개선을 통해 개인적인 위신을 세웠고 이것은 소련 말기까지 소련의 특징으로 남았다.

정치적으로 이완될 조짐도 보였다. 1939년 소련의 새 헌법은 적대 계급이 정리되었고 남은 계급들은 '비적대적'이므로, 이제 '계급의 적'과의 투쟁을 멈출 때라고 밝혔다. 이것은 마르크스주의 이론에서 보면 의심스러운 제안이었지만 다른 한편으로 안도감을 주는 메시지였다. 아울러 헌법은 당시 소련에는 분명히 존재하지 않았던 언론 및 집회의 자유와 같은 모든 기본적 자유를 보장했다. 스탈린은 개인적인 시간과 노력을 헌법을 만드는 데 많이 쏟아부었다. 그의 개인 기록 가운데 이 일에 관한 자료가 현저하게 많다는 점으로 보아, 그가 그 결과를 자랑스러워했음을 분명히 추정할 수 있다.

많은 이들이 '스탈린'의 헌법을 서구 사회를 기만하기 위한 부정적인 선전 음모로 보았다. 하지만 이 헌법은 적어도 **소비에트** 사람들에게는 강력한 것이었다. 여론을 평가하는 새로운 접근 방법(한 해 전 낙태를 금지하는 법률 초안에 대해 처음 실시된 여론 평가에서 도시 엘리트를 제외한 많은 사람이 반대했다)에 힘입어 헌법 초안은 상당히 공개적인 '국정 대화'의 주제가 되었다. 소련 시민들은 헌법 조항에 대해 자발적으로 의견을 내달라는 요청을 받았고 많은 사람이 그렇게 했다.

소련 정부는 새 헌법에 따라 다가오는 소비에트 선거에서 다수의 후보자를 추천할 수 있다고 발표했다. 이것은 1920년대 중반에 '소비에트 민주주의를 부활시키기' 위한 조치와 비슷한 시도였다. 1920년대 중반의 실험은 '적'들이 너무 많이 후보자로 추천되는 바람에 실패로 끝났다. 이번 재연이 똑같은 운명을 맞이할지는 두고 볼 일이었다.

소련 국내의 이완 분위기와 함께, 모스크바의 지시를 받는 국제 공산주의 운동에서 인민전선Popular Front(파시즘에 맞서는 공산주의자, 사회주의자, 급진주의 정당의 연합체)이 생겨났다. 1920년대 상당 기간 코민테른은 유럽의 사회민주주의자들과 싸우는 데 에너지를 쏟았지만 1933년 독일에서 나치가 집권하자 그런 투쟁이 잘못된 판단임이 드러났고, 그 결과 뒤늦은 1935년에야 인민전선이 등장했다.

소련은 1930년대 외교적으로도 더 온건한 화해 노선을 취하면서 국제연맹에 가입하고 혁명 후 처음으로 미국과의 외교관계를 다시 체결했다. 외교부장관 막심 리트비노프는 서구 민주주의 국가들과의 반파시즘 연합을 발전시키기 위해 최선을 다했지만, 양측에 남아 있는 서로에 대한 의심이 큰 걸림돌로 작용했다.

대숙청

1930년대 중반에 많은 분야에서 긴장이 이완되는 신호가 나타났지만 반대로 정치적 긴장을 증가시키는 상황도 벌어졌다. 첫 번째는 국제 상황에서 비롯되었다. 이전에는 소련이 전쟁 위협에 대해 경고해도 거짓말로 치부되었다. 하지만 유럽 중심부에서 반공산주의와 반소비에트를 강하게 주장하는 새로운 권력인 나치 독일이 등장하여 동부지역으로 팽창할 의도를 보이자, 위협은 실제적인 문제가 되었고 실질적인 정상 상태로의 복귀가 위태로워졌다. 두 번째 상황은 국내에서 발생했다. 정치국원이자 레닌그라드당 지도자 세르게이 키로프가 1934년 12월 불만을 품은 전콤소몰 대원에게 살해당한 것이다. 살인자는 즉시 체포되었지만 1960년대 케네디 미국 대통령 암살 때처럼 누군가 사주했다는 추측이 난무했다.

서방에서는 스탈린을 의심했고, 니키타 흐루쇼프도 1956년 '비밀 연설'에서 스탈린의 개입 가능성을 암시했지만 이를 확인할 증거는 소련 기록보관소에서 발견되지 않았다. 스탈린은 패배한 반대파에 속한 인물을 지목하고 지노비예프와 카메네프를 공모 혐의로 체포했다. 추가로 '계급의 적' - 소련에서 유력한 용의자로 취급된다 - 들은 비밀경찰에 의해 레닌그라드에서 내륙 오지로 집단 추방되었다. 더 많은 계급의 적들(스탈린이 당 지도자들을 독살하려 했다고 생각한 귀족 출신의 여성 사서들)이 크렘린 행정부에서 발견되었고, 그 우두머리 - 스탈린의 오랜 친구인 조지아인 아벨 예누키제 - 는 해고되어 나중에 체포되었다.

스탈린의 표현에 따르면, 예누키제는 제1차 5개년 계획의 위대한 승리 덕분에 이제 "쉬면서 낮잠을 잘 여유가 있다"고 오인한 사람 가운데 하나였다. 1930년대 중반의 '정상 복귀' 정책 이면에서 감시에 대한 요구가 점점 생겨났다. 1935년 6월, 지노비예프와 카메네프는 키로프 살인 혐의로 재판받았지만 결론이 나지 않았다. 1년 뒤 그들이 다시 받은 재판은 최대한 공개하여, 이른바 여론조작용 모스크바 공개 재판의 최초 사례가 되었다. 그들은 살인 및 다른 테러 음모에 개입한 혐의로 사형 선고를 받았다.

정기적인 당원 자격 검사에서 반대파에 대한 동정을 포함한 다양한 배임행위 때문에 많은 당원이 당에서 추방되었다. 1937년 초 일부 지역에는 현 당원보다 **전** 공산당원이 더 많았다. 이는 열정적인 지지를 모으는 스탈린 체제의 능력이 지지자들을 (실제 또는 가상의) 적으로 돌리는 능력과 똑같다는 역설을 잘 보여준다. 전 공산당원은 모두 지역 블랙리스트에 올라 지속적인 감시 대상이 되었다.

또 다른 역설은 1930년대 중반 '민주적인' 선거 정책이 억압적인 정책으로 바뀌면서 나타났다. 정치적 긴장이 증가하자 지방의 공산당 지부는 '의심스러운' 후보자 추천을 수용하기가 점점 더 어려워졌다. 공식 발표는 없었지만 1937년 말에 실시된 소비에트 선거는 예전처럼 단일 후보자 추천 방식으로 시행되었다. 1937년 봄에 실시된 당 내부의 민주주의 실험은 원래 의도와 다르게 거의 협박 수준으로 바뀌었다. 이때는 시기도 좋지 않았다. 전 반대파에 대한 두 번째 여론 조작용 모스크바 공개 재판, 그리고 책임 있는 당직을 맡은 이들을 포함한 적들을 감시하기 위한 2~3월 당 중앙위원회 총회 요구가 있던 시기였다. 모든 당직자가 재선에 도전하고 당의 지부가 검증된 후보자들을 추천하지 못하자, 의무적인 사전 선거 회의는 맹렬한 비난이 난무하며 참을 수 없을 정도로 긴장이 고조되었고, 누구를 후보로 추천하는 것이 안전한지 아무도 몰랐다. 러시아 지역의 한 공장에서는 공장 내 당 기관 소속원 800명이 **한 달 이상 매일 저녁** 회의에 참석하여 가까스로 새로운 당 위원회를 구성할 수 있었다.

이른바 '대숙청'이라는 공포 기간 – 소련 시민들은 완곡하게 '1937년'이라고 표현한다 – 은 1937년 초 당 중앙위원회 총회에서 시작되었다. 당 중앙위원회는 공산당 지도자에 의한 산업 사보타

1937년 대숙청 시기에 율리 간프가 그린 만화 〈경계〉.
소련 시민들은 인민의 숨은 적들을 폭로하라는
요구를 받았다.

주 불안, 일부 공화국 및 지역당 서기의 부패와 배반 행위를 언급했다. 몰로토프가 개회 보고 역할을 맡긴 했지만 스탈린이야말로 이 새로운 공포의 창시자였다. 그리고 한 달 전, 전 국민에게 공개된 두 번째 여론 조작용 모스크바 공개 재판이 극적인 배경을 제공했다. 중공업인민위원회 오르조니키제 위원을 포함한 피고들은 파괴, 테러, 스파이 행위, 반역 혐의 등으로 기소되어 모두 죄를 자백하고 사형 판결을 받아 즉시 처형되었다. 검사 안드레이 비신스키는 '미친 개를 쏴라!'라는 말을 자주 외쳤다. 이 말은 전국 각지에서 모인 규탄대회에서 울려 퍼졌다.

1936년 마지막 몇 개월간 오르조니키제는 곧 열릴 여론 조작용 공개 재판의 피고인 명단에서 자신을 제외하려고 열심히 싸웠지만 모두 헛수고였다. 그는 자신이 육성한 소비에트 산업 조직이 파괴되는 것을 보는 대신 자살을 선택했다. 종종 '파괴 행위자'로 기소되거나 산업 재해로 비난받는 산업 지도자들이 제일 비난받기 쉬운 처지였다. 아울러 공화국 관리와 지역당 서기들(이 가운데 많은 수가 공산당 중앙위원회 위원이었다)이 공화국과 지역에서 독재 행위 및 권력 남용으로 고발되었다. 달리 말해 그들은 1930년대에 마련된 암묵적인 업무 지침에 따라 업무를 처리했다는 사유로 기소된 것이었다. 우크라이나, 우즈베키스탄, 아르메니아, 조지아, 타타르 자치공화국의 지도자들은 자신이 이끄는 공화국 출신인 경우 '부르주아 민족주의'로 고발되었다. 대숙청은 광범위한 지지 조직 탓에 계속 확대되었고 결국 모든 공화국과 지역당 지도부를 붕괴시켰다. 투르크메니스탄에서는 대숙청이 너무 심해서 지역당 지부가 몇 개월 동안 중앙위원회 없이 보내기도 했다.

1937년 6월, 대숙청은 군으로 확산되었다. 미하일 투하쳅스키 원수와 사실상 모든 최고위 군사령관(정치국원인 클림 보로실로프는 제외)이 독일과 공모했다는 혐의로 비공개 군법회의에 회부되어 유죄 선고를 받고 즉결 처형되었다. 이 고위 장성들('파시스트에게 매수된 배반자들')은 스탈린을 제거하려는 시도는 고사하고 자신을 구하기 위한 어떤 노력도 하지 못한 채 처형되었다. 소련 역사의 '짖지 않는 개' 사례 중 하나가 되어서 말이다.

엘리트 계층 체포는 1937년 말까지 계속되었다. 사장, 동료 노동자, 이웃에 대한 기회주의적 고발이 당국에 계속 밀려들었다. 심지어 정치국원들도 잠재적인 공포에서 예외가 아니었다(대부분 살아남기는 했다). 정상적인 게임 규칙이 작동하지 않았으므로, 그들은 체포당한 의뢰인이나 심지어 가족도 구할 수 없었다. 지식계급의 유명 인사들도 흔히 정치적 후원자의 실각 이후 숙청 대상이 되었다. 부랑자, 종교인, 상습범은 공공질서를 위해 숙청 대상이 되었다. 외부 권력에 충성할 것으로 의심되는 폴란드인·핀란드인·독일인 등이 숙청 대상이 되었으며, 국경 근처에 사는 사람들도 내륙의 외딴 지역으로 집단 추방되었다.

1938년 공포가 약해질 기미가 보일 무렵, 부하린과 전 GPU 책임자 겐리흐 야고다를 피고로 세운 세 번째 여론 조작용 모스크바 공개 재판이 열렸다. 이전처럼 피고들은 공개적으로 자백했고, 전

공산주의자인 아서 쾨슬러는 소설《한낮의 어둠》에서 공개 자백을 헌신적인 볼셰비키들이 당에 마지막 봉사를 한 것으로 해석했다. 그것은 그들이 공개적으로 말할 수 있는 마지막 기회였을 것이다. 두 사람은 당이 요구하는 자백과 그것과 반대되는 암묵적인 반론을 결합하려고 시도했던 같다. 야고다가 말했다. "만일 내가 스파이였다면 수십 개 국가가 자국의 정보기관을 폐쇄했을 것입니다."

중세 마녀사냥처럼 대숙청은 이미 폭력과 의심에 길들여진 소련 국민에게 치명적인 흔적을 남겼다. 위로부터의 지시로 숙청을 끝내는 것은 시작할 때보다 훨씬 더 교묘한 계획이 될 가능성이 있었다. 스탈린은 점진적으로 1938년 말까지 숙청 바람이 잦아들게 만든 다음, 라브렌티 베리야를 새로운 경찰 수장으로 임명하여 숙청자들 – 비밀경찰과 이전 비밀경찰 수장 니콜라이 에조프 – 을 숙청하게 함으로써 숙청을 상징적으로 끝내려고 했다. '짖지 않는 개' 이야기의 또 다른 사례로, 비밀경찰은 파괴당할 때 아무런 저항도 하지 않았다. 1938년 4월 이후 확실히 눈 밖에 난 에조프는 처형될 때까지 술로 시간을 보내며 6개월 넘도록 가만히 있었다.

자신의 지위가 그대로 유지되고 국내 평판도 개선된 상태에서 숙청을 무난하게 마무리하는 일은 스탈린 입장에서 고도의 정치 행위였을 것이다. 이 모든 숙청의 의미는 무엇이었을까? 몰로토프는 인생 말년에 했던 인터뷰에서, 다가오는 전쟁을 위해 잠재적 배반자를 제거할 필요가 있었다고 말했다. 잠재적인 배반자 제거, 외국 스파이 체포, 정부 내 죽은 나무 제거, 1930년대 초에 훈련받은 새로운 집단의 승진 기회 보장 등 그 이유가 무엇이든 군 사령관, 당 중앙위원회, 정부 내각, 산업계 고위 지도자들을 대거 처형할 이유로는 부족한 것 같다. 아마도 볼셰비키가 가장 좋아하는 프랑스혁명이 그랬던 것처럼 혁명 내부에는 혁명이 끝날 때 자기 자식을 잡아먹게 만드는 취약한 내적 논리가 분명히 존재하는 듯하다. 러시아혁명과 그 이후의 집단화 과정에서 보듯이 공포가 더 많은 공포를 낳는다는 논리도 존재한다. 1934년 스탈린은 동료 지도부에게 '계급의 적'－자본가, 부농, 그 외 나머지들－을 타도하더라도 살아남은 계급의 적들이 국가의 눈을 피해 불만을 품은 채 정체를 숨기고 있으므로 소련의 안보 문제를 해결하지 못할 것이라고 경고했다. 확실히 당과 일반 국민 중에는 불만을 감춘 사람들이 많았다. 대숙청이라는 무차별적인 방식은 이처럼 보이지 않는 적들을 제거하는 수단으로 볼 수도 있다. 하지만 70만 명의 '반혁명분자'를 처형하고 100만 명 이상을 강제노동수용소로 보낸 것은 너무 큰 대가였다.

대숙청 이후 당, 정부, 군, 보안대 등 모든 기관의 고위 지도부는 대부분 초보자로 채워졌다. 이들은 당원으로 가입한 하층계급 출신으로, 서둘러 훈련을 받고 이제 막 대학을 졸업한 사람들이었다. 1939년의 역사 기록물을 보면 관료 집단이 대대적으로 파괴된 것을 알 수 있다. 공석이 많아 빈자리를 메울 사람들을 필사적으로 찾았지만 거의 제대로 기능하지 못했다. 각 기관의 역사에 대한 기억은 사라졌고, 새로운 임명자들은 고군분투했다. 물론 이것은 일시적인 상황이었다. 1년쯤 뒤에는 각 기관의 직책들이 채워졌고 사람들은 업무 처리 방법을 배웠다. 전체적으로 그들은 더 젊고 더 잘 배운 탓에 전임자들보다 업무를 더 잘 수행했던 것 같다. 하지만 1939년을 잊지 말아야 한다. 전쟁이 일어날 것이라는 수년간의 거짓 경고에 이어 마침내 전쟁이 실제로 다가오고 있었다.

전쟁과
그 여파

4

1939년 8월 23일, 뱌체슬라프 몰로토프(신임 소련 외교부 장관)가 독일 대표 요아힘 폰 리벤트로프와 불가침 조약을 체결했다. 이 조약을 통해 양국은 서로 공격하지 않기로 약속하고, 또 비밀 협약을 통해 동부 유럽에서 각자 관심 있는 지역을 서로 인정하기로 했다. 이를테면 그들은 동부 유럽에 대해 서로에게 권한을 준 것이다. 볼셰비즘은 나치 독일의 최대 적이었고 파시즘은 소련의 최대 적이었다. 서구 세계는 이 조약에 충격을 받았고, 국제 좌파 진영은 혼란에 빠진 채 자신을 성찰했다. 하지만 소련 국민은 이 조약을 환영하고 안도했다. 스탈린은 거의 불가피해 보이는 전쟁이 나기 전에 '시간을 벌었고', 또 소련을 전쟁에서 빠지게 하고 영국·프랑스와 히틀러가 싸우게 만들 수 있었다. 스탈린 자신도 히틀러를 영구적으로 매수했다고 생각하지 않았고, 모쪼록 2년 정도 시간을 벌 수 있기를 바랐다. 소련군과 방위산업이 대숙청으로 큰 타격을 받아 아직 싸울 준비가 되지 않았기 때문이다.

1930년대에 소련은 서구 국가들에게 더 가까이 다가갔지만 양측에는 두꺼운 불신의 벽이 남아 있었다. 외교부장관 막심 리트비노프(몰로토프의 전임자)는 런던 주재 소련 대사 이반 마이스키처럼 민주주의 국가들과의 제휴에 찬성했다. 하지만 스탈린과 몰로토프는 그런 입장에 전적으로 동의하지는 않았다. 그들이 보기에 독일을 비롯한 서구 국가들은 모두 '자본주의자들'이며 서로 간에 신의가 없었다. 1938년 9월 뮌헨에서 서구 국가들이 독일을 회유하기 위한 회담(소련은 초대받지 못했다)을 개최하자 소련은 영국과 프랑스를 더욱 불신하게 됐다. 이 회담은 독일이 체코슬로바키아의 주데텐 지역으로 전진할 기회를 주었고, 더 넓게는 유럽 동부지역이 독일 **생활권**lebensraum이 될 가능성을 열어주었다.

폴란드는 독일의 다음 목표가 될 것으로 예상되었다. 영국과 달리 소련 지도자들은 폴란드 또는 폴란드 정부에 특별한 애정이 없었지만, 지정학적으로 폴란드가 독일과 소련 사이의 완충지대이기 때문에 중요했다. 조약에 첨부된 비밀 협약을 통해 소련은 1921년 폴란드에 양도한 폴란드 동부지역을 다시 점령할 권리에 대한 대가로 독일이 폴란드 서부지역을 점령할 권리를 암묵적으로 인정했다. 1939년 9월 1일, 독일 군대가 폴란드 서부로 이동하자 영국과 프랑스는 독일에 선전포고를 했다. 소련은 중립적인 입장을 취했고, 몇 주 후 소련 군대는 폴란드 동부지역으로 들어갔다.

독재자들의 밀월 관계를 비롯해 독소 불가침 조약에 관한 말들이 많지만 그런 관계는 별로 눈에 띄지 않았다. 히틀러와 스탈린이 개인적인 화해를 강조하고 싶었다면 대리인을 보내지 않고 직접 협상에 나섰을 것이다. 게다가 히틀러와 대면한 적이 있는 몰로토프는 히틀러에 대한 인상이 매우 부정적이었다. 강력한 반나치 기조로 유럽 문제를 보도했던 이전의 소련 언론은 이제 조용해졌다. 소련 언론은 독일의 이미지를 적극적으로 수정하기보다는 새로운 파트너에 대해 침묵했다. 소련 국민은 이 조약이 밀월 관계가 아니라 편의상의 동맹이라고 이해했다.

소련은 폴란드 동부지역을 점령한 뒤 곧바로 편입시켜 거주민들에게 자동으로 소련 시민권을 부여했다. 이것은 내전 종료 이후 소련이 처음으로 타국 영토를 합병한 사례였다. 합병된 폴란드 영토는 기존의 우크라이나 소비에트공화국과 벨라루스 소비에트공화국으로 양분되어 편입되었고, 그로 인해 폴란드인 2300만 명이 소련 인구로 흡수됐다. 몇 개월 후, 소련 군대는 러시아제국의 영토였다가 내전 시기에 독립한 발트 3국과 역시 러시아제국의 일부였다가 루마니아의 통치를 받던 베사라비아 일부 지역에 진주했다. 그 결과 추가로 라트비아, 리투아니아, 에스토니아, 몰다비아(루마니아 영토였던 시절 명칭) 등 작은 공화국 4개를 소련으로 편입시켰다.

합병 지역은 팽창주의를 추구하는 호전적인 독일과 소련 사이의 좋은 완충지대처럼 보였다. 하지만 나중에 밝혀졌다시피 소련에는 거의 도움이 되지 않았다. 소련은 핀란드를 협박해 발트 3국처럼 만들고자 했지만 뜻밖의 강력한 저항에 부딪혀 1939~40년 겨울에 짧은 기간 전쟁을 벌였다. 이 전쟁에서 소련은 초기에 큰 타격을 받았지만 결국 군 전력 차이로 승리하여 카렐리아를 비롯한 일부 지역을 획득했다. 하지만 핀란드는 독립 국가로 남았고 소련군의 평판은 심각한 손상을 입었다. 1941년 6월, 독일은 새로운 소련 국경 지역(소련은 군대를 새로운 국경으로 전진 배치할 시간이 없었다)으로 군대를 이동했다. 독일군의 이동이 그 자체로 공격 가능성을 보여주기도 했지만(진창과 눈을 피하기 위해 초여름에 공격하리라 예상되었다), 스탈린은 정보활동에 근거한 영국의 경고뿐만 아니라 도쿄에서 활동하는 소련 스파이 리하르트 조르게로부터도 분명한 경고를 받았다. 스탈린이 공격 위협에 대해 알았다는 것은 의심의 여지가 없었다. 역사학자 리처드 오브리에 따르면, 독일의 조직적인 소련 영공 침공 보고를 포함하여 최소 84번의 경고가 있었다. 하지만 스탈린은 독일이 침략의 구실로 삼을 수 있는 모든 '자극'을 필사적으로 피하려 군사적 대응을 승인하지 않았다. 6월 22일 독일의 대대적인 맹공으로 바르바로사 작전이 시작되었다. 독일군이 이 지역 소련 공군을 크게 파괴하고 놀라운 속도로 국경을 넘어 진격하자 소련군과 소련인들은 무질서하게 퇴각하고 대피했다.

대조국전쟁

독일군은 며칠 만에 소련이 새로 편입한 완충 지역을 돌파하여 기존 소련 국경에 도달했다. 1주일 만에 그들은 벨라루스 수도 민스크에 진출했다. 그 직후 독일군은 발트 3국으로 진출하여 독일 협력 정부를 수립하고 최근 설립된 소비에트 정권을 대체했다. 8월 레닌그라드는 함락되지는 않았지만 포위되었다. 10월에는 독일군이 모스크바 외곽까지 진출했다.

스탈린은 도박을 벌이다가 모든 것을 잃었고, 처음에는 끝난 것처럼 보였다. 독일 침공 이후 일주일 만에 스탈린은 혼자 모스크바 외곽 별장으로 피신했고, 너무나 불안한 나머지 전화도 받지 않았다. 이것은 레닌이 1925년 '유언장'에서 스탈린을 거칠게 비난한 뒤 정치적 곤경을 맞은 상황에서 보였던 모습과 똑같았다. 그의 부재는 엄밀히 말해 국가 기밀이 아니었다. 모스크바 라디오방송을 듣는 사람이라면 스탈린이 아닌 몰로토프가 독일군 침공 사실을 발표했을 때 무슨 일이 발생한 건지 짐작했을 것이다. 정치국원 아나스타시 미코얀에 따르면, 정치국 대표단이 별장에 도착하자 스탈린은 그들이 자신을 체포하러 온 줄로 여겼다. 스탈린은 동료에게 이렇게 말했다고 한다. "레닌은 우리에게 큰 유산을 남겼지만 우리가 완전히 망쳤다." 그들은 그를 체포하지 않고 – 그런 생각을 했노라고 아무도 인정하지 않았다 – 두려움에 빠진 그를 모스크바로 데리고 왔다. 7월 3일, 그는 아직도 다소 떨리는 목소리로 라디오를 통해 국민의 단결을 호소했다. 젊은 시절 자주 인용했던 정교회 관용구를 다시 떠올리며 청취자들을 '형제자매'라고 불렀다.

이것은 앞으로 다가올 일들의 징조였다. 이 전쟁은 소련 역사에서 '대조국전쟁'으로 알려지게 되었으며 세계 최초의 사회주의 국가를 구한 전쟁이 아니라 외국 침략자들로부터 **러시아**를 구한 전쟁으로 해석되었다. 1941년 11월의 연설에서 스탈린은 13세기 알렉산드르 넵스키가 튜턴 기사단에 맞서 싸운 페이푸스호 전투, 그리고 나폴레옹 군대와 싸운 차르 군대 지도자 알렉산드르 수보로프의 이미지를 소환했다. 소련 내부 선전에서 소련 군대의 다국적 특성을 부각하여 균형점을 찾기는 했지만, 러시아 민족에 대한 새로운 강조는 비러시아계 공화국들의 큰 반발 없이 수용되어(우크라이나인의 조용한 반대가 약간 있었다) 전쟁 활동을 위한 러시아 대중의 지지를 결집하는 데 도움이 되었다.

확실히 초기 몇 개월간은 사기 진작이 필요했다. 파죽지세의 독일 침공과 소련의 혼란스러운 후퇴로 인해 러시아 서부 지역에는 '유대인 볼셰비키' 정권이 드디어 무너질 것이라는 소문이 돌았다. 소련군은 탈영과 전향 비율이 높았다. 독일이 점령한 지역 주민들은 대부분 초기에는 독일을 기꺼이 받아들이는 것 같았고, 이런 태도는 점령군이 시민을 학대할 때에만 확고한 적대감으로 바뀌었다. 어떤 사람들은 장기전으로 예상되는 끔찍한 전쟁이 터지자 다른 반응을 보였다. 어떤 소련 지식인들은 나중에 안도감 비슷한 감정을 회상했다. 전쟁은 두려웠지만 싸워야 할 확실한 적이 존재했으므로 1930년대 말의 테러보다 더 견디기 쉬웠다. 소련군의 '최전선 보드카 100그램' 제도 부활은 사기를 높이고 보드카를 통한 남자들의 연대라는 군사적(그리고 혁명적) 전통을 유지하는 데 도움이 되었다.

10월에 모스크바는 기적적으로 독일군의 수중에 떨어지지 않았지만 정부기관과 많은 시민들은 동쪽으로 대피했다. 스탈린은 떠나려다 마음을 바꾸었다. 모스크바에 남은 시민들은 '인민 방위' 부대에 자원했고, 새로운 정규군이 시베리아로부터 때맞추어 아슬아슬하게 도착했다. 하지만 많은 사람들은 소련의 승리가 무엇보다도 '동장군' 덕분이라고 생각했다. 소련의 혹독한 겨울은 독일군의 지원부대와 보급품을 눈 속에 가두어 움직이지 못하게 했다.

독일은 세 경로로 소련을 공격하기 시작했다. 가장 북쪽은 모스크바로 가는 경로, 남쪽은 바쿠와 유전 지대로 이어지는 경로였다. 1942년 말, 약 1200만 명의 소련 시민들이 동부로 소개되었다. 소련 정부기관은 대부분 볼가강 근처 쿠이비셰프(지금의 사마라)로 이동했다. 소련 영토의 40퍼센트 – 소련 인구의 45퍼센트와 우크라이나, 벨라루스, 발트 3국, 몰다비아, 러시아 남부의 대다수 지역, 크림반도, 코카서스 지역 일부 포함 – 가 독일에 점령되었다. 수백만 명의 소련 군인이 전쟁포로가 되었고, 추가로 수백만 명 이상이 독일로 이송돼 강제노동에 동원됐다.

1943년 1월 볼가 강변 도시 스탈린그라드에서 전환점이 발생했다. 수주 동안 시가전을 벌인 뒤 소련군은 가까스로 프리드리히 파울루스 장군이 이끄는 독일군을 격퇴하고 사령관과 함께 군인들을 포로로 사로잡았다. 이 전투는 오랫동안 끈질기게 싸운 독일군이 서쪽으로 후퇴하는 시발점이 되었고, 그 이후 1년 이상 지속되었다. 1941년 이후 소련은 영국·미국과 동맹을 맺었다(프랑스는 1940년에 독일군에 곧장 패배하고 점령당했다). 하지만 소련의 열정적인 요청과 동맹국의 반복된 약속에도 불구하고 서부지역에서는 소련에 대한 압박을 줄이기 위한 제2전선이 형성되지 않았다. 동양에서는 독일의 동맹국인 일본이 1930년대 초부터 만주를 점령하여 국경 분쟁을 일으켰고, 1939년에는 새롭게 떠오르는 스타 장군 게오르기 주코프가 지휘하는 소련군과 할힌골 전투를 벌였다. 이 전투에서 소련이 승리하자 일본은 이곳을 쉽게 점령하기 힘들 것으로 판단하고, 양국은 1941년 4월 중립 조약을 체결했다. 양국은 제2차 세계대전 동안 이 조약을 준수했지만, 소련 지도자들은 일본이 조약을 어겨서 소련이 두 개의 전선에서 싸우게 될까 우려했다.

제2차 세계대전 기간에 소련은 새로 만들어진 국방위원회에 의해 운영되었다. 이 위원회의 운영국은 스탈린, 몰로토프, 베리야(보안기관 책임자), 두 명의 신임 정치국 후보위원인 미코얀과 게오르기 말렌코프로 이루어졌다. 국방위원회 내의 비공식적인 업무 배정에 따라 스탈린은 군사 업무 최고 책임자였고, 나머지 업무 조직은 전시 경제 운영에 집중했다. 전쟁 경제의 성과는 전반적으로 탁월한 것으로 평가된다. 스탈린은 직접적인 군사 지휘 경험이 없었지만 자신을 전문가로 여기고 – 내전 시기 그는 적군의 정치 담당 지도자였다 – 전쟁 수행에 대해 강력하고 실제적인 관심을 보였다. 때로 그의 개입은 아무런 도움이 되지 않거나 엄청난 재난을 초래했지만(1941년 시의적절한 후퇴를 거부했을 때 그랬다), 그럼에도 불구

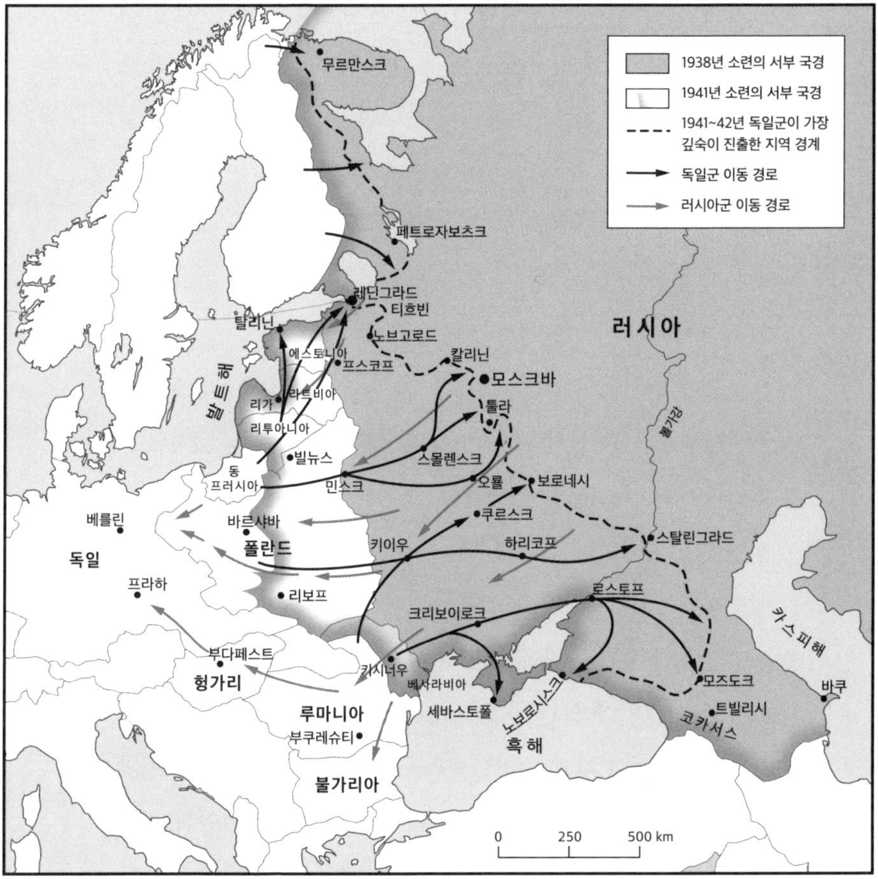

제2차 세계대전 당시 독일이 점령한 소련 영토.

하고 전쟁 진행 중에 새로 임명된 유능한 장군들, 특히 할힌골 전투에서 승리해 유명해진 주코프 장군, 대숙청 시기에 '인민의 적'으로 몰려 투옥되었다가 막 석방된 콘스탄틴 로코숍스키 장군과 함께 효과적으로 일을 수행했다. 스탈린과 몰로토프는 셰묜 티모셴코 원수가 이끄는 최고사령부의 민간인 멤버였다. 내전 때처럼 스탈린과 정치국원 중 다수는 군복을 입었지만 전쟁에서 승리할 때까지 '최고사령관'이라는 직함은 달지 않았다.

스탈린이 군사 활동에 몰두하자, 그의 정치국원 – 기본적으로 1920년대부터 그와 함께해온 10여 명 – 과 새로 합류한 흐루쇼프와 베리야가 국내 전선을 담당했다. 그들은 합의제 형태로 효율적으로 일했다. 훗날 미코얀은 전쟁 이전에 전반적으로 펴져 있던 의심하는 분위기가 사라지고 스탈린이 흔쾌히 다른 의견에 귀를 기울이고 납득이 되면 입장을 바꾸려 했노라고 회상했다. 지역당 서기들은 이전보다 더 훨씬 더 큰 책임을 맡게 되었고, 높은 수준의 실제적인 자치권을 갖게 되었다. 국가 조직의 모든 단위에서 정치 지도자들은 군사 지도자들과 더 긴밀히 협력하면서 개인적·직업적 관계를 형성했고, 이런 관계는 전후에도 지속되었다.

스탈린은 국내에서는 특이할 정도로 합의제 방식으로 일했지만 세계 무대에서는 카리스마 넘치는 인상을 주었다. 이전에 다른 세계 지도자들과 개인적으로 만난 적 없는 수수께끼 같은 인물이었던 그는 전시 동맹국 지도자인 윈스턴 처칠과 프랭클린 루스벨트와 좋은 업무 관계를 맺고 그들의 존경을 받았다. 이전에 동맹국에서 악마로 취급받았던 소련 지도자의 이미지가 파이프 담배를 피우는 자비로운 '아저씨'로 바뀌었다. 소련 여론에서도 이와 비슷한 변화가 일어나자 – 소련 정부에 의해 조율된 것처럼 상당히 자연스러웠다 – 동맹국들, 특히 미국과 루스벨트로부터 인기를 얻었다(영국인들은 영국이 러시아 내전에 개입해야 한다는 처칠의 주장을 아직 기억하고 있었다).

흔히 전쟁은 남자들의 게임이었다. 하지만 러시아 내전 시기와는 대조적으로 여성들이 국내 전선의 중심축으로서 크게 기여했으며, 공산당 내 여성 대표 비중도 약간 증가했다(1945년에 18퍼센트에 이르렀다). 독일 점령 시기에 영웅적인 여성 저항자들은 순교자로 칭송받았다. 그럼에도 전쟁과 관련된 지배적인 여성 이미지는 비통해하는 어머니였고, 실제로 전시에 남편과 아들을 잃었기에 비통할 만한 이유도 있었다. 전시 사망자는 남성이 압도적으로 많았고, 그 결과 전체 여성 집단은 불가피하게 흔히 편모인 경우도 많았지만 독신으로 지내야 했다. 1959년 전후 첫 인구조사에 따르면, 러시아·우크라이나·벨라루스 전체 인구 가운데서 여성이 남성보다 약 2000만 명 더 많았다.

소련의 전쟁 수행 방식은 예상대로 무자비했다. 스탈린은 초기부터 – 소련 병사들이 독일군에게 대규모로 포로로 잡히고 부대가 항복하는 상황에서 – 전쟁포로로 잡히는 사람들은 모두 반역자이며 그들과 그 가족들을 처벌하겠다고 발표했다. 그럼에도 러시아 사람들이 전쟁을 지지하자 스탈린은 놀랐을 것이다. 점령당한 지역 바깥에 있는 비슬라브 민족들도 비슷한 반응을 보였던 것 같다. '손위 형' 같은 러시아를 지원하기 위해 참전한 비슬라브 민족들의 공헌은 전쟁 시작 몇 개월 뒤 정당하게 인정받았다(소비에트 이후 초기 카자흐스탄에서는 학교 교과서를 개정해 카자흐 민족주의를 지지할 때조차 제2차 세계대전을 다루는 장에서 침략자를 몰아내기 위한 카자흐 민족의 노력 속에 담겼던 소비에트 애국주의 정신을 언급했다).

물론 독일군 점령 지역은 사정이 달랐다. 독일은 우크라이나·벨라루스·러시아 남부지역에서 많은 협력자를 찾았다. 스테판 반데라의 우크라이나 민족주의 단체에 속한 기동 부대(독일 점령지인 폴란드에 위치한 주둔 기지와 독일 군사 정보기관으로부터 명령을 받았다)는 점령 지역인 우크라이나에서 활동했고, 독일인들과 함께 이주했던 카자크인·타타르인·칼미크인 등은 전쟁 막바지에 독일군 신병 모집에 많이 참여했다. 소련군이 코카서스와 크림반도를 재탈환했을 때 체첸족과 크림 타타르족을 비롯한 몇몇 소수민족들은 '반역한 민족'으로 선포되었고, 베리야의 무자비하고 효율적인 작전을 통해 중앙아시아로 추방되었다. 예상치 못한 결과 중 하나는 카자흐스탄과 같은 다민족 지역이 이전보다 더 다양화되어, 반항적인 체첸족과 (전쟁 초기에 볼가 지역에서 추방된) 근면한 독일인이 지역 내 카자흐족 그리고 오래전에 정착한 러시아인·우크라이나인과 밀접한 관계를 맺게 되었다는 것이었다.

1943년 4월, 독일은 스몰렌스크 지역의 카틴 숲에서 대규모 폴란드 장교 무덤을 발견한 뒤 그것이 소련의 잔혹 행위라고 발표했

1942년의 소비에트 선전 포스터.
'적군赤軍 병사여, 우리를 구해주세요!'

다. 그것이 사실이었지만 소련 선전매체들은 강력히 부인하며 독일에 비난을 퍼부었다. 동맹국 중 많은 국가가 소련을 믿고 싶어 했다. 폴란드 장교들이 포로가 된 것은 1939년 폴란드 동부지역이 소련에 합병되던 때, 그들이 살해된 것은 1940년 봄인 것으로 보인다. 1944년 여름, 소련군이 퇴각하는 독일군을 쫓아서 폴란드 국경에 도착했을 때도 역사적으로 험난했던 소련과 폴란드의 관계는 개선되지 않았다. 독일로부터의 해방이 소련의 성과일 뿐만 아니라 폴란드의 성과로도 간주되길 간절히 바라던 폴란드 지하군은 소련군의 지원을 기대하며 바르샤바에서 봉기했다. 하지만 로코솝스키 장군의 소련군은 지나치게 길어진 보급선을 언급하며 비스와강 맞은편에 자리 잡고 움직이지 않았다. 마침내 소련군이 폴란드에 진주하여 동맹국 중 최초로 1944년 7월에는 마이다네크 나치 강제수용소를, 다음 해 1월에는 아우슈비츠 강제수용소를 해방시켰다. 유명한 종군기자 일리야 에렌부르크와 바실리 그로스만은 소련군과 함께 서부지역을 이동하면서 홀로코스트에 관한 자세한 내용을 담은 충격적인 책을 발간했다.

동맹국들의 베를린 점령 경쟁 속에서 1945년 4월 30일 소련군이 제일 먼저 도착하여 독일 의회에 소련 국기를 자랑스럽게 내걸었다. 마침내 승리했다! 혹자는 이 승리가 소련 체제의 정당성을 보여준다고 생각할지도 모른다. 하지만 스탈린은 구사일생으로 살아남았다고 생각한 것 같다. 초기의 여러 실책을 고려하며, 그는 5월 크렘린의 군사령부 회의와 독일이 점령했던 많은 소련 지역에서

1945년 5월 2일 소련 병사가 베를린 독일 의회에 소련 국기를 걸었다.
소련 사진작가 예브게니 할데이의 사진 작품.

이렇게 말했다. "다른 사람들은 소련 정부에 대해 이렇게 말할지도 모릅니다. '당신들은 우리의 기대에 부응하지 못했습니다. 저리 비키시오. 우리는 다른 정부를 세울 것입니다.' 그러나 우리 소비에트 인민들, 특히 러시아 사람들은 그렇게 하지 않았습니다." 스탈린은 대단히 겸손한 태도로 "러시아 인민의 신뢰를 위하여"라고 외치며 건배했다.

제2차 세계대전 후

1945년 6월 24일, 처음으로 모스크바 붉은광장에서 제2차 세계대전 전승기념일 축하 행사가 거행되었다. 백마를 탄 주코프 원수는 사람들의 이목을 집중시켰다(스탈린은 그 역할을 거절했다. 그는 66세의 나이여서 자신의 기마술이 그것을 감당할 수 있을지 확신하지 못했다). 이것은 국가 정체성 – 소련은 물론 소비에트 이후 러시아연방의 정체성 – 의 중심이 될 영웅신화의 탄생이었다. 전승기념일은 1946년 이후 거의 매년 5월 9일에 거행되었다. 소비에트 국가들이 알듯이, 전쟁 승리는 영광스러웠지만 엄청난 대가를 치렀다. 근본적으로 승리의 영광은 소련에만 돌려졌다. 동맹국들은 유럽 지역에서 지원 역할만 담당했고 태평양 지역의 전쟁은 그저 부차적인 것으로 여겨졌다. 물론 이러한 전쟁 해석 방식은 서구 동맹국의 이해 방식과 달랐으나, 소련의 기여가 매우 중요했고 손실이 예외적일 정도로 컸다는 주장에는 아무 이견도 없었다.

전쟁 전에 소련은 국제무대에서 버림받은 국가와 비슷했다. 하지만 전쟁이 끝난 뒤 소련은 새로운 초강대국이 되었다. 스탈린, 처칠, 루스벨트는 1945년 2월 크림반도 얄타에서 회담을 갖고 전후 세계 질서의 윤곽을 그렸다(선택된 회담 장소도 소련의 새로운 위상을 보여주었다. 스탈린은 항공 여행을 좋아하지 않았고 소련 영토를 떠나려 하지 않았기 때문에 처칠과 몸이 불편한 루스벨트가 왔다). 얄타 회담에서 서구 동맹국들은 동유럽에 대한 소련의 일차적인 이익을 보장함으로써 향후 독일의 잠재적 침략 위협으로부터 소련을 보호하는 더욱 실질적인 완충지대를 만들어주었다. 제국주의 국가인 영국이 급격히 몰락하는 상황을 고려할 때 초강대국은 3개국이 아니라 2개국이 될 것이라는 사실이 곧 명확해졌다. 처칠은 포츠담 회담 중간에 총선에서 패배하여 총리직에서 물러났다. 미국과 소련은 전후 초강대국이 될 예정이었고, 동맹은 더 이상 존재하지 않고 이데올로기적이고 지정학적인 적대 관계만 남았다.

힘의 균형은 특히 냉전 초기에는 미국 쪽으로 강하게 기울었다. 미국은 제2차 세계대전을 통해 부유하고 강력한 국가로 부상했으며, 민주적 원리와 생활방식이 공산주의보다 도덕적으로 우월하다고 확신했다. 그리고 처음으로 원자폭탄을 보유한 유일한 나라가 되었다. 소련은 가난하고 경제적으로 불안정하며 원자폭탄도 없는 나라로 알려졌지만(베리야와 그의 과학자들은 원자폭탄을 연구하고 있었다), 자신들의 도덕적 우월성을 똑같이 확신했다. 소련은 서방의 침략에 맞서는 완충지대로 동유럽 지역에 소비에트가 지배하는 국가 블록을 갖고 있었다. 소련은 초기에 유럽–특히 대중적인 공산당이 있는 프랑스와 이탈리아, 그리고 미래의 통일된 독일–이 소련을 추종하여 공산주의 국가가 되리라는 희망(미국 입장에서는 두려움)을 품었다. 흐루쇼프는 나중에 이렇게 회상했다. "우리는 간절히 원했기 때문에 이루어질 것으로 생각했다." 안타깝게도 미국이 파괴된 유럽을 위한 대규모 경제 지원책인 마셜플랜에 착수하는 바람에 "서유럽 국가들은 자본주의 국가로 남게 되었고 우리는 실

1945년 6월 24일 모스크바에서 개최된 전승 축하 퍼레이드에서 백마를 탄 늠름한 주코프 원수.

1945년 7~8월, 포츠담 회담에 참석한 스탈린.

망했다". 전후에 실제로 혁명이 진행된 곳은 아시아였다. 1948년 김일성이 북한 지역에 소련의 지원을 받는 공산주의 정권을 수립했고, 마오쩌둥의 공산당은 1949년 (중국 공산당의 노력과 모스크바의 최소 지원으로) 중국에서 집권했다. 중국이 세계공산주의 운동에서 자신을 소련의 손아래 동생으로 이해하는 한 중국 공산당의 집권은 반가운 일이었다. 하지만 이런 변화에 대한 소련의 환영은 미국에서 나타난 거의 신경질적인 불안보다 현저하지 않았다.

마셜플랜은 소련에 진지하게 제시되지 않았고, 소련의 압력으로 동유럽의 소련 블록 국가들은 이 계획을 받아들이지 않았다. 하지만 소비에트 국가의 전쟁 피해는 막대했고 재건 사업은 엄청난 일이었다. 현재 기준으로 인명 피해는 전체적으로 2700만~2800만 명으로 추산된다(하지만 스탈린 시대에 연약해 보이지 않기 위해 제시된 공식적인 인명 피해 숫자는 700만 명이었다). 전쟁 시기에 동부로 소개한 1200만 명이 고향으로 돌아와야 했고, 전시에 군에 징집된 800만 명 중 대다수가 소집 해제되었다. 전쟁이 끝나자 500만 명이 독일 지역에서 전쟁포로 또는 강제노동으로부터 해방되었다. 소련은 어려움 속에서도 그들 중 400만 명 이상을 본국으로 송환하는 데 성공했지만, 약 50만 명은 자본주의 국가에 남아 반反소비에트 이민이 확대되던 1920년대 초의 1세대 이민자들과 함께 반소련 이민을 확대하는 데 동참했다. 엄청난 수의 사람들이 이동하면서 불안감이 크게 커졌다. 소련의 제2도시 레닌그라드는 독일의 봉쇄 작전이 3년 이상 지속되어 많은 인구가 사망했다. 소련이 발표한 수치에 따르면 소련 전체적으로 전쟁 전 자본재의 3분의 1이 파괴되었고, 독일군이 탈출 전략으로 초토화 정책을 사용했던 점령 지역은 자본재의 3분의 2가 파괴되었다.

동유럽은 소련과 서구 동맹국 간의 지속적인 긴장의 원인이었다. 소련의 통제를 받은 허술한 동유럽 정부는 대부분 공산주의자였고, 현지 시민들에게 대체로 인기가 없었기 때문이었다. 얄타 합의는 '소련 블록'이 동유럽에 형성될 것임을 암시했지만, 서구 동맹국들, 특히 민족주의를 강력히 주장하던 미국은 상황을 다르게 보았다. 1947년 처칠은 미주리주 풀턴에서 행한 유명한 연설에서 – 실각한 상태였지만 막후에서 미국과 영국의 지도자들로부터 지지를 받았다 – 소련의 '팽창적인 공산화 정책' 탓에 우리가 싸워서 건설해야 할 해방된 유럽이 아닌 유럽 대륙을 양분하는 '철의 장막'이 만들어졌음을 지적했다. 소련 스파이 이고르 구젠코가 캐나다로 망명한 사건을 계기로 스파이 활동에 대한 우려가 고조되어 극도의 흥분 상태가 조성되었다.

한편 상원의원 조지프 매카시가 미 국무부와 미군에 침투한 공산주의자를 색출하는 운동을 벌이자 더 큰 불안과 혼란이 발생했다. 1948년 베를린의 갈등은 거의 전쟁에 이를 정도로 격화되었고, 미국을 따라잡으려고 애쓰던 소련이 원자폭탄 실험에 성공하자 소련의 의도에 관한 서구의 우려가 급격히 높아졌다. 1952년 미국은 두 유대계 뉴욕 시민 줄리어스와 에셀 로젠버그를 원자폭탄의 비밀을 소련에 넘겨주었다는 죄목으로 처형했다. 1953년 베리야

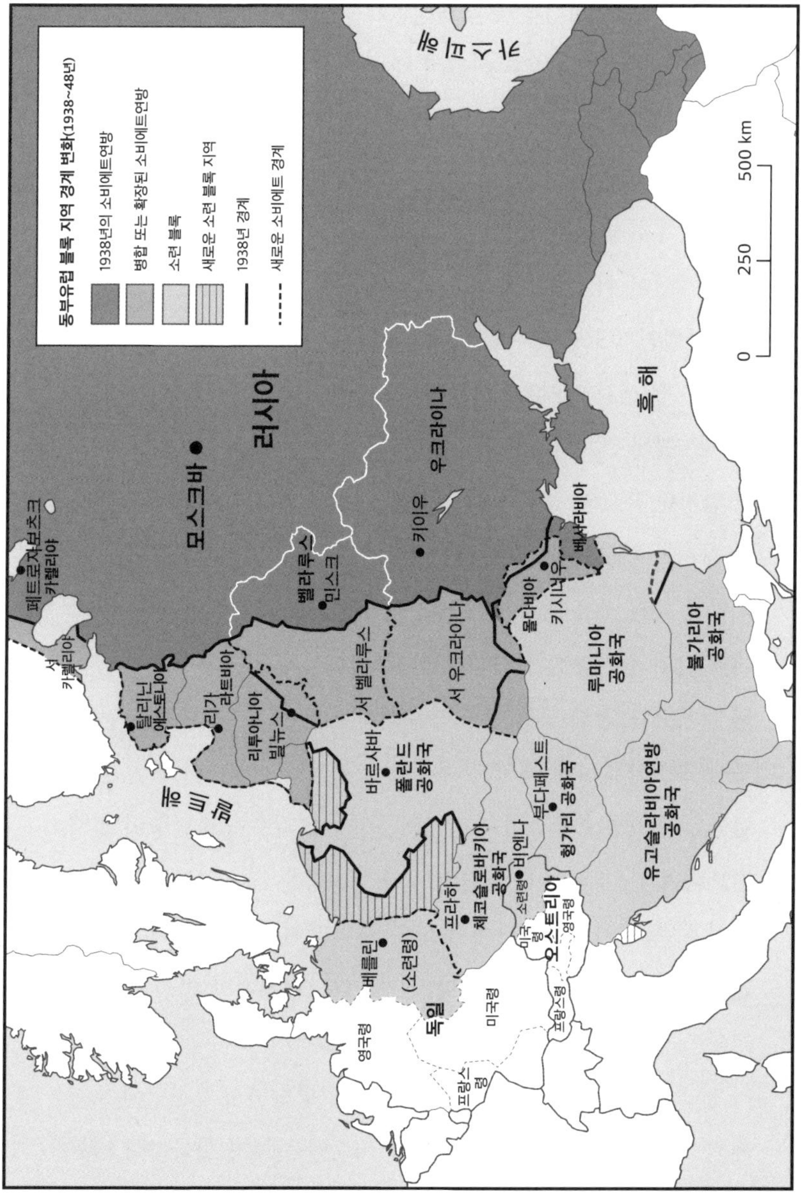

1945년의 소련과 동유럽.

의 지시를 받아 이고르 쿠르차토프가 이끄는 소련 과학자들이 수소폭탄을 만들었다. 많은 이들이 제3차 세계대전이 일어나 핵무기에 의한 상상할 수 없는 대학살이 가능할 뿐만 아니라 발생할 수도 있다고 생각했다.

전쟁이 한창 진행 중일 때는 승리만 하면 긴장이 완화되고 전반적인 개선이 이루어지리라는 희망이 중요했다. 스탈린과 가까운 정치국원인 미코얀조차 전시 사회관계가 발생시킨 '동지적 민주주의'가 시민 생활 영역까지 이어질 것으로 기대했다. 하지만 실제로 상황은 쉽게 전개되지 않았다. 국제적 긴장 상황에서 외부 도움 없이 엄청난 규모의 경제 재건 과제를 수행해야 했기 때문이다. 전쟁 후 감시가 완화되길 기대했던 지식인들은 실망했다. 전쟁 시기에 복원된 개인 소유 경작지가 계속 유지되기를 바랐던 농민들의 기대와 달리 집단농장 원칙이 재확립되었고, 생활수준이 다시 급격히 떨어졌다. 전체 노동 인구 가운데서 노동 징집자 – 마을 사람들, 도시 청소년들, 유럽에서 강제수용 노동자로 지내다가 돌아온 사람들 – 와 엄청나게 늘어난 강제노동수용소 죄수들의 비중이 전쟁 전보다 훨씬 더 커졌다. 소련의 경제적 고통은 1946~47년에 걸친 소련 서부지역의 기근 탓에 악화되었다. 당시의 기근은 이전 1933년의 기근보다 덜 야만적인 방식으로 다루어졌지만 전쟁 중의 파괴와 더불어 이중으로 닥친 고통스러운 타격이었다.

전쟁 전 몇 년 동안 200만 명이 새로 입당하면서 공산당원이 크게 증가했으며, 추가로 전쟁 시기에 비슷한 숫자가 입당하여 1945

년에는 580만 명이 되었다. 대숙청 이후에 들어온 '1938년 입당 동기'에는 젊은 관리자와 전문가들이 많이 포함되어 있었고, 이전에 입당한 당원들보다 교육 수준이 높았다. 전시 징집으로 형성된 그들의 동지애 정신은 당 문화의 핵심이 되었다(내전 이후와 별반 다르지 않았다). 젊은 당 관료의 영향은 정부의 고위층에까지 미쳤다. 역사가 줄리 헤슬러가 기록 문서에서 발견했듯이, 재무부의 소수 젊은 '교육받은 관료들'이 조세 부과를 위해 도시 민간 영역을 합법화하는 제안서를 만들어 돌렸다. 이 급진적인 개혁안은 그대로 채택되었을 뿐만 아니라 작성자들은 아무런 처벌도 받지 않았다. 전후 몇 년 동안 국가 예산이 확대되면서 사회복지, 교육, 공공보건 분야 지출도 늘어났다. 인구당 의사 수가 1940년대에 2배로 증가했고, 1950~60년에 또 3분의 1이 늘어나 당시로서는 세계 최고 수준이 되었다. 역사가 크리스토퍼 버튼에 따르면, 이 시기는 소련 공공보건 시스템 – 1930년대에는 여러 수준의 특권과 접근성으로 파편화되어 있었다 – 이 정비되어 의료 혜택이 보편화되기 시작한 때였다.

놀랍게도, 전쟁 후 많은 생활 영역에서 자유화가 진행되었다. 많은 정교회 교회들이 전쟁이 끝난 후 다시 문을 열었고 소규모 종교 부흥회가 허용되었다. 스탈린 통치기 말년에 모스크바 국립대학에 입학할 정도로 운이 좋았던 사람들 – 고르바초프와 그의 아내 라이사 – 은 자신들이 전쟁 승리 후 소련에서 사회주의 건설을 완수하여 전쟁 이전의 결핍을 없앨 수 있는 유일한 특권 집단이라고 여겼다. 고르바초프 집단은 항상 자신들의 청소년기를 희망과 지적 발견과 이상주의의 시기로 회상했다. 미국학은 모스크바의 여러 대학에서 특별히 매력적인 학과였고, 스탈린의 딸인 스베틀라나와 다른 정치국원들의 딸과 같은 신세대들은 이 학과에 들어가 미국 작가 어니스트 헤밍웨이에 푹 빠졌다. 소련식 여론조사에 해당하는 '대중의 분위기'라는 경찰 보고서는 수십 년간의 냉전 시기에도 불구하고 미국 – '미국 정부가 아니라 미국 국민' – 에 대한 대중의 지속적인 호감을 자주 보고했다.

또 다른 자유화의 현상으로 뇌물과 부패가 크게 증가하고 심지어 고등법원에서도 부도덕한 일이 벌어졌다. 사기꾼들은 손쉽게 수익을 올렸다. 강제노동수용소에서 막 나온, 두 발이 절단된 이가 '부상당한 전쟁 영웅' 행세를 하며 정부기관으로부터 너무도 뻰뻰하게 돈과 귀한 물건을 얻어내는 바람에 스탈린의 주간 정보 보고서에 감탄의 대상으로 자세하게 언급될 정도였다. 우연치 않게 가상의 사기꾼 오스타프 벤데르의 뛰어난 실적을 칭송하는 일리야 일프와 예브게니 페트로프의 소설이 엄청난 인기를 끌자 다음 해에 일시적으로 출판이 금지됐다.

냉전 초기, 자유화와 서구화 추세에 대해 알고 싶었던 서구 언론인들은 늙고 병든 스탈린이 더 자유로운 몰로토프에게 곧 권좌를 물려줄 것이라는 소문을 기사로 실었다. 기사가 오보라고 밝혀지자 사람들이 분통을 터뜨렸고, 몰로토프는 곤란한 입장에 몰려 정치적으로 좌천당했다. 하지만 스탈린이 노쇠했다는 것은 사실이었다. 그는 1945년 하반기에 심장마비를 일으켰던 것으로 보인다. 그는 건강을 위해 그해 여러 달을 남부지역에서 보냈고, 모스크바에 있을 때도 그때까지 엄청났던 일일 업무량이 크게 줄었다. 정책 토론에 참여하는 횟수도 점점 뜸해지자 적지 않은 차질이 발생했다. 그의 정치국 동료들은 최소한으로만 개입을 받으면서 자신의 담당 분야(중공업, 농업, 무역 등)를 운영했다. 정치 엘리트에 대한 대숙청은 더 일어나지 않았지만 니콜라이 보즈네센스키라는 유망한 젊은 정치 야심가의 경력을 좌절시킨 레닌그라드 사건 등 지역 차원의 숙청은 사라지지 않았다. 새로 획득한 우크라이나 서부와 발트 지역에서는 소비에트화－흔히 러시아화처럼 느껴졌다－가 강하게 추진되었다. 우즈베키스탄에서는 대숙청을 통해 오래된 토착인인 당 지도부가 역시 토착인이지만 소비에트 교육을 받은 새로운 집단으로 대체되었다. 새로운 당 지도부는 모스크바와 전통적 사고방식을 지닌 이슬람교를 믿는 거주민들을 중재하는 과제를 수행했다.

스탈린 통치 말기에는 익숙한 변증법적 사고 속에서 자유스러우면서도 억압적인 경향이 공존했다. 억압적인 측면으로는, 괴팍한 의제를 제시한 농학자 트로핌 리센코가 유전학 반대 운동에 대해 정부의 공식적인 승인을 얻었다. 예술과 과학 분야 전반의 창의성이 방해를 받아 좌절되었다. 당시는 정부가 외국인 혐오를 부추기던 시기였다. 학생들은 이탈리아인 굴리엘모 마르코니가 아니라 러시아인 알렉산드르 포포프가 라디오를 발명했다고 교육받았고,

외국인과의 접촉은 위험한 일이 되었다. 소련 시민과 외국인의 결혼은 법으로 금지되었다.

가장 우려스러운 일은 반유대주의의 증가였다. 반유대주의는 공식적인 승인을 받은 것처럼 보였고 러시아에서 익숙한 현상으로 차르 시대 말기에 집단학살을 일으켰다. 볼셰비키는 상당히 많은 유대인 당원을 두었고, 민족 차별의 형태인 역사적인 반유대주의에 반감을 가졌기에 반유대주의를 거부했다. 스탈린의 정치국에는 유대인이 카가노비치 한 사람뿐이었지만, 정치국원의 절반 이상이 유대인 아내 또는 사위, 며느리를 두었다. 1930년대에 형성된 소련 지식계급 중에는 유대인 비중이 상당히 컸고 반유대주의를 거의 용인하지 않았다. 이런 추세 탓에 1940년대 말에 전개된 준공식적인 반유대주의는 일반 시민들과 달리 소비에트 엘리트에게 더 이례적이고 충격적으로 다가왔다. 전쟁 중에 대중적인 반유대주의가 퍼져가는 신호가 확실히 존재했다. 1939년 불가침 조약에 따라 영토가 합병되면서 200만 명의 유대인이 소련 국민으로 편입되었고, 당연히 새로 편입된 우크라이나 서부지역과 벨라루스 서부지역에는 확인할 수 없지만 반유대주의자들이 존재했다. 독일 침략 후 많은 유대인들이 시베리아·카자흐스탄·중앙아시아로 도피하거나 이주당했다. 곧 역사적으로 유대인이 드문 지역에서 반유대주의가 증가하고 있다는 불안한 보고가 모스크바에 당도했다. 유대인들은 '타슈켄트에서 벌어진 전쟁을 수수방관'한 반면 러시아인들은 이 전쟁에서 가장 치열하게 싸웠다는 소문이 돌았다.

공식적으로는 반유대주의가 비난받았고, 이 입장은 결코 바뀌지 않았다. 그러나 1947년 외국의 영향에 반대하는 운동은 초기에는 단순한 외국인 혐오에서 시작되었다가 확실한 반유대주의 분위기로 바뀌어 유대인들에게 '떠돌이 세계인'이라는 낙인을 찍었다. 전쟁 시기에 국제 선전과 자금 모금 목적으로 설립된 유대인 반파시즘 위원회Jewish Anti-Fascist Committee가 해산되었고, 이 단체의 지도부가 체포되었다. 이때 체포된 고위급 정치 후원자 솔로몬 로좁스키는 1952년 여름 비공개 군사 법정에서 반역죄를 선고받고 총살되었다. 정치국원들을 살해하고 외국 정보기관을 위해 스파이 활동을 벌인 크렘린 병원 소속 '의사들의 음모'가 1952년 12월 공개되자 불안은 최고조에 달했다. 신문 기사에서 공식적으로 유대인으로 확인해주지 않았지만 의사들의 이름과 성명학을 따져보면 누구나 그들이 어느 민족 출신인지 알 수 있었다. 대중적인 선동가들은 유대인의 특권과 부패를 강조했다. 이와 동시에 전쟁 시기 체첸인과 크림 타타르인처럼 '반역적인' 민족들의 운명이 그랬듯이 정부가 유대인을 모두 내륙지역으로 추방할 계획이라는 소문이 돌았다.

이러한 반半음성적인 반유대주의 운동은 스탈린의 개인적인 계획이었던 것으로 보이며, 거의 모든 정치국원을 당황시켰다. 이 운동은 가장 가까운 일부 정치국원, 특히 몰로토프·보로실로프·미코얀이 미국인 및 유대인과 한통속이라고 시사하여 그들을 약화시키려는 스탈린의 단호한 활동과 동시에 진행되었다. 물론 몰로토프와 미코얀은 각각 외교와 해외 무역을 담당하는 부처 책임자였기 때문에 미국인과 폭넓게 **접촉했다**. 이런 상황은 새로 탄생한 이스라엘 국가–스탈린도 이스라엘 건국을 지지했었다–가 사실상 미국의 동맹국이었기 때문에 유대인 문제와 관련이 있는 것으로 간주되었다. 몰로토프의 유대인 아내가 시온주의 동조 혐의로 1949년 체포되어 추방되었고, 위험에 빠진 것은 몰로토프만이 아니었다. 사실상 좌파와 우파를 막론하고 거의 모든 반대파, 트로츠키와 그의 외국 정보기관 후원자들을 하나로 엮었던 과거의 파괴적인 상상력은 베리야(정치국 내의 일관된 이스라엘 지지자), 카가노비치(유대인), 말렌코프(그의 딸이 로좁스키의 아들과 결혼했다), 그리고 스탈린이 만든 것으로 여겨지는 새로운 여론 조작용 모스크바 공개 재판 시나리오에 등장할 수 있는 불특정인들의 범죄 연루 가능성을 문제없이 만들어냈다. 이것은 스탈린이 1952년 마지막 몇 달 동안 몰로토프와 미코얀을 정치국 사교 네트워크에서 배제하고, 나머지 정치국원들이 그를 도와주지 못하게 했던 매우 이례적인 사실을 설명해준다.

두 초강대국 간의 국제적 긴장이 꾸준히 증가하고 있었다. 두 나라는 원자폭탄을 보유했고, 소련 군대의 규모는 1948년 300만 명 이하에서 1953년 500만 명 이상으로 증가했다. 1950년 중반 소련이 후원하는 북한은 미국의 후원을 받는 남한을 침공했다(스탈린은 이에 반대하는 조언을 했다고 전해졌다). 3년 동안 이어진 한국전쟁에 소련은 공식적으로는 참전하지 않았지만 미국과 중국은 적대세력으로 참전했다. 공산주의의 세계 확산을 두려워한 미국 공화당은 얄타협정을 거부하고 공산주의 블록에서 '포로가 된 국가들'을 해방시켜야 한다고 정부를 압박했다. 흐루쇼프의 회고록에 따르면, "스탈린 사망 직전 며칠 동안, 우리는 미국이 소련을 침략해 전쟁이 일어날 것이라고 믿었다." 스탈린은 개인적으로 공포에 떨었고, 공격의 빌미를 주지 않으려고 필사적으로 노력했다(독일이 모스크바를 침공했던 1941년을 연상시킨다). 아마 이것은 존 포스터 덜레스의 강력한 자유주의 주장에 대한 반응이었을 것이다. 덜레스는 공화당의 드와이트 아이젠하워가 1952년 11월 미국 대통령에 당선된 후 국무부 장관이 되었다. 돌이켜볼 때 이는 과도한 반응이었고, 그럼에도 두려움을 떨치지 못했다. 크렘린에서 볼 때, 당시는 초기 단계의 위협들이 사방에서 나타났다. 모든 위협 세력이 〈요한계시록〉에 나오는 말 탄 네 기사처럼 보이는 순간이었던 것 같다.

종말은 실제로 가까워졌다. 하지만 그것은 최후의 심판도, 자본주의의 침략도 아니었다. 1952~53년 겨울, 소련 정치가 앞으로 어떤 방향으로 전개될지 아무도 예상하지 못했을 것이다. 1953년 3월 5일, 스탈린이 사망하여 소련 정치가 갑자기 중단되었다. 별장에 홀로 있을 때 뇌졸중이 발생한 후 스탈린이 사망에 이르는 정황은 아르만도 이아누치의 2017년 영화 〈스탈린의 죽음The Death of Stalin〉에 영구적으로 기록되었다. 영화는 세부 내용을 정확하게 다루진 않았고 당시 상황이 본질적으로 블랙 코미디였음을 잘 포착했다. 스탈린이 의식을 잃자 급히 소환된 정치국원들이 뒤늦게 의사를 불렀다. 하지만 스탈린 주치의를 포함한 크렘린 소속 의사 대부분이 투옥된 상태에서 누구를 불렀을까? 일부 정치국원들이 스탈린의 죽음을 기대하고 안도했을 수는 있지만 개인 또는 집단적인 음모의 증거는 없었다. 그들은 스탈린의 침대 옆에서 서투른 몸짓으로 간호했고, 베리야가 지휘권을 대부분 행사했다. 스탈린이 마지막 숨을 쉬기 전에 정치국－이전에 외면당했던 몰로토프와 미코얀을 포함하여－은 스탈린의 크렘린 집무실에 모여 새로운 지도부를 결성하고 보도자료를 작성했다. 이는 기괴하리만치 평상시 업무처럼 보였다. 종말의 전조는 스탈린과 함께 분명히 사라졌다. 소련은 새로운 '집단지도체제'를 구성했다. 사실상 스탈린이 빠진 스탈린의 정치국이었다. 이 모순적인 표현이 구체적으로 어떤 의미인지는 두고 볼 일이었다.

'집단지도체제'에서 흐루쇼프까지

5

미국인들이 케네디 대통령이 암살당한 날을 기억하듯이 소련 시민들은 자신이 어디에서 스탈린 사망 소식을 들었는지 항상 기억할 것이다. 어떤 사람들은 틀림없이 개인적으로 기뻐했을 테지만, 많은 이들의 즉각적인 반응은 슬픔과 미래에 대한 두려움이었다. 스탈린 없이 앞으로 어떻게 살아갈까? 장례식은 지도자의 마지막 모습을 보기 위해서나 단순한 호기심으로 모스크바 거리로 우르르 쏟아져 나온 사람들 때문에 제대로 진행되지 못했다. 소련 역사의 우연한 특성을 보여주듯이, 그들은 항의자도 아니었고 숭배자도 아니었다. 의미를 찾는 군중에 가까웠다. 사람들이 엄청난 군중 속에서 짓밟혀 사망했으며 장례식과 관련한 전체적인 이야기는 불길한 여운을 남겼다.

소련의 짧은 역사는 폭군 스탈린의 사망 직후 개혁자 호루쇼프의 등장으로 이어졌다. 하지만 상황은 그보다 더 이상했다. 스탈린의 구 정치국 – 흐루쇼프는 정치국에서 대략 서열 5위에 해당했다 – 은 즉각적인 급진 개혁 프로그램을 추진했는데, 매우 일관성 있고 포괄적이어서 미리 프로그램을 작성했다고 여길 정도였다. 그들 중 아무도 이것을 인정한 적이 없었고, 스탈린 통치 말기의 감시 수준을 고려할 때 이 프로그램은 도저히 믿기 힘들 정도로 위험했다. 스탈린의 동료들이 '때가 오면' 광범위한 변화가 필요하다는 것에 신속하게 합의했다고 결론 내릴 수밖에 없다.

동시대인들과 역사가들이 주장하는 스탈린의 최측근들에 관한 일반적인 의견은 그들이 줏대 없는 정치인이며 스탈린을 추종하는 예스맨들이고 스탈린에게 완전히 속박된 사람이라는 것이다. 몰로토프, 미코얀, 흐루쇼프, 베리야, 보로실로프, 카가노비치, 말렌코프의 평균 연령은 약 60세였고, 보로실로프(1881년 출생)와 말렌코프(1901년 출생)가 가장 나이 차이가 많았다. 그들은 스탈린과 함께 공동 실행자이자 잠재적 피해자로서 대숙청을 경험했다. 그들은 전쟁 시기에 합의제 방식으로 스탈린과 함께 일했으며 전후 불안정한 시기를 견뎌냈다. 스탈린은 종종 부재했고, 점차 일탈이 잦았으며, 마지막 시기에는 아마 그들의 피를 요구했을 것이다. 혹자는 스탈린에 대한 충성심이 그들의 DNA에 박혀 있었다고 생각할지도 모른다. 그러나 그들 중 아무도 그를 완전히 거부하지는 못했지만 대부분 개인적으로 그에 대해 의구심을 가졌을 것이다. 정치국원 아나스타시 미코얀의 아들 스테판 미코얀이 인상적인 일화를 들려주었다. 그는 장례식 전 스탈린의 시신이 안치되었을 때 자신이 마지막 존경심을 표했다고 말함으로써 아버지에게 깊은 인상을 심어주려 했다. 그런데 그의 아버지가 퉁명스럽게 말했다. "괜한 시간 낭비를 했구나." 자랄 때 스탈린을 존경하도록 가르침을 받은 스테판은 충격을 받았다. "그것은 아버지가 스탈린에 대해 비판적인 태도를 처음 보여준 것이었습니다. 아버지는 그런 태도를 보였습니다."

새로운 정부에서 말렌코프는 내각회의 의장으로서 국가 최고위직을 차지했다. 오래전부터 보안부 책임자를 맡아온 베리야는 가장 역동적인 인물처럼 보였다. 과거에 외교부를 이끌었던 몰로토프는 최고령 정치인이었다. 미코얀은 무역부 책임자였고, 불가닌은 국방부 책임자(그리고 제2차 세계대전의 영웅인 알렉산드르 바실렙스키 원수와 게오르기 주코프 원수가 국방부 부책임자로 유명했다)였다. 그리고 흐루쇼프는 공산당 서기였다(스탈린처럼 '총서기'는 아니었다).

스탈린의 장례식을 마치고 이틀 후, 베리야가 몰로토프의 아내를 추방지에서 풀어주고 카자흐스탄에서 비행기를 태워 모스크바로 데려와 남편과 재회하게 했다. 급진적인 정치 개혁들이 신속하게 이루어졌고 어지러울 정도로 계속 이어졌다. 베리야의 계획에 따라 '의사들의 음모'에 대한 기소가 중지되자 의사들이 풀려나고 그들의 석방이 언론에 발표되었다. 이어서 역시 베리야의 계획에 따라 강제노동수용소의 죄수들이 대량 사면되었다. 처음에는 수많은 '비정치범'이 석방되었고 이어서 정치범들도 풀려났다. 발트 지역 공화국들은 러시아화 정책 방향을 되돌렸고, 베리야는 현지인을 빠르게 승진시켜야 한다고 주장했다(소련 비밀경찰 라트비아 지부는 베리야에게 민족주의자로서 블랙리스트에 올라가지 않은 라트비아 후보자가 없다고 보고하자 베리야는 상관없다고 말했다). 그때까지 흔히 볼 수 있었던 스탈린의 이름이 신문에서 갑자기 사라졌다. 그의 전집 출판이 돌연 중단되었다. 농촌 지역의 형편없이 낮은 생활수준을 개선하기 위해 농업 개혁이 실시되었다. 소매품 가격이 급격히 떨어졌고, 말렌코프는 도시인들이 이용할 수 있는 소비재를 더 많이 생산하는 과업을 맡았다. 개혁적인 사고를 지닌 사람들이 스탈린 치하에서도 시민사회의 아지트 역할을 했던 '두꺼운 잡지Thick journal'(러시아제국부터 이어진 300~500쪽 분량의 잡지 – 옮긴이) 편집자로 임명되었다.

스스로 '집단지도체제'라고 밝힌 집단이 대중 앞에 나타나자, 논평가들은 과거 스탈린주의의 경직된 형식적 모습과는 매우 다른 그들 간의 편안한 동지적 상호관계에 주목했다. 미국 통신원 해리슨 솔즈베리는 새로운 소련 지도자들이 "악조건 속에서 핀 선인장 꽃" 같다고 논평했다. 새로운 소련 지도자들이 최선을 다해 변화의 신호를 보냈지만 미국 행정부는 그런 변화에 더디게 반응했다. 말렌코프는 스탈린의 장례식 추도사에서 평화와 국제 협력을 열정적으로 요청한 반면 고인에 대해서는 형식적으로만 언급했다. 스탈린이 사망하고 몇 개월 뒤, 소련은 한국전쟁 휴전에 동의했다. 아이젠하워 대통령은 이런 변화 조짐을 파악하고 진지하게 받아들여야 할지 고민했다. 하지만 그는 소련이 교활한 자신의 본질을 절대로 바꿀 수 없다고 확신했던 덜레스에게 설득당했다. 새로 등장한 소련학 전문가들은 '적을 알자'라는 기치 아래 소련이나 나치 독일과 같은 전체주의 사회는 개혁할 능력이 없으며 전쟁에서 패배해야만 붕괴할 것이라고 확신했다. 미국의 무반응은 집단지도체제 내 몰로토프와 같은 강경파들의 시각에 힘을 실어주었다. 강경파들은 서구에 교섭을 제의하는 것은 아무런 의미도 없다고 생각했다. 제국주의는 제 본질을 결코 바꿀 수 없다고 말이다.

1953년 6월, 집단지도체제는 가장 활동적이고 급진적인 개혁가이자 비밀경찰 수장인 라브렌티 베리야를 축출하고 곧이어 처형했다. 그들은 그가 자신들의 개인적인 치부를 너무 많이 알고, 공화국과 지역 지도자들에 관한 **약점**(경찰이 무차별적으로 수집한, 평판을 떨어뜨리는 사실)을 이용해 전국적인 지지 조직을 만들까 봐 염려했다. 베리야가 고향인 조지아에서 개인숭배를 부추기고 있었던 데다가 실제로는 사회주의에 관심도 없었다고 여겼다. 그들은 또한 그가 동료들에 대한 존경심 없이 잘난 척하는 사람이라고 생각했다(이를테면 카가노비치는 베리야가 "내가 권위자다, 나는 자유주의자다, 스탈린이 죽은 후 죄수들을 사면하겠다, 비밀을 폭로하겠다, 나는 모든 것을 할 수 있다." 같은 말을 하는 걸 듣곤 아연실색했다). 흐루쇼프가 계획한 체포 작전으로 베리야는 충격을 받았고, 그로 인해 흐루쇼프는 스탈린 사후 집단지도체제에서 주도권을 갖게 되었다. 반베리야 조치로 (소련에서는 일반적이지 않은 사례였음에도) 특히 그의 성생활에 초점을 맞춘 중상모략 선전 활동이 대규모로 전개되었다. 비공개 군사 법정은 1953년 12월 그의 반역죄에 대해 사형을 선고했다.

서구 사회는 권력을 가진 소련 정치국에 지도자가 필요하다는 사실을 보편적으로 인정했다. 따라서 당연히 1953~54년 – '집단지도체제' 기간 – 은 1923~27년 당시처럼 단지 **최고지도자 부재 기간**일 뿐이며 미래의 지도자가 나타나 경쟁자를 제거하는 기간일 터였다. 소련 대중과 정치 엘리트들도 어느 정도는 그렇게 생각했을 것이다. 소련 역사에는 '최고지도자'를 두는 전통이 분명히 있었지만 집단지도체제 전통도 있었다. 바로 소규모 그룹의 당 지도자들이다(통상적으로 '정치국'이라고 불렀지만 1952~66년까지는 '상임간부회Presidium'라고 했다). 이 집단의 구성원들은 국방·무역·중공업 등 다양한 분야를 관리할 책임을 맡았고, 자주 최고지도자와 함께 회의를 열어 정부의 주요 과제를 처리했다. 이것은 레닌 시기의 모델이었고, **본질적으로** 스탈린 시대에도 그랬다. 새로운 지도자들의 규범적 기준은 정치국과 최고지도자 둘 다였고, 최고지도자 없는 정치국 체제는 기준에 부합하지만 그 반대는 아니었다. 스탈린 사후 새로운 지도부 가운데 어떤 구성원 – 말렌코프·미코얀·몰로토프를 포함하며, 몰로토프는 초기에 최고지도자 지위를 차지할 선두주자로 여겨졌다 – 은 새로운 최고지도자 없는 집단지도체제를 진심으로 원했다. 반면 특히 베리야와 흐루쇼프 등 일부 구성원은 개인적으로 최고지도자 자리를 탐냈다.

집단지도체제 구성원들은 자신을 개혁가로 밝힌 적이 전혀 없는 사람들이었지만 개혁을 추진하기 시작했다. 이것은 부분적으로는 그들의 옛 보스인 스탈린과의 관계, 그리고 그의 통치 시기에 벌어진 유혈사태라는 까다로운 문제를 회피하기 위한 것이었다. 베리야는 보안 책임자로서 스탈린의 악랄한 집행자 역할을 수행했고 테러에 대한 책임자로 비난받았기 때문에 그를 제거하는 것이 도움이 되었다. 하지만 지나친 집단화에 대한 책임을 그에게 묻기는 어려웠다. 베리야가 조지아공화국 서기를 역임할 때 상황을 성공적으로 진정시켰기 때문이다. 또 대숙청의 책임을 묻기도 어려웠다. 그가 모스크바로 와서 비밀경찰의 수장이 된 것은 대숙청이 끝나는 시기여서 마지막 정리만 수행했기 때문이다.

대숙청은 약 20년 전의 일이었지만, 이 문제를 어떻게 처리할 것인지가 점점 예민한 문제로 대두했다. 희생자들이 강제노동수용소에서 돌아와 옛 친구들(집단지도체제 구성원을 포함하여)과 만나 소름 끼치는 이야기를 전했다. 그들은 모스크바 거주 허가와 아파트, 그리고 평판 회복을 원했다. 개혁적 사고를 지닌 언론인들은 자신의 회고록을 출판하고 싶어 했다. '눈에서 멀어지면 마음에서도 멀어진다'는 전략은 더 이상 타당하지 않았다. 1955년 12월 당 중앙위원회 산하에 대숙청 시기의 진상 조사를 위한 위원회가 설치되었고, 위원회 서기로 완고한 스탈린주의자로 알려진 페테르 포스펠로프가 임명되었다. 위원회는 70페이지 분량의 충격적인 보고서를 제출했다. 이 보고서는 1935~40년에 약 200만 명이 '반소비에트 활동' 혐의로 체포되었고, 68만8503명이 총살되었다고 기록했다. 정치국은 보고 결과(당연히 유출될 수밖에 없었다)를 어떻게 처리할지 논의했다. 특별히 잔인한 폭력에 연루된 적이 없고 1954년부터 정치범 회복위원회 의장을 맡았던 미코얀은 투명하게 공개하길 원했다. 잃을 게 가장 많았던 보로실로프와 카가노비치, 몰로토프는 열의를 보이지 않았다. 결국 흐루쇼프가 주도권을 쥐었고, 1956년 2월 22일 제21차 당대회에서 예정에 없이 보고서를 발표했다.

흐루쇼프의 연설에서 가장 놀라운 부분은 스탈린의 테러가 당 고위직에 미친 영향이었다. 그가 당 중앙위원회 구성원의 70퍼센트(139명 중 98명)가 대숙청의 희생자가 되었다고 보고하자 당대회 참석자들은 엄청나게 놀랐다. 이어 "스탈린이 몇 개월만 더 권좌에 있었다면 몰로토프·미코얀 동지도 이번 당대회에서 연설하지 못했을 것"이라는 말에, 참석자들은 또다시 대경실색했다. 흐루쇼프는 '지나친' 집단화(하지만 집단화 자체를 비판하진 않았다), 1937년의 군 최고사령부 파괴, 전쟁 시기 스탈린의 '실책'(특히 우크라이나와 관련된 사건으로, 이때 우크라이나 공화국 당 서기였던 흐루쇼프는 스탈린과 충돌했다), 전쟁 시기 체첸인과 크림 타타르인 등 소수민족의 강제 이주, 레닌그라드 사건, 스탈린 말기의 반유대주의 운동을 비판했다. 그는 심지어 스탈린을 세르게이 키로프 암살 사건의 배후로 암시하기도 했다.

서방 국가들은 흐루쇼프의 연설을 '비밀 연설'이라고 불렀고, 소련 당국은 이 연설이 서구 사회에 공개되는 것을 막으려고 했지만 허사였다(당대회에 참석한 폴란드 대표가 연설 내용을 누설했고, 미국 중앙정보국CIA이 이것을 전 세계에 유포했다). 소련 곳곳에서 열린 당 모임에서 연설 전문이 낭독되었기 때문에(공산당원이 아닌 사람들에게도 공개되었다) 소련 국내에서는 전혀 비밀이 아니었다. 격렬한 공개 토론이 이어졌고 다양한 관점이 제시되었다. 참전용사들은 스탈린의 전시 지도력 비판에 대해 격분했다. 학생들과 지식인들은 문화 자유화를 암시하는 내용에 흥분했다. 러시아 지방 소도시에서는 지역당 지도부의 부패를 공격하는 계기가 되었다. 중앙아시아의 이슈는 공화국 정부에 대한 러시아의 '식민지적' 태도였다. 소련 내에서 유일한 실제적인 시민 소요 사태는 조지아공화국 트빌리시에서 발생했다. 사람들이 며칠 동안 스탈린 서거 3주년을 기념하는 대규모 평화 시위를 벌이자 군부대가 발포하여 21명이 사망했다.

동유럽에서는 또 다른 이야기가 펼쳐졌다. 비밀 연설은 폴란드와 헝가리에서 위기를 촉발했다. 폴란드의 참전 공산주의 지도자 볼레스와프 비에루트가 모스크바의 한 병원에서 그 연설문을 읽고 심장마비로 사망했다. 폴란드의 상황(근래 감옥에서 풀려난 브와디스와프 고무우카가 모스크바의 승인 없이 폴란드 당 지도력을 인수하려는 입장을 밝히고, 폴란드 태생의 소련 시민 콘스탄틴 로코숍스키 원수를 국방장관에서 해임하라고 주장했다)이 너무 불안정해서 주코프 원수와 바르샤바조약기구 사령관 이반 코네프를 포함해 거의 모든 소련 정치국원이 바르샤바로 날아갔다. 이 갈등은 봉합되었지만 고무우카를 승인하고 로코숍스키를 해임해야 했다. 헝가리가 일주일 만에 큰 혼란에 빠졌고 서방은 환호했다. 10월에 고뇌에 찬 숙고와 많은 생각의 변화를 거쳐 소련은 군대를 부다페스트로 파견했다. 이 조치로 상황이 결국 안정되었고, 소련이 가장 두려워하는 일, 즉 동유럽 국가들이 소련 블록인 바르샤바조약기구에서 탈퇴하는 것을 막았지만 국제적 평판은 엄청나게 손상됐다. 여러 서방 정부와 일반 대중은 헝가리혁명의 무력 진압에 분노했다. 중국은 소련의 이런 조치를 지지한 소수 중 하나였으나, 마오쩌둥은 다른 이유로 불만스러워했다. 흐루쇼프가 스탈린을 비난한 내용에서 중국 공산당이 극도로 우려하는 '수정주의'(혁명 열기의 상실과 자본주의에 대한 타협) 관점이 보였기 때문이다.

흐루쇼프는 공식적으로는 정치국에서 구성원들과 동등한 한 사람일 뿐이었지만 자신의 영향력을 확대해 말렌코프(소련 정부의 수반)를 중앙 정치무대에서 몰아내고 몰로토프에 도전하기 시작했다. 1955년 처음으로 유럽에서 친구들을 사귀기 시작한 사람은 흐루쇼프와 그의 보좌관 니콜라이 불가닌이었다. 그들은 경탄을 자아낸 서구 제품인 헐렁한 자줏빛 여름 슈트를 입고 놀러 다녔다. 서구와의 관계 개선은 헝가리 사건으로 차질을 빚었지만, 제3세계에서 소련의 이미지를 개선하는 사업이 추진되었다. 흐루쇼프와 불가닌은 1955년 인도를 방문했고, 이어서 주코프 원수가 방문해 코끼리를 타는 모습을 사진으로 남겼다.

흐루쇼프가 하층계급을 대변하는 재미있는 인물이라는 서구의 관점은 소련 사회에 상당히 퍼져 있었다. 이런 관점은 특히 지식계급에서 두드러졌다. 많은 소련 대중은 지도자에게서 더 진지한 태도를 원했으나 소련 사회에서 지도력 경쟁은 대중의 투표로 결정되지 않았다. 흐루쇼프가 베리야를 제거한 일은 보잘것없는 우크라이나 농부 출신인 그가 노련한 정치가임을 드러냈다. 1957년 대다수 정치국 동료들이 흐루쇼프를 통제하려 시도하자 그는 상황을 완전히 역전시켜 승리자가 되었다. 그는 공산당이 인생의 전부인 카가노비치, 몰로토프를 포함하여 적대자들에게 '반당 집단'이라는 낙인을 찍어 상처에 모욕감까지 주었다. 그들의 패배는 공식적으로 정치국원을 선출하는 당 중앙위원회 특별회의에서 획책되었다. 스탈린 통치기와 마찬가지로 당 중앙위원회 구성원의 다수는 지역당 서기들이었고, 스탈린처럼 흐루쇼프는 모스크바 서기장이라는 자신의 영향력으로 당의 인사를 감독했다. 흐루쇼프는 문제가 발생하면 주코프 원수의 지원을 받을 예정이었지만 모든 일이 잘 진행되어 군의 개입은 필요하지 않았다.

흐루쇼프는 최초로 패배자들에게 보복하지 않고 소련 지도부를 교체한 것을 자랑스러워했다. 이것은 만족스러운 선례였고 흐루쇼프가 7년 후 그의 시대가 되었을 때 확실히 상기할 만한 내용이었다. 미코얀을 제외한 모든 정치국 초대위원은 정치국에서 낙마하여 모스크바에서 멀리 떨어진 한직으로 밀려났다. 카가노비치는 우랄 지역의 탄산칼륨 제조 공장 책임자가 되었고, 말렌코프는 카자흐스탄의 수력발전소 감독관이 되었으며, 몰로토프는 외몽고 주재 소련 대사로 갔다(짓궂게도, 당의 규율과 노동 윤리를 모범적으로 보여주었던 말렌코프와 몰로토프는 새로 맡은 직책을 매우 잘 수행했다).

흐루쇼프 시대

흔히 주장하듯이 흐루쇼프가 스탈린 사후에 개혁을 개시한 이는 아니었다 해도, 그는 오랜 기간 소련의 가장 위대한 경제적 성공을 이끈 열정적인 혁신가였다. 비판자들에 따르면, '무모한 계획가'이기도 했다. 국민총생산GNP이 1950년대 매년 약 7퍼센트씩 증가했고 이는 당시 미국의 GNP 증가율이 3퍼센트 미만인 것과 비교되었다(모두 알듯이 소련 GNP는 더 낮은 수준에서 시작했다). 1960년 산업 생산은 1950년의 약 3배, 1940년의 약 5배에 달했다. 농업 생산도 증가했다. 1962년에 소련 인구의 절반 이상이 도시에 거주했다. 1920년대에 50퍼센트를 넘지 않았던 성인 문해율은 이제 100퍼센트에 근접했다. 새로운 소비재가 도시와 농촌 지역에 공급되었다. 1965년 가구의 32퍼센트가 TV를 보유했고, 17퍼센트는 냉장고, 29퍼센트는 세탁기를 보유했다. 1920년대 중반에 40세 이하였던 기대수명은 20년 뒤 크게 높아져 60세가 되었다. 1920년대 크게 앞섰던 미국을 따라잡을 날이 가까워졌다. 이때가 소련 역사에서 소련이 서구 사회를 곧 따라잡고 추월할 것이라는 (흐루쇼프가 큰 소리로 외쳤던) 주장이 실제로 그럴듯하게 보였던 유일한 시기였다.

개혁가로서 흐루쇼프의 강점은 크게 생각하는 것이었다. 그는

1930년대 스탈린의 제1차 5개년 계획과 문화혁명 전성기에 처음 행정을 경험했고, 그런 정신을 회복하려 시도했다. 그의 야심찬 미개척지 개간 운동은 대규모 국가 투자에다 청년들의 열정과 모험정신을 활용하여 카자흐스탄의 넓은 지역을 곡창지대로 바꾸려는 계획이었다. 흐루쇼프의 관점에서는 **이것이** 사회주의를 건설하는 방법이었다. 그는 은퇴 후 회고록에서 약간 애석한 듯이 "인민의 신뢰만 얻는다면 공산당이 얼마나 막강한지를 보여준 운동의 기쁨과 흥분을 결코 잊지 않았다"라고 썼다. 지역 단위의 인민재판과 자발적인 **드루즈니키**Druzhinniki(소련판 자경단과 비슷하다)는 흐루쇼프 시대에 장려된 시민 참여의 또 다른 예였다. 당원은 1954년 700만 명 이하에서 1964년 1100만 명으로 증가했다. 여전히 남자가 압도적으로 많았지만 여자도 전체 당원의 21퍼센트로 소폭 증가했다.

드루즈니키는 체제 비순응자들을 집단적으로 따돌리는 조직으로 바뀔 수 있었고, 흐루쇼프식 참여사회주의에는 '사회적 기생충'과 싸우는 운동도 포함되었다(사회적 기생충은 일하지 않고 부업, 물물교환 등 공식 통계에 잡히지 않는 회색 경제 영역에서 생계 활동을 하는 사람들을 말한다). 흐루쇼프는 청년들의 문화혁명 정신에 따라 전후 문화 흐름을 바꾸어 종교 및 성직자 공격, 교회 폐쇄 등의 조치를 크게 완화하고 대학에 '과학적 무신론'이라는 필수 과목을 도입했다. 마을 단위의 선동가들은 우주비행사들이 우주로 비행했지만 신의 흔적을 보지는 못했다고 말했다. 한때 모스크바 구세주 그리스도 성당이 있던 빈터(1930년대 흐루쇼프가 소비에트 궁전을 짓기 위해 파괴했다)는 연중 내내 이용 가능한 실외 수영장으로 바뀌었는데, 겨울에 수영할 때는 스팀 쿠션을 이용해 외부의 차가운 공기를 차단했다.

흐루쇼프에게 소련은 노동자 혁명의 산물이었고, 그는 노동자·농민과의 동질성을 절대로 잃지 않았다. 그는 사회적 약자 우대 정책으로 1930년에 산업학교 입학 기회를 제공했다. 오래전에 소련에서 사라졌던 이 정책(하지만 동유럽 국가와 1939년에 소련에 편입된 지역은 전후에 이런 정책을 시행했다)을 흐루쇼프가 교육계와 지식인들의 불만에도 불구하고 긍정적으로 평가하고 복원했으나 성공은 제한적이었다.

초등교육은 1930년대에 이미 거의 보편화되었다. 1950년대와 60년대에는 중등교육이 순조롭게 확대되었다. 1939~59년에 10세 이상 인구 중 초등교육 이상 받은 비율이 3배 이상 증가했고, 1959~70년에는 20~29세 인구 중 고등학교를 졸업한 인구 비율이 2배로 증가해 53퍼센트에 달했다.

소련은 복지국가(이 용어를 사용한 적은 없지만)를 항상 열망했다. 이것이 비로소 실현되기 시작한 것이 흐루쇼프 시대였다. 영국 경제학자 알렉 노브가 "소련은 복지국가인가?"라고 물었던 것은 소련학에서는 새로운 질문이었다. 노브는 그렇다고 답하면서, 노령연금과 장애연금(1956년 개혁으로 연금지급액이 증가하고 보편화되었다), 질병 수당과 출산 수당, 유급 휴가와 주당 근무시간 감소(혁명으로 폐지되었던 '주말' 공휴일 재도입 포함)를 언급했다. 노령연금과 장애연금 수령자는 1959년 100만 명에서 1970년 1400만 명으로 증가했다.

흐루쇼프가 가장 야심차게 사회복지 사업을 벌인 분야는 도시 주택이었다. 1920년대 이후 사실상 새로운 주택이 건설되지 못했고, 도시민들은 매우 혼잡한 공동 아파트에서 거주하고 학생이나 농촌에서 새로 이주해온 독신 노동자들은 기숙사·막사 등에서 살았다. 흐루쇼프가 조립식 건축 자재를 이용해 대규모 건축 프로그램을 시작하여, 1956~65년에 1억 명 이상이 새로운 아파트로 이주했다. 물론 어디에나 있는 5층짜리 건물–**슬럼**trushchoby을 뜻하는 러시아어를 비틀어 **흐루쇼비**khrushchoby라는 별칭으로 불렸다–에는 여러 문제점이 있었다. 이 건물들은 신축 상점과 교통 시스템을 제공할 계획으로 조성된 새로운 '소규모 택지지구'에 우후죽순 생겨났지만, 이러한 기반 시설은 초기에는 제공되지 못했다. 이 주택 계획의 목표는 1억 명의 가족에게 가족 전용 식탁, 그리고 운이 좋으면 부모와 자녀의 침실을 따로 제공하는 것이었다.

식탁에 둘러앉은 모습, 즉 달리 말하면 사적인 공간에서 가족과 친구가 친교를 나누는 모습이 흐루쇼프 시대의 상징이 될 수도 있었다. 그것을 통해 이른바 서구에서 시민사회라고 부르는 것, 이를테면 국가와 별도인 여론 형성 공간이 등장할 수도 있었기 때문이다. 또한 스탈린 치하에서 서구 문화와 스파이의 접근을 막기 위해 엄격히 폐쇄되었던 국경이 열리면서 제한적이긴 했지만 새로운 해외여행 기회가 생겨 여론 형성에 도움을 주었다. 1939년 소련에

1963년 모스크바의 새로운 주택 단지.

는 고등교육을 받은 사무직 노동자가 500만 명(전체 노동력의 3퍼센트) 이하였다. 하지만 1959년에는 800만 명, 1970년에는 1500만 명(전체 노동력의 6퍼센트)으로 증가했다. 서구의 관점에서 그들은 중산층과 비슷했지만 소련에서 중산층이라는 용어는 부정적인 의미('부르주아')를 함축했기 때문에 '지식계급'이라는 용어가 사용되었다. 비록 당시에는 대다수가 노동자와 농민의 자녀로서 소비에트 교육을 받은 사람들이었지만 혁명 이전 지식계급의 이상주의와 높은 도덕적 사명감 같은 것이 이 집단에도 분명히 존재했을 것이다.

문화적 측면에서 흐루쇼프 통치 시기는 (일리야 에렌부르크의 동명 소설《해빙Thaw》처럼) 혹한의 겨울 이후 눈과 얼음이 녹는 것을 의미하는 해빙기로 기억된다. 러시아인이라면 모두 알듯이, 해빙기에는 진창이 생기고 겨우내 눈 아래 덮여 있던 온갖 쓰레기가 갑자기 나타나 악취를 풍기는 탓에 잘 처리해야 한다. 흐루쇼프의 비밀 연설이 이 과정의 일부였다. 하지만 해빙기에는 또 다른 측면이 있었다. 이를테면 러시아의 혹독한 겨울 이후 처음으로 봄기운이 돌자 거의 본능적인 흥분이 일면서, 무엇이든 가능하다는 의기양양한 의식이 생겼다. 1961년 흐루쇼프는 공산주의가 20년 이내에 실현될 것이라고 경솔하게 예측했다.

지식계급은 이전에는 금지되었던 내용을 쓸 수 있게 되었을 뿐만 아니라 그것이 시민의 의무라고 여겼다. 블라디미르 두딘체프의 소설《빵만으로 살 수 없다》는 창의성을 가로막는 '관료들'을 격렬하게 비난했다. 흐루쇼프는 당시의 특징이었던 검열과의 오랜 싸움 뒤 강제노동수용소 경험에 기반해 쓴 알렉산드르 솔제니친의 자전적 중편소설《이반 데니소비치의 하루》를 〈노비 미르〉라는 '두꺼운 잡지'에 발표할 수 있도록 승인했다. '대담한' 내용이 잡지에 발표되면 모든 사람들이 그것을 앞다퉈 구입했다. 검열 당국이 출판을 막으면 그 소식이 소문을 통해 모스크바와 레닌그라드 전체에 퍼졌다. 예술 분야에서도 형식적인 실험이 이루어졌지만(피카소 작품 전시가 모스크바에서 큰 반향을 일으켰다) '진실을 말하려는' 충동이 지배적이었다. 예브게니 옙투셴코는 운동경기장에서 청중 수천 명을 대상으로 자신의 시를 낭독했다. 드미트리 쇼스타코비치가 발표한 새로운 음악 작품들은 대체로 외로운 예술가를 억압하는 국가에 항의하는 것으로 이해되었고, 연주회장 청중들의 눈물을 자아냈다. 역사가들은 '민주적인 레닌'을 현재를 위한 전범으로 재발견했고, 법조인들은 합법성을 존중했던 레닌을, 경제학자들은 신경제정책을 도입하여 시장경제를 부분적으로 부활시킨 레닌을 재조명했다.

흐루쇼프는 소비에트 우주 프로그램을 통해 1957년 스푸트니크 위성을 발사했고, 1961년에는 유리 가가린을 최초의 우주인으로 만들어 국제적으로나 국내적으로 엄청난 성공을 거두었다. 이 사건으로 미국은 크게 당황했다. 원자폭탄과 수소폭탄 기술을 소련보다 몇 년 앞서 개발했듯이 우주탐사 기술도 당연히 자국이 독점할 것으로 예상했기 때문이었다. 흐루쇼프는 1959년 첫 미국 방

1960년 흐루쇼프는
유엔 총회에서 구두를
벗어 단상에 내리쳤다.

문으로 매우 흥분했다. 마천루부터 고속도로, 자본가들("내전 시기에 화가들이 포스터에 그린 자본가와 달리 돼지코는 없었다")까지 눈으로 본 모든 것이 그를 매료시켰다. 반응이 엇갈리긴 했지만 서구 사회도 그에게 매료되었다. 소련이 동유럽 지역에서 제국주의자처럼 행동한다는 주장을 듣고 흐루쇼프가 구두를 벗어 유엔 연설 단상에 내리쳤을 때 그런 모습은 국내외에서 상스러운 행동으로 여겨졌다. "역사는 우리 편입니다. 우리는 당신들을 묻어버릴 것입니다"라는 그의 유명한 조롱은 실제로 그렇게 하겠다는 뜻이 아니라 마르크스주의의 명제(사회주의가 역사적으로 자본주의를 계승한다)를 위협적으로 변주한 것이었다.

국제관계에서는 많은 일들이 소련의 방식대로 진행되지 않았다. 1949년 혁명을 통해 공산주의 체제를 확립한 또 다른 유일한 초강대국인 중국은 1961년 '빅브러더'인 소련의 지도를 거부하고, 소련 자문단을 추방하여 세계 공산주의 운동을 분열시켰다. 독일 지역은 오래된 냉전의 산물로, 소련 블록의 일부인 동독과 미국의 지원을 받은 서독이 대립하고 있었다. 자본주의의 밝은 빛과 환락가를 그대로 보여준 서베를린은 너무나 매혹적이었기에, 동독인들을 농장에서 계속 일하게 하거나 소련 블록 최고의 공장에 '숙련 노동자'를 붙잡아두기 위해 베를린 장벽을 건설해야 했다.

호루쇼프는 때로 서방 국가로부터 호전적인 인물로 인식되기도 했지만 실제로는 군사비 지출을 상당히 통제했다. 아이젠하워와 사담을 나눌 때 두 사람은 "군부 지도자들은 국가 재원을 배분할 때 매우 끈질기게 제 몫을 주장한다"는 데 공감했으며, 흐루쇼프는 군부 로비스트들의 요구에 쉽게 양보하지 않았다. 그는 군대를 250만 명 이하로 축소하고(현대세계에서 중요한 것은 지상군이 아니라 미사일이라는 주장으로 병력 축소를 정당화했다) 국방비 총액과 장교들의 월급을 줄였다. 그는 자신의 오랜 친구 주코프 원수가 나폴레옹처럼 야심을 품고 있다고 의심하며 좌천시켰다. 이것은 베리야와 '반당 집단'을 제거할 때 지원을 요청하면서 주코프를 정치계에 입문하게 만든 것이 흐루쇼프 자신이었다는 점을 고려할 때 신중하긴 했지만 퍽 배은망덕한 조치였다.

소비에트연방의 공화국들

1961년 10월 소련공산당은 민족 문제에 관한 새로운 이데올로기 형성을 당의 장기 계획에 포함시켰다. 이를 테면 소비에트에 소속된 여러 민족이 **동화**sblizhenie되면 결국 하나로 **융합**sliianie할 것이며, 그 결과 단일한 소비에트 정체성이 형성된다는 것이었다. 하지만 그것은 장기 목표를 상기시키는 것일 뿐 당장 무력을 사용한다는 신호는 아니었다. 흐루쇼프의 해빙 효과는 지역 차원에서는 민족문화의 르네상스를 자극하고 스탈린식 통제의 엄격한 굴레에서 벗어나게 했지만 반소비에트를 허용하는 것은 아니었고, 소련 정부가 많은 자금을 지원했다. 1930년대 소련의 사회적 약자 우대 정책은 새로운 토착 엘리트라는 형태로 열매를 맺었고, 엘리트들은 소비에트 훈련을 받았지만 각자 고유한 민족적 색채를 지니고 있었다. 점차 이 엘리트들은 공화국의 핵심 통치 세력이 되었고, 때로 그들 가운데서 공화국 최고위직인 당 제1서기가 나왔다. 지역의 구체적인 양상은 공화국에 따라 다양하게 나타났다.

흐루쇼프가 우크라이나에서 통치할 때 우크라이나의 상황은 아주 좋았다. 그는 우크라이나에 정치인 친구가 많았고 그들의 지도력을 지원했을 뿐만 아니라 모스크바로 데려와 고위직에 앉혔다. 우크라이나인들에 대한 스탈린의 의심 탓에 우크라이나인들은 모스크바 당 중앙위원회에서 차지하는 비율이 낮았다(1952년 16명에서 1961년에 59명이 되어 전체 인구 비율 기준으로 대표성이 다소 과도했다).

역사적으로 산업 중심지였던 우크라이나는 전후 산업 복구가 신속하게 진행된 뒤 다시 정치무대에 등장했고 통제력이 확대되었다. 우크라이나 당 지도자였던 흐루쇼프는 1944년에 품었던 야심을 이루기 위해 크림반도의 행정 체계를 러시아에서 우크라이나 소속으로 이전했다(소련 해체 후 문제를 유발하게 될 사안이었다).

1920년대 초 다소 인위적으로 만들어진 중앙아시아 공화국들에서는 국가적 고유성에 대한 의식이 싹텄다. 중앙아시아 공화국들은 지리적 특성과 1920년대와 30년대의 여러 도전에도 불구하고 대체로 살아남은 '이슬람 생활방식' – 결혼식과 장례식, 남성 할례, 축제, 가부장제 – 이라는 정체성을 공유했다. 흐루쇼프는 이 지역을 방문하고, 그곳을 소비에트 개발 정책의 사례로 제3세계에 자랑하기를 좋아했다. 모스크바와 중앙아시아 사이의 자원 흐름 측면에서 보면, 중앙아시아가 승자였다. 댐과 사회간접자본이 건설되고 다양한 공화국들이 자신의 몫을 차지하려고 경쟁적으로 모스크바에서 로비를 벌인 결과, 다른 지역에 비해 국가적 차별성에 대한 의식이 강화되었다. 반당 집단과 싸울 당시 흐루쇼프를 지지했던 우즈베키스탄 지도자 누리트딘 무히트디노프는 중앙아시아 출신 최초로 정치국원으로 선출되었다.

라트비아는 1945년 소련의 통치가 재개되자 분노했다. 1940년대와 50년대 라트비아 지도자는 라트비아인 – 노장 볼셰비키인 야니스 칼른베르진시는 제1차 세계대전과 제2차 세계대전 사이에 한동안 모스크바에서 보냈다 – 이었지만 발트 지역의 다른 공산당과 달리 라트비아 지역 공산당은 러시아 통치에 대한 대중의 분노에 직면해 신뢰를 얻기 위해 노력했다. 라트비아 공산당 지도자는 1959년 민족주의 혐의로 기소된 공화국 엘리트 두 명 중 한 사람이었다. 실제로 라트비아 공산당은 라트비아 국민들 사이에서 정당성을 확보하기 위해 러시아인 차별 정책을 추진했다. 1959년 곤경에 처한 다른 공화국 정부는 아제르바이잔이었다. 이곳의 도전적인 지도부는 소련 연방법과 반대로, 상당한 규모의 소수민족(러시아인, 아르메니아인, 조지아인)이 다니는 학교를 포함하여 공화국 내 모든 학교에서 아제르바이잔어 교육을 의무화했다. 그들은 또한 트빌리시로 가는 카라다그 가스 파이프라인 건설에 반대하는 경제 민족주의로 인해 유죄 판결을 받았다. 아제르바이잔 내각회의 의장이 이렇게 말했다. "이 가스는 우리 것입니다. 우리는 이것을 조지아인들에게 줄 수 없습니다."

우크라이나와 반대로, 코카서스 전체는 스탈린의 사망과 베리야의 실각 이후 소련 내에서 위상을 상실했다. 스탈린 생존 당시 조지아인과 아르메니아인이 소련 당 중앙위원회에서 과도한 대표권을 확보했지만 1961년에는 그들의 대표권이 절반으로 줄었다. 하지만 공화국 내에서는 그들의 방식대로 국가를 통치했다. 조지아인인 바실리 므자바나제가 약 20년 동안 당 제1서기를 역임하는 동안 조지아는 압하스인과 남부 오세트인 등 지역 소수민족에 대한 억압과 부패로 유명해졌다. 조지아는 지역민들이 소련을 왜 무작정 떠났는지 관광객들이 의아하게 생각하도록 민간 기업을 상당히 허용했다.

호루쇼프는 지역 지도부에 더 많은 재량권을 주는 데 대체로 찬성했다. 그는 공화국 당 서기로 일하던 시절부터 현지 사정을 모르는 모스크바 관료들의 끝없는 지시로 얼마나 화가 났었는지 기억했고, 지역당 서기들이 자신의 판단을 밀고나갈 여지가 있어야 한다고 생각했다. 1957년 그는 중앙의 산업 부서를 없애고 그 대신 지역경제위원회Sovnarkhozy를 만드는 계획을 추진했다. 그로 인해 (그의 권력 기반이 아닌) 중앙정부 관료를 약화시키고 (자신의 권력 기반인) 지역당 서기들을 강화하는 부수적인 효과도 발생했다. 이 개혁으로 많은 관료가 몰락하고 중요한 실행 문제에 봉착했지만, 1962년 흐루쇼프는 개혁을 더 강하게 이어가려고 했다. 공화국과 지역당 위원회가 독자적으로 각각 농업과 산업을 담당하고, 각 부분에 제1서기를 두도록 했다. 이것은 흐루쇼프 자신의 권력 기반을 짓밟는 것과 같았다. 지역당 위원회의 3분의 1이 실제로는 분리되지 않았고, 흐루쇼프의 '무모한 계획'으로 간주되던 전체 프로그램은 그의 실각 후 즉시 사라졌다.

흐루쇼프의 실각

전반적으로 흐루쇼프의 지지자였던 미코얀은 흐루쇼프가 반당 집단에 대한 승리 후 '자만에 빠져 아무도 두려운 존재로 여길 필요가 없다'고 느끼기 시작했다고 보았다. 하지만 정치국과

1962년 모스크바 마네지에서 열린 미술 전시회에 참석한 흐루쇼프.

여론은 실제로 그가 두려워해야 할 대상이었다. '시민사회'로 가는 방안으로 계획된 지식계급과의 다양한 만남에서 흐루쇼프가 냉정을 잃고 근대 예술품을 '개똥'이라고 비난하고, 조각가 에른스트 네이즈베스트니를 '동성애자'라고 부르고, 옙투셴코와 아귀다툼을 벌였을 때 정치국 동료들은 움찔했다. 보안경찰의 관찰에 따르면, 하층민들은 흐루쇼프에 대해 상스러운 대화를 나누었고, 농담과 욕설을 유례 없을 정도로 많이 퍼부었다. 몇 가지 예를 들면 '옥수수 행상꾼' '코미디언' '사기꾼' '강탈자' '차르 니키타' '트로츠키파' 등이다.

두 사건이 그의 정치적 생명을 끝내버렸다. 첫 번째는 1962년 여름 러시아 남부 노보체르카스크에서 발생한 노동자 파업이었다. 이 파업의 직접적인 원인은 생산 할당량 증가 때문이었는데, 공교롭게도 그 시기에 고기와 버터 가격 폭등으로 주민들이 분노하고 있었다. 이 사건이 다른 나라에서 다른 시기에 일어났다면 다소 지루한 뉴스거리였을 것이다. 하지만 당시 소련에서는 파업과 폭동이 거의 일어나지 않았기에(1956년 트빌리시에서는 매우 드문 현상이었다) 이 사건은 충격으로 다가왔고, 지역 지도자들은 형편없이 대응했다. 군대가 노보체르카스크 당 위원회 건물 밖에서 시위를 하던 사람들에게 발포하여 최소 24명이 사망했다.

설상가상으로 1962년 11월 쿠바 미사일 위기가 발생했다. 피델 카스트로의 친소비에트 정부는 미국의 무서운 공격에 대응하기 위해 소련에 군사 지원을 요청했다. 흐루쇼프는 비밀리에 비축량이 얼마 되지 않던 대륙간 핵탄두 미사일을 보냈다(소련이 쿠바에 보낸 것은 대륙간탄도미사일ICBM이 아니라, 중거리미사일MRBM과 준중거리미사일IRBM이었다 – 옮긴이). 그는 전쟁을 시작할 계획이 아니라 미국의 군사행동을 막으려던 것이었다. 미국인들에게 "적의 미사일이 자신을 겨누고 있다는 사실(그는 터키에 배치된 미국 미사일을 생각했다)이 어떤 느낌인지 보여주고 (…) 같은 방식으로 복수하려고 했다". 케네디 미국 대통령은 엄포를 놓으면서 흐루쇼프가 물러나서 미사일을 제거하지 않으면 핵전쟁이 벌어질 것이라고 위협했고, 긴장된 대치가 이어지다가 결국 흐루쇼프가 받아들였다. 공포에 질린 세계인들이 보기에, 초강대국 간의 경쟁으로 세계가 대재앙의 직전까지 간 것 같았다. 흐루쇼프의 정치국 동료들도 똑같은 반응을 보였다. 대치 국면에서 소련이 양보했다는 굴욕과, 무엇보다도 흐루쇼프가 소련을 혼란 상태에 빠뜨린 것에 대해 분노를 느꼈다.

1964년 4월 흐루쇼프의 70번째 생일에는 그에 대한 대중의 숭배가 열렬했다. 하지만 이때 그의 동료들은 완전히 그에게 질린 상태였다. 흐루쇼프의 피후견인이며, 미개척지 개간 운동 때 카자흐스탄 당 위원회를 이끌었고, 모스크바로 돌아와 정치국원으로 선출되어 당의 제2서기가 된 레오니트 브레즈네프가 주도권을 잡았다. 그는 흐루쇼프의 해임을 지지하도록 정치국원들을 조용히 설득했다. 핵심 일원이었던 KGB(국가보안위원회)의 블라디미르 세미차스트니가 만일의 사태를 대비해 흐루쇼프의 개인 경호원들을 교체했지만 불필요한 조치였다. 10월 이틀간의 토론에서 그의 동지적 협력 부재와 판단 실수를 동료들이 비판하자, 흐루쇼프는 깜짝 놀라며 어설프게 반박했다. 그는 정치국원들의 만장일치로 완전히 민주적인 절차에 따라 직책에서 해임당했다.

흐루쇼프는 퇴임한 지도자로서는 처음으로 퇴임 후 7년 동안 여생을 연금생활자로 모스크바에서 살았으며, 의기소침한 시기를 보낸 후 회고록을 구술하기 시작했다. 트로츠키가 그전에 회고록을 썼기 때문에 이것이 처음은 아니었다. 흐루쇼프는 트로츠키와 달리 충성스러운 태도를 유지하면서 국가 비밀을 누설하지 않도

모스크바 노보데비치 수녀원에 있는 흐루쇼프 묘.
흉상은 에른스트 네이즈베스트니가 조각한 것이다.

록 신중을 기했다. 하지만 동료들에 대해서는 솔직하고 종종 우스꽝스러운 언급을 했다. 그의 전 연설비서 표도르 부를라츠키가 나중에 언급했듯이, 흐루쇼프 말년에는 정치에 대한 과도한 자신감이 사라졌고, 농민다운 상식과 호기심도 없어졌다. 이 당시는 여전히 소비에트 시대였으므로 그의 회고록이 소련에서는 출판될 수 없을 것이 분명했다. 회고록 원고는 몰래 해외로 반출되어 미국에서 출판되었고 국제적인 베스트셀러가 되었다. 소련 정치인들은 흐루쇼프가 은퇴한 뒤 그를 피했으나 뜻밖에도 그는 방문을 두려워하지 않는 몇몇 미술가·작가와 친분을 맺었다. 그들 중 한 명은 1962년 흐루쇼프에게 경멸받았던 네이즈베스트니였다. 모스크바 노보데비치 수녀원 묘지에 있는 흐루쇼프 묘소에 설치된 흉상이 그의 작품이다.

브레즈네프 시대

6

정치국이 흐루쇼프를 해임한 이유가 동지적 협력 원칙 위반이었기 때문에 당연히 그를 대체할 새로운 지도력은 '집단지도체제'여야 했다. 새로 등장한 지도체제는 레오니트 브레즈네프, 알렉세이 코시긴, 니콜라이 포드고르니로 구성된 삼두체제에 의해 주도되었다. 브레즈네프는 흐루쇼프 제거 주동자로서 흐루쇼프가 떠나자 당 제1서기가 되었다(1966년부터 총서기가 되었다). 알렉세이 코시긴은 내각회의 의장이며, 우크라이나인 니콜라이 포드고르니는 소비에트 최고회의 상임위원회 의장이었다. 코시긴은 경제개혁의 기획자이며, 소비재 경제 부문 육성을 맡았기 때문에 초기부터 대중적 인지도가 높았다. 하지만 그의 정치적 명성은 1960년대 말 경제개혁과 함께 차츰 떨어졌다. 1977년 포드고르니 역시 주변부로 밀려났다. 결국 브레즈네프가 승자가 되어 당과 국가의 지도력을 차지하게 되었고, 나중에는 자신에게 스스로 (또는 동료들이) 특히 군사 분야의 영예와 훈장을 엄청나게 많이 수여했다. 브레즈네프는 약 20년 동안 장기 집권했지만 신체적·정신적 능력이 쇠퇴하면서 – 일반 대중들도 텔레비전으로 그의 허약한 모습을 볼 수 있었다 – 1982년 사망하기 전 5년 동안은 제대로 통치하지 못했다.

레오니트 브레즈네프는 1906년 우크라이나에서 러시아인 노동계급 가정에서 태어나 1930년대 초 기술자 교육을 받았다. 그 후 우크라이나 공산당의 흐루쇼프 아래서 정치 경력을 시작하여 드니프로페트로우스크·몰도바·카자흐스탄의 제1서기를 역임하고, 1956년 초 모스크바로 가서 정치국 후보위원이 되었다. 지적인 허세가 없고 신중한 실용주의자인 그는 많은 이들이 평범한 인물로 평가했다. 대중에 알려졌을 때 그는 갖가지 농담의 소재가 됐지만 그 자신도 자기에 대해 농담할 수 있는 사람이었다. 연설문 작성자가 그의 대중 연설문에 마르크스의 말을 인용하여 삽입하려고 하자, 그가 이렇게 반대한 것으로 알려졌다. "그게 무슨 의미가 있나? 레냐 브레즈네프가 마르크스를 읽었다고 누가 믿겠나?" 여기서 '레냐'(레오니트의 애칭)는 브레즈네프를 가리킨다. 정치국 동료들이 브레즈네프를 그렇게 불렀고, 그는 다른 정치국원들을 유라(유리 안드로포프), 코스티아(콘스탄틴 체르넨코), 안드리우샤(안드레이 그로미코)라고 불렀다. 블라디미르 일리치(레닌), 이오시프 비사리오노비치(스탈린), 니키타 세르게예비치(흐루쇼프)도 이런 애칭에 익숙했을 것이다.

스탈린과 흐루쇼프가 앞서 그랬듯이 브레즈네프도 동료 가운데서 최고 지위를 얻기 위해 계책을 꾸몄다. 이렇게 핵심 권력기관에서 고위직을 배제하는 과정(브레즈네프는 항상 그들을 직급이 낮은 한직으로 보내고 특전은 계속 부여했다)에서는 어떤 유혈사태도 심한 충돌도 없었다. 나중에 소수의 숭배자들이 생겼을 때, 브레즈네프는 기본적으로 흐루쇼프보다 훨씬 더 동지로서 협력하는 모습을 보여주었고 그 결과 정치국에 진정한 협력

전쟁 훈장을 받은 소련 지도자 레오니트 브레즈네프(1972년).

관계가 형성되었다. 이를테면 정기 회의와 협의, 독단적인 '무모한 계획' 금지, 집단적 의사결정, 종종 브레즈네프가 직접 마련한 사교 및 가족 간의 상호 교류 행사 등이 있었다.

그의 정치국은 공통점이 많은 집단이었다. 정치국의 절반 이상이 브레즈네프처럼 노동자 또는 농민 출신으로서 사회적 약자 우대 정책에 따라 대부분 기술 분야의 고등교육을 받은 사람들이었다. 대학을 졸업한 젊은 공산주의자들인 그들은 대숙청 이후 고속 승진 혜택을 받았다. 그들이 젊었을 때 배운 이념인 마르크스-레닌주의는 생산수단의 국가 소유를 당연한 것으로 여기고 서구 자본주의에 의구심을 갖게 했다. 나이가 거의 비슷한 그들은 국내 전선의 정부 및 당 고위직이거나 브레즈네프처럼 군대의 정치장교

로서 전쟁을 함께 겪었다.

브레즈네프 시대는 보는 관점에 따라 소련 역사상 최고의 시대이거나 아니면 가장 지루한 시대였을 것이다. 최악의 시대였다고 말하는 사람은 아무도 없다. 소련 지도자들은 특히 경제 침체의 충격이 국내에 닥치기 전인 1970년대를 만족스러워할 많은 이유가 있었다. 소련이 처음으로 미국과 군사적으로 대등한 위치에 올라 제3세계에 똑같은 영향력을 행사하던 시기였다. 소련은 주요 석유 생산국이 되었고, 국제 유가가 1970년대 후반에 2배로 올라서 소련 경제에 큰 도움이 되었다. 소련의 GNP는 절대적 기준으로도, 다른 강대국과의 상대적 기준 측면으로도 계속 성장하여 1970년대 초 미국 GNP와 가장 근접하게 되었다(미국 GNP의 3분의 1을 약간 넘는 수준이었으나, 1964년에는 5분의 1에 불과했다).

전쟁 전에는 전체 인구의 3분의 1만이 도시 지역에 살았지만 1980년대에는 인구의 3분의 2가 대도시와 중소도시에 거주했다. 실업 걱정이 없었고, 주택 임대료와 기본 식료품 가격이 낮게 유지되었다. 흐루쇼프 시절에 시작된 아파트 건설 프로그램 덕분에 각자의 침실을 갖춘 독립된 아파트에 사는 소련 가정의 비율이 10년 만에 거의 2배가 되었다. 소비자 복지 지표가 모두 상승했다. 1970년대부터 총가구의 절반이 텔레비전을 보유했고, 3분의 1은 냉장고가 있었다. 1980년대 말에는 가정마다 텔레비전과 냉장고가 있었다. 비록 극소수이긴 하지만 개인용 승용차 – 흐루쇼프라면 눈살을 찌푸릴 것이다 – 를 이용할 수 있었다. 도시 아이들뿐만 아니라 대부분의 농촌 아이들도 중등교육을 받았고, 고등교육을 받은 인구 비율은 브레즈네프 시대에 2배 이상 증가하여 10퍼센트에 근접했다. 1950년대 중반 해외 관광 목적을 위해 국경을 개방한 이래 수십만 명의 소련 시민들이 파리 또는 프라하와 사랑에 빠질 기회를 얻었다. 모든 인구 집단의 삶이 더 편안해졌는데, 특히 소도시 거주자들이 그랬던 이유는 물질적 환경이 개선되었을 뿐만 아니라 소련 체제가 무차별적인 폭압을 중단하고 선별된 대상에게만 드물게 억압 조치를 실시했기 때문이었다.

이러한 장밋빛 그림이 지속되려면 조건이 충족되어야 했다. 브레즈네프 시대가 항상 균일하지는 않았다. 가장 좋았던 시기는 1960년대 중반에서 1970년대 중반까지 첫 10년이었다. 그 이후로는 내리막길이었으며, 특히 경제 분야가 그랬다. CIA 추정에 따르면, 소련 GNP 성장률은 1960년대에 매년 약 5퍼센트에서 1970년대에는 2~3퍼센트로, 1980년대에는 2퍼센트 이하로 떨어졌다. 고유가가 이 문제를 은폐하는 데 도움이 되었지만 고유가는 계속 유지되지 않았다. 1960년대와 1970년대 초 생활수준이 향상된 덕분에 기대감이 커졌고, 이는 서구 사회의 생활수준을 알게 될수록 촉진되었다. 그 결과 소비자들의 실망이 점점 커졌다. 소련의 고질적 문제였던 알코올중독이 놀랄 정도로 증가했고, 폭음과 의심스러운 자가 양조 주류의 소비 증가로 1970년대 알코올중독 사망자가 2배로 늘었다. 소비에트 시기 내내 꾸준히 증가했던 남성의 기대수명이 주로 알코올중독 탓에 1960년대 중반부터 줄기 시작했다

〈보드카 전문가〉. 1980년대 중반 쿠크리닉시가 그린 포스터는 만취한 노동자가 의식을 잃고 선반 기계에 기대어 있는 모습을 보여준다.

(여성의 기대수명은 영향을 받지 않았다). 남성의 기대수명은 1965년 64세에서 1980년에 61세로 줄었다. 하지만 같은 기간 미국 남성의 기대수명은 67세에서 70세로 증가했다.

때로 성공한 것에서도 부정적인 측면이 나타났다. 교육 기회 확대로 인해 잠재적으로 우려스러울 정도의 세대 차이가 발생했다. 1980년대 말 20대 인구의 90퍼센트 이상이 중등교육 또는 고등교육을 받았지만 50대 인구는 40퍼센트 이하만 받았다. 하지만 국정을 운영하는 사람들은 50대였다. 미국 교수들이 1970년대 망명자들을 대상으로 실시한 인터뷰 프로젝트 결과와 1940년대 말 전후 하버드대 인터뷰 프로젝트 결과를 비교한 뒤 1970년대의 젊은 인터뷰 참여자들이 나이 든 참여자보다 소련에 대한 정체성이 약하다는 사실을 발견했다. 연장자들이 안정 상태로 좋게 받아들였던 것이 젊은 사람들에게는 '경직 상태'(당시 서구 학자들에게 매우 익숙한 용어를 사용하자면)이거나, '정체 상태'(고르바초프 후기의 특성)에 더 가깝게 보였을 수도 있었다. "묘지는 너무나 평화롭고… 모든 게 교양 있고 품위 있네… 큰 축복이라네"는 당시 비공식 모임에서 시인이 기타를 치며 부르던 노래(〈묘지에서Na kladbishche〉)의 풍자적인 후렴구였다.

경제

장기적으로 최대 문제는 경제 시스템이었다. 중앙집중적인 계획경제, 생산량 목표제, 행정의 강력한 중앙집중화는 1930년대 경제 도약 방식으로 상당히 성공적이었다. 이 제도들은 1940년대 전시경제 체제로서도 탁월한 능력을 발휘했으며, 전쟁 후 산업과 인프라 시설을 훌륭하게 재건했다. 하지만 그것들은 1960년대 소련에 필요했던 복잡한 현대적 경제에는 매우 부적절했다. 소련 제도는 혁신이 이루어지기 어려웠다. 세계의 기술변화 속도가 빨라지자 소련은 뒤처지기 시작했다. 외국 기술 수입 – 1966년 볼가 지역 돌리아티에서 자동차 공장을 짓기로 피아트와 계약한 것이 한 예다 – 으로 그 격차를 부분적으로 메웠다. 산업 분야마다 효율성 격차가 심했으며 군사와 우주 산업 분야 효율성은 최고 수준이었다. 산업에 대한 자본투자 생산성은 세계 기준보다 매우 낮았으며, 산업·농업 분야 노동 생산성은 훨씬 더 나빴다. 농업 생산량은 1964년 이후 10년 동안 증가했지만 그 후로는 다소 침체했고, 노동자가 임금을 받는 집단농장과 국영 농장의 생산성은 모두 낮았다. 집단농장 모델을 대규모 국영 농장으로 부분적으로 바꾸어 – 흐루쇼프의 카자흐스탄 미개척지 개간 프로그램이 대표적인 예다 – 재배 면적이 증가했지만 생산성 문제는 해결하지 못했다.

개혁 성향 경제학자들의 조언을 들은 코시긴은 1960년대 중반 계획경제에 시장경제 요소들을 도입하려 시도했다. 대표적인 예를 들면, 기업 생산성 지표가 생산량에서 매출액(수익)으로 바뀌었다. 이와 같은 정책은 1920년대 소련의 시장경제였던 신경제정책NEP을 상기시키려는 신경제 메커니즘NEM에 따라 헝가리에서 상당한 성공을 거두었다. 하지만 중앙계획 시스템이 깊이 고착된 소련의 개혁 노력은 주로 산업 관리자들의 저항 때문에 실패했다. 기업들은 총생산량 기준의 평가 방식에 익숙했다. 따라서 그들에게는 품질을 개선하거나 수요에 대응하려는 동기가 전혀 없었다. 1970년대 후반기부터 경제성장 지표가 떨어지기 시작하자 모든 사람이 문제가 있다는 점을 인정했지만 브레즈네프 지도부는 아무런 해결책을 제시하지 않았다. 아마 더 급진적이고 전면적인 대책이 필요했겠지만 뭐하러 평지풍파를 일으키겠는가? 특히 소련이 엄청난 산유국이고 유가가 고공 행진하는 상황에서 말이다.

소련 계획경제의 지저분한 비밀 중 하나는 경제 기능이 암시장에 의존했다는 점이다. 암시장은 완전히 불법은 아니었고, 재화를 생산자에게서 소비자로 유통하는 역할을 했다. 산업 생산 기업들은 이 시장에 참여하여 대리인들을 이용해 필요한 원재료를 얻기 위해 계약했으며 일반 시민들도 마찬가지였다. 적절한 위치에 있는 친구들이 필요한 제품과 서비스를 불법적으로 얻도록 도와주었다. 때로 이런 거래를 위해 여러 사람의 손을 거쳐 돈이 전달되었고, 상호 간의 지속적인 호의가 주요 통화로 사용되었다. 소련에서는 '연줄blat'이란 용어가 사용되었으며, 이것은 중국의 **'꽌시guanxi'**(인맥)에 해당하는 말이었다. 서구의 소련학자들은 이것을 '2

차 경제'라고 불렀다. 이는 1920년대 말부터 존재했지만 서구에는 대부분 알려지지 않았다. 이것은 신경제정책이 끝난 뒤 비공식적으로 민간 경제 부분이 유지되었다는 의미였다. 하지만 민간 경제의 불법성 때문에 부패(희소한 재화에 접근하기 위해 공무원에게 뇌물과 호의를 제공했다)와 범죄(2차 경제에서 판매되는 재화는 대부분 1차 경제에서 훔친 것이었다)에 깊이 연루되었다.

브레즈네프 시기에 기본적인 재화를 합법적으로 이용하는 방법이 개선되었다. 하지만 그 과정에서 소비자들은 필수재가 **아닌** 다양한 재화에 맛을 들였고, 이런 기호품들은 항상 공급이 부족했다. 유용한 인맥을 만드는 것과 별도로, 새로운 중산층들은 대기줄의 맨 앞에 서는 다양한 방법을 갖고 있었다. 지역 엘리트들은 그들만을 위한 비공개 상점과 병원을 계속 요구하여 중앙정부로부터 승인 또는 거부당했다. 점차 고위 공무원은 물론 엘리트 지위에 오른 작가, 물리학자, 스포츠 선수 등을 위한 시설이 크게 증가했다. 가정에서 소규모로 운영되는 개인 기업들(의료 가공업, 전기 공사, 자동차 수리)이 별도로 노동자를 고용하지 않는 한 합법적으로 많이 운영되었다. 소련에서는 국가 재산을 개인이 전용하는 것은 절도와 전혀 다르다고 여기는 오랜 관습이 있었다. 그러나 이제는 국가 건설 현장에서 블록이나 파이프를 집어 가는 수준이 아니라 관용 리무진에서 연료를 빼 개인 승용차에 넣는 지경이 되었다.

1966년 제23차 당대회에서 브레즈네프는 '간부에 대한 신뢰'라는 슬로건을 내걸었다. 이것은 중앙정부의 자유방임 정책을 나타

K. 네블러와 M. 우샤츠는 1979년에 발표한 만화에서 "누가 이길까?"라는 프롤레타리아와 부르주아 간의 계급 전쟁에 관한 레닌의 슬로건을 풍자적으로 이용해 경쟁적인 소비 풍조를 표현했다.

내는 것으로, 이에 따라 지역과 지구의 지도자들은 전반적으로 자율적인 통치가 가능해졌고 강등되는 일도 드물어졌다. 만일 강등된다 해도 심각한 처벌은 받지 않았다. 이런 정책은 관료 사회의 안정성을 보장했지만 통치 엘리트들의 부패를 부추겼다. 이런 부패는 중앙아시아와 코카서스 지역의 공화국에서 특히 현저하게 나타났다.

국제 문제

이전의 모든 소련 지도체제가 그랬듯이 브레즈네프 지도체제는 평화를 위한 노력을 공언했지만, 전임자들보다 대규모 전쟁을 덜 싫어한다고 생각할 이유는 없었다. 오히려 이전 정부보다 군사비 지출 규모가 훨씬 더 컸다. 1985년 소련의 군 병력은 약 600만 명으로, 1960년의 2배이며 세계 최대 규모였다. 국방부장관 안드레이 그레치코 원수는 1973년부터 정치국원이었다. 그는 주코프 외에 유일하게 군인으로서 1950년대 중반에 잠시 이 정치국원직을 유지했다. 군이 당에 종속되는 오랜 관계가 기본적으로는 바뀌지 않았지만 브레즈네프는 군부와 잘 지내면서 대체로 군부가 원하는 것을 주었다.

흐루쇼프 이후 지도체제는 긴장된 국제 상황을 물려받았다. 중거리 핵미사일이 설치된 미국 기지가 소련 주변에 만들어지고, 미국 정치인들은 '미사일 격차'가 소련에 유리하다는 불안감을 표현했다(하지만 공포의 균형 측면에서는 미국이 확실히 유리했다). 베를린은 여전히 화약고였고, 쿠바 미사일 위기 속에서 제3차 세계대전 발발을 가까스로 피했다. 쿠바에서 굴욕적으로 양보한 일에 대한 대응으로 소련 군부는 미국과 맞서고 미래에 소련 동맹국들을 보호하기 위해 대폭적인 군 전력 증강이 필요하다고 주장했다. 정치국에서 '총 대 버터' 논쟁이 이어진 끝에 총이 이겼다. 1960년대 중반 미국은 베트남 남부의 부실한 반공 정부를 지원하기 위해 갑자기 베트남전쟁에 개입했다. 1965년 소련이 호치민의 북베트남을 군사적으로 지원하자 양국 간의 긴장이 고조되었다. 미국은 베트남이 공산화되면 식민지에서 벗어난 다른 불안정한 국가들도 '도미노'처럼 공산화될 것이라고 주장했다.

중국과 소련의 갈등 이후 이제 세계 공산주의에서 소련의 주도권은 더 이상 기정사실이 아니었다. 소련과 중국은 모두 북베트남을 지원했지만 중국 – 중국은 1971년 유엔 안전보장이사회 이사국이 되면서 국제적 지위를 인정받았다 – 은 제3세계에서 자국의 어젠다를 명확히 했고, 미국만큼이나 소련과도 자주 경쟁했다. 1969년 영유권 갈등으로 인한 소련과 중국의 긴장은 우수리강 국경 지역에서 무력 충돌을 일으켰다. 1970년대 중반, 중국은 소련을 두고 제3세계의 '제국주의적' 강대국이며 두 제국주의적 초강대국 가운데서 더 위험한 국가라고 말했다.

동유럽은 냉전의 긴장이 더 악화되었다. 미국, 구체적으로 말하면 미국 내 민족주의 로비단체가 소련과 유사한 국가체제를 불법으로 간주했고 동유럽 국가의 국민도 비슷한 시각을 갖고 있었기 때문이었다. 헝가리는 반대 의사를 표출했다가 1956년 진압당했고, 같은 해에 폴란드에서도 비슷한 소규모 사태가 발생했다. 1960년대 말 소련 블록 가운데 역사적으로 가장 친사회주의·친소련 노선을 따르던 체코슬로바키아에서 문제가 발생했다. 1968년 개혁적인 공산주의 지도자 알렉산드르 둡체크가 '인간의 얼굴을 한 사회주의'(당과 경찰의 지배를 축소한다는 의미)를 도입하려고 하자 소련은 탱크를 보냈다. 이 조치는 소련 국내(모스크바와 레닌그라드의 많은 지식인들을 깜짝 놀라게 했다)와 동유럽에서 격렬한 반발을 불러일으켰고, 미국과 소련 관계에도 악영향을 미쳤다. 새로운 '브레즈네프 독트린'은 사회주의가 위협받으면 언제나 '사회주의'를 구하기 위해 개입할 수 있다고 선언했다. 이것은 결국 소련 블록 안에 있는 모든 국가가 그 안에 머물러야 한다는 뜻이었다. 체코인들은 1956년의 헝가리인들과 달리 소련 블록을 떠나거나 사회주의를 포기하려고 시도하지 않았기 때문에 – 하지만 체코의 개혁이 실행되었다면 나중에 생각이 바뀌었을 수도 있다 – 이 독트린이 특히 체코인들의 심기를 불편하게 했다.

브레즈네프 체제하에서 군사력 증강은 계속되었지만 한편으로는 데탕트, 냉전 긴장 완화, 미국과의 고위급 접촉 확대, 상호 무기 통제 협정 체결을 추구했다. 1970년대 초 이런 방향으로 약간 진척이 있었다. 1971년 베를린에서 협정이 체결되었고, 다음 해 전략무기 제한협정SALT I 이 조인되었다. 소련의 미국연구소 소장

소련 외교 정책 전문가이자 데탕트 주창자 게오르기 아르바토프(왼쪽)와
미국인 소련학자 세베린 비알러.

이자 흐루쇼프 자문가 중 한 사람인 정중한 게오르기 아르바토프는 미국에서 친숙한 인물이 되었으며, 데탕트 문제를 안보 전문가와 텔레비전을 통해 미국 대중에게 짚어주었다. 하지만 미국과 소련은 서로에 대한 적대감과 의구심이 깊었고, 미국이 베트남에서 굴욕적으로 철수한 뒤인 1970년대 하반기에 데탕트는 중단되었다. 그때부터 소련은 제3세계에 대한 영향력을 두고 미국과 적극적으로 경쟁했으며, 소련은 베트남 해방운동을 지원한 것으로 위신이 올라갔다. 그리고 소련은 아프리카, 중동, 중앙아시아의 친미 정권에 도전하는 반식민 민족주의 무장세력을 지원했다. 이러한

지정학적 경쟁을 벌이는 양측에 여러 문제가 발생했다. 소련의 경우 이스라엘이 1967년 아랍 국가들(이집트, 시리아, 요르단)을 상대로 6일전쟁에서 승리한 것이고, 미국의 경우 1979년 급진적인 무슬림에 의해 미국의 지원을 받는 이란 왕정체제가 무너진 것이었다.

6일전쟁은 소련으로서는 외교적 패배였을 뿐만 아니라 국내적으로도 소련 유대인 사이에 자부심과 친이스라엘 민족주의를 자극하여 새로운 국내 문제를 유발했다. 이것은 '시온주의'에 대한 탄압과 유대 문화생활에 대한 새로운 규제로 이어졌고, 이에 대한 반발로 유대인이 이민을 떠날 권리를 주장하는 국제 캠페인이 활발하게 벌어졌다. 유대인이 소련에서 이주하는 문제는 인권 이슈가 되어 유엔과 미국 의회의 의제로 채택됐으며, 1974년 처벌 내용이 포함된 잭슨-배닉의 미국 무역법 개정안이 통과되었다. 소련 지도자들은 곤경에 처했다. 유대인만 제외하고 **모든 사람**에게 이민의 권리가 있다는 이민 정책이 정당하다고 주장할 수는 없었기 때문이었다. 결국 1971~81년에 23만6000명의 유대인이 소련을 떠나(소련의 반유대주의 관점에서 볼 때 유대인의 특권을 보여주는 또 하나의 사례), 그중 절반 이상이 이스라엘에, 또 다른 많은 수가 미국에 정착했다. 하지만 관료주의적 지연과 고등교육을 받으러 떠나는 해외 유학생들에게 매기는 높은 출국세로 인해 유대인 이민 허용으로 소련이 국제사회의 신뢰를 얻기보다 유대인 이민에 대한 소련의 공감 부재가 크게 부각되는 결과를 낳았다.

1980년대 초, 대외 홍보 관련 문제가 더 많이 발생했다. 폴란드 자유노조운동Solidarity Movement이 발생하여 동유럽 공산주의 통치에 또 다른 위협이 되었다. 당시 폴란드 정부는 자체적으로 계엄령을 선포했으며 소련은 군대를 파견하지 않고 손을 뗐다. 아프가니스탄 내전에서 친소 세력을 옹호하기 위한 소련의 잘못된 개입은 아마 초강대국은 합리적인 비용과 편익 분석을 초월해 행동해야 한다는 브레즈네프의 지도 사상 탓이 클 것이다. 미국이 베트남에서 그랬듯이 소련은 많은 인명을 희생한 대가로 아무것도 이루지 못했고, 결국 어쩔 수 없이 굴욕적인 철수(고르바초프 통치 시기)를 해야 했다. 대중의 반감은 미국의 경우보다 낮았지만 소련군의 사기는 비슷하게 손상됐고, 그 이후 사기가 떨어지고 불만이 가득한 아프가니스탄 참전용사들로 인한 문제는 미국의 베트남 참전용사로 인한 문제보다 훨씬 더 심각했을 것이다.

아프가니스탄 철수에도 불구하고 브레즈네프의 소련은 다른 초강대국인 미국의 심각한 사회불안을 피한 것을 자축할 수 있었다. 미국은 1960년대에 지속적인 학생운동과 민권운동 소요 사태, 베트남 전쟁 반대 운동, 블랙팬서Black Panthers 운동, 워터게이트 사건 등으로 미국 정부의 합법성 위기가 요동쳤다. 워터게이트 사건으로 결국 닉슨 대통령은 탄핵되었고 1974년 8월 스스로 사임했다. 고맙게도 소련의 소수민족들은 미국 흑인들처럼 분노하거나 반항하지 않았고, 소련 청년들은 미국의 경우처럼 연장자들과의 관계가 소원하지도, 사회적 예의를 무시하지도 않았다. 브레즈네프와 많은 소련 시민들은 분명 이렇게 생각했을 것이다. 미국인들은 근교 저택에 멋진 자동차를 소유하고 더블 마티니를 마시면서 왜 불평하는 걸까?

소비에트연방의 공화국들

소련이 미국처럼 소수민족과 관련된 문제를 겪지 않았다는 것은 확실하다. 민족 갈등은 비교적 드물었고, 설령 일어나더라도 러시아인이 연루되기보다는 두 소수민족 간에 벌어지거나, 중앙아시아나 코카서스 지역의 공화국들에서 소수민족과 명목상의 다수 민족 간에 벌어질 가능성이 있었다. 카자흐스탄을 비롯한 1940년대의 민족 강제이주가 문제를 일으켰다. 새로운 이주자들 못지않게 카자흐스탄공화국 지도자들도 새로운 이주자들의 정착을 불만스러워했다. 흐루쇼프의 비밀 연설 이후 '추방당한 사람들' 가운데 일부가 고향으로 귀환할 수 있게 되자 더 많은 문제가 발생했다. 귀환자들의 고향을 다른 낯선 자들이 차지하고 있었던 것이다. 발트 지역 공화국들은 1939년 소련에 편입된 것에 분노했고 – 그들의 관점에서 '동방'은 문화적으로 열등한 국가였다 – 그 이후 두 전쟁 시기 사이에 주권을 잃었다. 이 지역 전체에 강력하지만 수동적인 반러시아 감정이 지속되었고, 리투아니아에서는 가톨릭 교회를 중심으로 펼쳐진 민족주의적 저항운동이 1970년대 초부터 지하에 존재했다.

공화국들은 점차 현지인들이 지도부를 이루고 토착민 엘리트

페레야슬라프 조약에 의한 '우크라이나와 러시아의 연합' 325주년을
기념하는 유리 체레파노프의 1979년 만화 작품은
두 민족 간의 우정을 축하하는 모습을 묘사한다.

의 지지를 결집하면서 민족적인(중앙아시아에서는 세속화된 이슬람 문화) 색깔을 드러냈다. 카자흐인 딘무하메트 쿠나예프가 1964년 10월 카자흐스탄공화국 제1서기로 임명된 뒤(미개척지 개간 운동 기간 브레즈네프를 비롯해 러시아인과 우크라이나인이 제1서기에 연이어 임명된 후) 카자흐스탄 공산당의 카자흐인 출신 당원이 2년 만에 2배 증가했다. 이전처럼 슬라브인 제2서기가 공화국에서 모스크바의 눈과 귀 역할을 수행했지만, 쿠나예프와 볼로디미르 셰르비츠키가 정식 정치국원이 되고 아제르바이잔·조지아·우즈베키스탄·벨라루스의 제1서기가 후보위원이 된 브레즈네프 시기에는 이런 지역의 제2서기 지위가 확실히 낮아졌다. 모스크바의 투자를 유치하기 위해 활발하게(경쟁적으로) 로비를 벌였던 각 공화국 지도자들은 자원의 경제적 흐름 측면에서 대부분 완전한 수혜자들이었다. 소련에서 가장 발전한 지역이자 1인당 소득이 가장 높았던 발트 지역은 예외적으로 러시아공화국·우크라이나공화국과 함께 아직 개발되지 않은 공화국들에 보조금을 지원했다.

공식적인 장기 계획은 민족 간 차이를 좁히는 것이었지만, 그런 현상이 일어나는 조짐은 거의 없었다. 오히려 모스크바의 암묵적인 동의에 따라 공화국들은 민족적 특수성을 조용히 주장하고 강화했다. 설문조사에서 소련 시민들은 타민족 관용 정책을 강하게 지지했지만 실제로는 동족 간 또는 적어도 비슷한 민족(러시아인과 벨라루스인, 우즈벡인과 타지크인) 간의 결혼을 강하게 선호했다. 다른 민족 간 결혼 비율은 낮았는데, 고국 밖에서 함께 사는 사람들

간에 종종 이루어졌다. 인구학자들은 소련의 무슬림 지역(중앙아시아 공화국들과 아제르바이잔)이 역사적으로 기독교 지역(러시아, 우크라이나, 벨라루스, 아르메니아, 조지아)보다 출생률이 크게 높다는 사실을 고려하여 미래에는 슬라브인이 소수민족이 될 것으로 예상했다.

브레즈네프 시대의 중요한 민족 문제는 러시아 민족 문제였을 것이다. 러시아어는 소련의 공용어였고 모스크바가 소련의 수도였지만, 러시아인들은 전통적으로 민족문화를 드러내거나 민족 자부심이나 문화 육성을 거의 장려하지 않았던 민족이다. 유사 민족주의적 흐름이 발전했던 문학계도 주로 러시아 농촌 마을에 초점을 맞추었고, 사회 영역에서는 역사적인 기념물을 보존하고 산업에 의한 환경 파괴와 싸우는 새로운 운동이 뚜렷한 민족주의적 색채를 띠었다(러시아주의 작가 발렌틴 라스푸틴은 시베리아 바이칼 호수 보존 운동에 깊이 참여한 사람이었다). 고르바초프의 조언자 알렉산드르 야코블레프는 1970년대 초 당 중앙위원회 관료 조직 내에서 러시아 민족주의 동조자들을 비판했다가 곤경에 처했다. 정치국 내에 그들을 후원하는 사람들이 있다는 소문이 돌았다. 비슬라브 지역, 특히 중앙아시아에서 토착민 승진 지원 정책으로 현지 러시아인 거주자들이 손해를 보자 불만이 싹텄다. 러시아인들은 소련의 미개발 지역에 우월한 문명을 전파할 사명을 수행한다는 의식을 갖고 있었지만, 자신이 속한 공화국이 자국 시민을 희생하고 더 약한 공화국을 지원한다는 인식을 갖게 되자 분노했다. 간단히 말해, 비슬라브 공화국들은 러시아에 자산이 아니라 부담이었다.

소련 슬라브 지역의 세대 차이는 동시대 미국보다 덜 극적이었지만 어떤 면에서는 비슷했다. 소련에도 '1960년대' 세대가 존재했다. 그들은 새 카세트를 이용해 비틀스 노래 테이프를 듣고, 동유럽에서 생산한 청바지를 입었으며, 강제노동수용소 전문용어로 자신들의 어휘를 더 재미있게 만들고, 기타를 치며 블라디미르 비소츠키의 노래를 부르고, 외국 라디오방송(더 보이스The Voices)을 청취했다. 1970년대에는 정부의 온건한 반감에도 불구하고 록 음악이 큰 주목을 받아 콤소몰 서클에서도 흥행했다. 진정한 공산주의 신봉자들이 더욱 우려한 것은 전쟁 전 세대에 비해 젊은 세대가 정치적 수동성을 보인다는 점이었을 것이다. 참여자이자 관찰자인 알렉세이 유르차크가 묘사하듯이, 1970년대와 80년대의 청년들은 공식적인 언어와 의식을 받아들였고 유창하게 사용했지만 그들의 '실제' 삶은 공공 영역이 거의 영향을 미치지 않는 사적 영역에서 이루어진다고 여겼다. 소련 기준에서 보면 그들의 교육 수준은 대단히 높았고, 완전 고용이 달성되어 구직을 염려할 필요가 없었다. 하지만 대학 졸업자들은 직장이 모스크바로 배치될지 오지로 가게 될지 크게 우려했다.

소련 시민의 일상생활

"우리는 일하는 척하고 그들은 우리에게 임금을 주는 척한다"라는 농담은 소련이 아니라 서구 언론인들에게서 더 유행했다. 하지만 소련이 붕괴했을 때 소련 시민들이 깨달았듯이 소련의 직장은 낮은 생산성에 관대한 것 이상의 여러 장점이 있었다. 특별한 사내 상점과 뷔페를 갖춘 직장은 직원들이 희귀한 물품을 구할 수 있는 장소(그 수준은 공장, 산업 분야 또는 정부 부처의 지위와 위세에 따라 달랐다)이며 동지애를 나누는 공간이었다. 여자들은 직장 동료와 함께 케이크와 차를 먹고 마시며 즐거운 시간을 보냈다. 남자들은 계단참에서 함께 담배를 피우거나 보드카를 마셨다. 경제학자들이 노동 생산성 대신 직장에서 느끼는 행복 수준을 측정했다면 더 나은 결과가 나왔을 것이다.

브레즈네프 시대는 평범한 소련 시민들에게 좋은 시기였다. 그때는 소비에트 통치 초창기부터 약속했던 보편적인 '복지국가'로서 보장이 충분히 실현된 시기였다. 1956년에 처음 도입된 최저임금이 인상되었고, 소련 시민들은 남자는 60세, 여자는 55세부터 인상된 연금을 받을 수 있었다. 이전에는 임금 소득자로만 한정됐던 복지수당이 집단농장으로 확대되었다. 최근 발전한 국가로서는 놀랍게도 사회적 격차가 줄어들었고, 전반적으로 평등주의 분위기가 널리 확산되었다. 서구는 이런 점을 간과했고, 논평가들은 사회주의 체제하에서 불평등이 발생하고 지배층이 여러 특권을 누린다는 사실을 중요하게 다뤘다. 물론 불평등이 있었고, 소련은 불평등이 없는 것처럼 보이려고 노력했다. 하지만 국제적으로 비교할 때 불평등은 상대적으로 적었고 확대되는 추세도 아니었다.

소련의 중산층은 특권이 너무 많은 것이 아니라 너무 적었으며,

그 수는 놀라울 정도로 증가했다. 1941년에는 고등 또는 중등교육을 받은 사람이 240만 명이었고, 1960년에는 이 숫자가 800만 명까지 증가했다. 1980년대 말에는 3200만 명이 되었다. 이들 중 다수는 당연한 일이겠지만 공산당에 가입했으며 공산당원은 계속 증가하여 1976년 1600만 명에 근접했다. 이 사람들이 소중하게 여기고 바랐던 특권은 시골 별장, 도시 지역의 소형 아파트, 성인이 된 자녀를 위해 '조합 아파트'를 취득할 기회, 외국 여행, 외국산 사치품과 자동차를 구입할 기회 등이었다. 이런 귀한 물건들은 충분하지 않았고, 그것을 구매할 만한 월급과 지위를 제공하는 일자리도 충분하지 않았다. 사무직으로 일하는 많은 고등학교 졸업자는 월급으로 500루블을 받았지만 생산직 노동자는 300루블을 받았다. 전후에 전반적으로 개선되었던 생활수준이 1970년대와 1980년대에 침체하자, 이전 수십 년 동안 기대감이 극적으로 상승했던 사람들 사이에 은연중에 불만이 쌓이는 충분한 기반이 형성되었다.

지식인들 사이에는 불안 의식이 생기고 흐루쇼프 시대의 의기양양한 낙관주의가 사라졌다. 1968년 체코슬로바키아 개입이 중요한 분수령이 되었다. 정신적 지도력에 대한 지식인들의 희망은 무참히 깨졌고, 그들은 사회가 점점 물질주의화 된다고 느꼈다. 물질적 열망을 가진 사람들도 좌절감을 느꼈다. 미국인 관찰자 존 부시넬의 진단에 따르면, 소련 시민들은 염세주의자가 되어 불라트 오쿠자바의 슬픈 노래를 듣고, 시민을 위한 정치문학 수업에서 정치적으로 다소 위험하고 자조적인 농담을 말했다.

질문자: 달에 생명체가 있나요?

강사: 없습니다. 동지, 소련 우주비행사가 달에서 생명체의 흔적을 발견하지 못했습니다.

질문자: (슬픈 듯이) 그곳에도 없다고요?

이 시대의 특징이었던 개인 생활이 발전하면서 시민들의 초기 협회 활동이 생겨났다. 국가와 별도로 자연환경을 보호하고 역사적·문화적 기념물을 보존하는 일에 주로 초점을 맞춘 이런 일들은 전반적으로 '자유주의적인' 활동이었다. 비자유주의이고 잠재적으로는 민족주의적인 측면에서 전직 병사들은 마침내 참전용사협회를 만들 수 있는 허가를 힘들게 얻었다. 이 단체는 제2차 세계대전에서 싸웠고 오랫동안 정기적으로 만나 술을 마시면서 부대원들과 비공식적인 접촉을 유지해온 남자들에게 매우 중요했다.

흐루쇼프 시대에 번성했던 '두꺼운 잡지'들은 여전히 흔했지만 대부분의 잡지는 편집자 교체와 정치적인 내용, 특히 반스탈린 내용에서 더 많은 제한을 감내해야 했다. 〈노비 미르〉의 보수적인 경쟁자인 〈옥티아브르Oktiabr〉는 브세볼로드 코체토프의 '그러면 당신은 무엇을 원하는가?'라는 글로 악명을 얻었다. 이 글은 스탈린주의에 대한 향수 속에서 부패한 서구 영향을 공격했다. 이 '두꺼운 잡지'에 맞서 성장하는 경쟁자는 〈**사미즈다트**Samizdat〉였다. 〈사미즈다트〉는 자가 출판이어서 검열을 받지 않았고, 정치·종교·요가에 이르기까지 다양하고 민감한 주제를 다룬 원고들을 타자기로 작성하여 개인을 통해 배포했다. 더 작은 유사 잡지인 〈**타미즈다트** tamizdat〉(러시아에서 'tam'은 '저곳'을 뜻하며, 〈타미즈다트〉는 외국에서 출간된 간행물을 뜻한다 – 옮긴이)는 서구에서 반입한 금서를 유통했다.

1980년대 여성 교육율과 노동참여율은 굉장했다. 여성 임금소득자는 1960년 2000만 명에서 1989년 약 6000만 명으로 3배로 증가했으며, 전체 노동력 가운데 50.6퍼센트를 차지했다. 1979년에 소련의 10세 이상 인구 가운데 여성의 60퍼센트가 중등 또는 고등교육을 받았고(남성은 69퍼센트였다), 역사적으로 여성이 가장 불우했던 공화국 중 하나인 우즈베키스탄도 똑같이 높은 비율을 보였다. 이전보다 공산당에 가입하는 여성이 훨씬 더 많아지면서 1976년 전체 당원의 25퍼센트, 1990년에는 30퍼센트를 차지했다. 하지만 나탈리야 바란스카야가 〈노비 미르〉에 발표한 중편소설 '여느 때와 똑같은 한 주A Week like any Other'에서 생생하게 묘사했듯이 정규직 업무와 장보기, 가사일, 자녀 양육(모두 '여성의 일')이 여성들에게 이중으로 부담을 주었다. 이 소설에서는 피임약을 사용할 수 없어 발생하는 문제는 명시적으로 언급하지 않았지만 고상한 척하는 검열관을 결코 통과하지 못했을 것이다. 국가가 탁아소와 유치원을 공급했지만 일하는 소련 여성의 삶은 함께 거주하는 **할머니**babushka 덕분에 유지될 수 있었다.

서구는 소련에 강력한 존재였으며 혐오스러운 귀신이면서도 문화적 자석이었다. 조사에 따르면, 모스크바 노동 인구의 절반이 서구 라디오방송을 들었다. 젊은 남자들은 서로를 사샤와 미샤 대신 알렉과 마이크라라고 불렀다. 1980년대에 중년 남자들은 주말에 청바지와 검은 가죽 재킷을 입고 차를 운전해(늦은 나이에 운전을 배운 탓에 즐겁고도 서툴게 운전했다) 시골 별장으로 갔다. 도널드 켄달이 펩시와 스톨리치나야 보드카를 교환하는 선구적인 무역을 한 뒤 소련인들은 이 두 가지를 번갈아 마셨다. 주방 탁자에 놓인 펩시병은 국제적인 세련미를 상징했다. 서구의 소련학계에서 한동안 '수렴 이론'에 관한 논의가 유행했다. 이것은 소련 사회가 근대화와 함께 불가피하게 더 자유롭고, 민주적이며, 개인주의적이고 다원주의적인 사회가 될 것 – 간단히 말하면 서구 사회와 비슷해질 것 – 이라는 가정하에 세워진 이론이었다. 소련인들이 주로 관심을 둔 수렴은 서구 스타일의 상품을 함께 이용하는 것이었지만 어쨌든 이 이론은 그들에게 좋게 들렸다.

반체제 인사들

소련 무대에 새로 나타난 현상인 반체제 운동은 서구와의 연결이 중요한 역할을 했다. 서구 라디오방송의 피드백과 연결된 〈사미즈다트〉 및 〈타미즈다트〉 덕분에 '이단적 사상가들inakomysliashchie'이 자기 사상을 소련 내에 유포하고 아울러 청중이자 해외 지원 그룹을 구축할 수 있었다. 이단적인 사상을 표현하려는 초기 욕구는 반드시 소련에 대한 반대를 의미하지 않았다. 하지만 풍자 작가 안드레이 시냡스키와 율리 다니엘이 1966년 해외 출간

작품으로 인해 공개 재판에 회부되어 '반소련 선전'으로 유죄를 받은 뒤 두 사람이 연합하기 시작했다. 소련의 체코슬로바키아 개입은 반체제 운동을 자극하는 또 다른 계기가 되었다. 당시 많은 지식인들이 침략에 반대하는 항의문에 서명했고 그 결과 개인 신상 서류에 검은 마크가 찍혔다.

강제노동수용소에서 형기를 마친 뒤 시냡스키에게는 프랑스 이민이 허락되었는데, 이것은 문학 분야 반체제 인사들을 다룰 때 선호하는 방법이 되었다. 하지만 일부는 자신의 비대중적인 의견을 고집하느라 다른 사람들의 지지를 거의 받지 못했으며 미친 사람으로 간주돼 정신병원으로 보내졌다. 러시아계 유대인 시인 요세프 브로드스키는 흐루쇼프의 1964년 '기생방지법anti-parasite law'에 의해 유죄 선고를 받았고, 1971년 KGB가 그에게 이민을 요구했다. 그가 이의를 제기하자 강제로 그를 비엔나행 비행기에 태워 추방했다. 알렉산드르 솔제니친의 소련 시민권이 1974년 취소되자 그는 자신의 의사와 반대로 비행기에 태워져 유럽으로 보내졌다. 소련의 국제적 평판이라는 관점에서 보면 이것은 의심스러운 전략이었다. 추방된 반체제 인사들은 순교자라는 후광과 함께 수용적인 서구 청중에게 소련에 대한 비평을 계속 발표했기 때문이다. 소련은 1967년 스탈린의 불행한 딸 스베틀라나와 무용가 루돌프 누레예프를 비롯한 널리 알려진 연이은 망명 사건으로 인해 더 심각한 당혹감을 느꼈다.

반체제 인사들의 정치적 입장은 메드베데프 쌍둥이 형제, 조레스와 로이와 같은 계몽된 공산주의자로부터 안드레이 사하로프(뛰어난 물리학자이자 과학아카데미 원사로서 1980년 볼가 유역의 고르키시로 추방되었다) 같은 자유주의자, 솔제니친과 같은 친러 보수주의자에 이르기까지 다양했다. 그들의 공통점은 인권을 주장하고 서구 미디어를 플랫폼으로 이용한 점이었다. 모스크바 주재 외국 통신원들은 반체제 인사들의 생명줄이었다. 통신원들은 그들에게 우정과 조니워커 위스키와 말보로 담배를 제공하고 그들의 작품을 몰래

반체제 예술가 우크라이나계 아르메니아인 바그리치 바흐차니안의 무히나 동상은 그가 미국으로 이주한 직후인 1974년에 제작되었다.

해외로 빼돌렸다. 그들은 반체제 인사들이 곤경에 처하면 유럽과 북미 지역 신문 1면 기사로 보도했다. CIA와 다른 서구 정보기관들도 반체제 인사들을 은밀하게 간접적으로 지원했다. 이런 지원은 반체제 인사들이 요구하지도 않았고 알지도 못하는 채 이루어졌지만 소련 매체는 이런 점을 강조했다. 당연한 일이겠지만, 그로 인해 반체제 인사들은 소련의 평범한 시민들에게 널리 이름을 알리지 못했다. 민족주의적 반체제 인사를 제외하면, 이 운동은 소련의 폭넓은 대중과 거의 접촉점이 없었다. KGB가 정기적으로 수집하는 대중 선동 보고서(주로 불손한 노래, 외설, 농담, 물품 부족과 가격 상승에 대한 불평, 지도자들에 대한 취중 비난)에 서구에 잘 알려진 반체제 인사의 이름은 거의 언급되지 않았다.

그럼에도 시간이 흐르면서 반체제 인사의 비판 내용은 1956년 흐루쇼프의 스탈린 비난에 대한 기억들과 결합되어 엘리트 계층에 의해 이해되고 확산되었다. 처음에는 젊은 세대, 그다음은 그 부모에게로 퍼졌다. 1980년대에 좋은 직장을 가진 투철한 소련 시민들은 외국인과 대화할 때 심지어 비공식 자리에서도 반체제 인사들을 비웃었다. 그러면서도 그들은 제 목소리를 결코 낼 수 없었던 20년 전 소비에트 생활을 비판했다.

1980년대 초에 소련을 열렬히 지지하고 소련의 이데올로기를 진지하게 여기는 사람들은 매우 드물었다. 많은 이들은 오래된 유토피아적 혁명 정신이 흐루쇼프 치하에서 마지막 업적을 달성했다고 생각했다. 하지만 이 말은 너무 개략적인 평가일지도 모른다.

해빙기 가장 유명했던 대중 시인 옙투셴코는 1970년대에는 흔히 말썽꾼으로 여겨졌다. 그런데 20년 전 학생 시절 그의 시집을 몰래 입수해 읽었던 추억을 지닌 젊은 관료들이 갑자기 1980년대에 그를 주목하기 시작했다. 평범한 브레즈네프식 가면 이면에 청년기의 이상주의를 숨긴 것은 60년대 세대만이 아니었다. 모스크바대학은 1950년대에 이미 이상주의자들을 만들어내고 있었다. 그들 중 한 사람인 미하일 고르바초프는 당의 진급 사다리를 타고 올라가 스타브로폴 제1서기가 되었다가 모스크바로 돌아왔다. 당시에는 몰랐겠지만 소련을 붕괴시킬 혁명이 그를 기다리고 있었다.

몰락

7

마르크스 이론에 따르면 몰락할 운명인 경제 체제는 자본주의였다. 따라서 그 반대 현상이 일어난다는 것은 소련 지도자나 시민들에게 도무지 상상할 수 없는 일이었다. 더군다나 미국이 경쟁 국가에 핵폭탄을 투하하는 등의 부정행위를 하지 않았는데도 그런 일이 일어난다는 것은 생각할 수 없었다. 역사는 사회주의의 편이었다. 그러나 갑자기, 그리고 겉보기에 뚜렷한 이유 없이 역사가 엉뚱하게 흘러갔다. 알렉세이 유르착이 출간한 책 제목《모든 것은 영원했다, 사라지기 전까지》는 소련의 붕괴를 암시하는 듯했다.

미국의 소련학자들 중 낙관주의자들도 소련의 붕괴를 진지하게 예상하지 못했다. 그들은 소련 체제는 강력한 군대와 경찰 덕분에 압도적인 외부적 또는 내부적 압박 없이는 붕괴하지 않을 것이라고 보았다. 마찬가지로 소련 정부가 군사적 패배 없이 동유럽에 대한 통제권을 그냥 양보하거나, 비러시아계 공화국들의 분리 독립을 허용하리라고는 상상할 수 없었다. 그러나 불가능한 일이 일어났다. 게다가 소련 보안 역량의 패배는 고사하고, 중대한 대중 봉기가 일어나 소련이나 동유럽으로 확산하지도 않은 상태에서 그런 일이 발생한 것이다. 트라우마로 가득한 20세기에도 비슷한 유례를 찾아볼 수 없을 정도의 엄청난 트라우마가 러시아인들에게 남았다. 제2차 세계대전 패배가 독일인에게 충격을 주었고 홀로코스트에 관한 폭로는 그들에게 **과거사 극복**이라는 엄청난 과제를 남겼다. 하지만 독일군이 끝까지 용감하게 싸우다가 전쟁에서 패배한 것은 이해할 만한 것이었다. 그런데 소련의 붕괴는 미하일 고르바초프의 야심적인 개혁 프로그램 추진 과정에서 갑자기 발생했으며, 아무런 저항도 없었고, 붕괴를 설명할 만한 명확한 필연성이나 역사적 논리도 없었다.

150년 전 알렉시스 드 토크빌은《구체제와 프랑스혁명The Old Regime and the French Revolution》에서 "일반적으로 나쁜 정부에게 가장 위험한 순간은 개혁에 착수할 때다"라고 말했다. 하지만 이 말은 고르바초프에게 도움이 되지 않은 위안이었을 것이다. 그는 자신을 '구체제'를 구하는 사람이 아니라 혁명을 다시 활성화하는 사람이라고 생각했다.

고르바초프와 내부 개혁

1980년대 초, 브레즈네프는 70대 중반이었고 수년 동안 늙고 병색이 완연했다. 그의 말년에 그를 보호하기 위해 모인 측근들도 나이가 많았다. 1982년 마침내 그가 사망하자 그들은 브레즈네프보다 여덟 살 더 젊고 훨씬 활기찬 KGB 수장 유리 안드로포프에게 의존했다. 그 주변에는 표도르 부를라츠키와 같은 개혁적인 성향의 젊은 사상가들도 있었다. 하지만 1년 정도 지난 후 안드로포프는 급격히 병세가 악화되어 사망했고, 특별히 두각을 보이지 않던 브레즈네프의 피후견인 콘스탄틴 체르넨코가 그 뒤를 이었다. 체르넨코 역시 거의 똑같은 기간 동안 집권하다가 사망했다. 이렇게 되자 공산당 창당 원로들은 더 젊은 사람이 당의 지도자가 되어야 한다는 의견을 수용할 수밖에 없었다. 최종 선택은 체르넨코보다 스무 살 더 젊고, 브레즈네프보다는 스물다섯 살 더 젊은 미하일 고르바초프였다. 그는 자신이 태어난 농업 지역인 스타브로폴에서 20년 동안 당 서기로 일한 뒤 1978년 모스크바로 불려올라가 소련 농업 분야 책임자로 일했다. 1980년 이래로 정치국원이었던 고르바초프는 1984년 안드로포프에 의해 후계자로 선택되었다(하지만 정치국원들이 원로였던 체르넨코를 지지하여 무산되었다). 그는 1985년 3월 공산당 총서기가 되었다.

고르바초프는 개방적이고 활기찬 좋은 정치가였고, 합의를 추구하는 사람이었으며, 모스크바 바깥에 대해서도 아는 유능한 행

흐루쇼프, 안드로포프, 고르바초프 통치기에 개혁 주창자이자 정책 자문관이였던 표도르 부를라츠키(가운데), 미국인 소련학자 제리 허프(오른쪽).

정가였다. 그는 삼촌 둘과 고모 하나가 1930년대 초 기아로 사망하고 조부 두 명이 대숙청 시기에 체포되는 등 스탈린 시대에 흔했던 갖가지 고통을 겪은 농민 가정 출신이었다. 1980년대 초에는 그에게서 미래의 혁명가다운 모습을 거의 찾아보기 힘들었다. 그는 흐루쇼프와 브레즈네프 시대 이후 상향 이동의 수혜자였다(이러한 모순적인 인생 과정은 그의 세대에는 이례적인 일이 아니었다. 그의 동료이자 나중에 정적이 된 보리스 옐친의 일생도 비슷했다. 나중에 고르바초프 정부의 외교부장관이 된 조지아인 예두아르트 셰바르드나제의 인생도 마찬가지였다). 고르바초프는 어려서 제2차 세계대전에 참전하지 않았고, 브레즈네프 지도체제 시기에 중앙 정치 무대 경험이 없었다. 기술자가 아닌 교육받은 법률가였던 그는 자신을 지식계급으로 생각한 최초의 소련 지도자였으며, 지식인이라는 정체성은 그의 아내이자 사회학자였던 라이사에게도 똑같이 중요했다. 그는 자신이 '체제의 산물'이라는 점을 인정하면서 '60년대 사람'으로 묶기도 했다. 레닌의 진지한 독자였음에도 1968년 소련의 체코슬로바키아 침공을 조용히 비판했고, 그 여파로 소련이 내부 개혁의 길에서 멀어진 것을 애석해했다.

고르바초프는 해빙의 관점에서 개혁을 바라보면서 사회주의 포기가 아니라 그것의 재활성화로 이해했다. 그가 1986년 초 제27차 전당대회에서 발표한 두 가지 슬로건은 **페레스트로이카**(재건)와 **글라스노스트**(개방과 투명성)였다. 이 둘 중 고르바초프가 우선시한 것은 글라스노스트였지만 재건을 우선하는 것이 더 좋았을 것이다. 이는 거의 같은 시기에 (여전히 소련과 관계가 소원했던) 중국의 덩샤오핑이 선택한 것과 반대였다. 덩샤오핑의 아들이 말하길, 경제개혁을 정치개혁보다 앞세우지 않은 고르바초프를 덩샤오핑은 '바보'라고 생각했다. 소련과 중국의 개혁 결과를 비교할 때 이 말은 타당한 판단인 것 같다. 하지만 고르바초프의 판단 역시 당시로서는 어느 정도 일리가 있었다. 그는 경제 재건을 반대하는 고착 세력들이 매우 강력하다는 것(흐루쇼프의 지역경제위원회를 기억해보라!)을 잘 알았기 때문에 개혁 성향의 지식계급이 주도하는 여론의 도움으로 그들을 극복하고 싶어 했다.

글라스노스트는 페레스트로이카가 중요하게 다가오기 전에 소련 대중을 강타했다. 이것은 개혁이란 가장 먼저 자유 토론의 방해물을 제거하는 것이라는 지식계급의 가정에 부합하는 것이었다. 1960년대의 인물들, 가령 1989년 러시아 인민대표대회에서 고르바초프를 지지했던 예브게니 옙투셴코와 새로운 반反리센코 소설《흰색 옷을 입은Robed in White》을 쓴 블라디미르 두딘체프 등이 세상 밖으로 나와 유명 인사가 되었고, 솔제니친의《수용소 군도》와 조지 오웰의《1984》가 처음으로 소련에서 출판되었다. 탈스탈린화가 재개되었다. 부하린과 지노비예프가 복권되었고, 1920년대 초의 노동자 반대파와 1952년 '의사들의 음모'로 인해 유죄 선고를 받은 유대인 의사들도 명예가 회복되었다. 복권되지는 않았지만 트로츠키도 다시 언급할 수 있었다.

지식계급이 표현 및 출판의 자유라는 이름으로 바랐던 모든 것이 갑자기 가능해졌다. 글라스노스트 덕분에 소련 언론은 집단화, 대숙청, 제2차 세계대전 당시의 나쁜 결정, 제2차 세계대전 중 민족 추방과 전후 반유대주의 등 역사적 '과오'를 근거에 기반하여 구체적으로 비판했다. 신문과 '두꺼운 잡지'들은 경쟁적으로 폭로를 이어갔고, 그동안 금지되었던 서랍 속 원고들을 발표하고 몰락한 혁명 영웅의 복권을 요구했다. 이때는 구소련 시대에 태어나 자라 특정 문학 유형을 발표했던 작가들에게 아주 좋은 시기였다. 흐루쇼프 시대의 진실을 말했던 한 작가는 리얼리즘 소설과 연극을 통해 사회적 악과 역사 은폐 사건, 정치 스캔들을 폭로했다. 소련 독자들도 똑같이 신나는 시기였다. 다만 읽을 것이 너무 많았고 독서 내용은 소련 시스템에 대한 신뢰를 흔들 가능성이 있었다. 개혁 성향의 두꺼운 옛 잡지들이 가정했던 것처럼 고르바초프도 '진실을 말하는 것'이 좋은 것이며, 궁극적으로 소련을 정화함으로써 소련 시스템을 강화하리라고 보았다. 안타깝게도 실제로는 정반대 현상이 벌어졌다. 소련 사회주의의 문제점에 대한 집중 교육은 개혁을 위해 대중을 결집하기보다는 대중의 자신감을 약화시켰다.

고르바초프의 개혁은 보드카에 대한 엄중한 단속으로 청교도적인 분위기 속에서 시작되었다. 금주 정책은 안드로포프의 짧은 통치기 때 시작된 것으로 남성의 기대수명 감소와 낮은 노동생산성에 대한 타당한 대책이었다. 하지만 이것은 국가예산 측면에서 좋지 않았고, 슬라브인 남자들의 대부분을 차지하는 음주자들에게 매우 인기가 없었다. 고르바초프는 경제개혁을 매우 신중하게 추진했다. 그가 처음으로 제안한 것은 조합 방식 – 이전에 특별한 효과를 보인 적 없는, 중앙집중 관료제의 문제에 대응하기 위해 레닌 시기부터 도입한 표준적인 방식 – 이었다. 조합원들은 필요한 만큼 오래 노동력을 고용할 수 있었기 때문에 개인 기업처럼 운영될 가능성이 있었다. 하지만 기존 조합들은 여러 제약 사항으로 둘러싸여 있었고, 신생 조합은 상업 부동산 시장이 부재한 상황에서 어떤 부동산을 이용할 것인지 등 해결할 수 없는 문제에 봉착했다. 비슷한 문제가 법률에서도 발생했다. 소련 법은 농민이 자신의 농장을 마련하는 것을 허용하면서도 토지 매매에 관한 기존의 금지조항은 유지했다. 외국인 투자자와의 합작 벤처 투자가 1987년에 허용되었으나 외국인들이 소련 관료와의 협상을 통해 신뢰할 만한 공

V. 폴루킨의 1991년 만화.
“손님. 미국산 빅맥을 드셔보시겠습니까?”

급망을 확보하는 일은 극히 어려웠다. 맥도날드가 1990년 모스크바에 1호점을 열고 큰 성공을 거두었다. 그 성공 이면에는 프라이용 감자 재배와 햄버거용 소 사육, 러시아인 직원들에 대한 친절 교육을 포함한 10년 이상의 신중한 준비 기간이 있었다.

시장에 대한 고르바초프의 의구심은 경제개혁을 방해하는 한 가지 요인이었다. 하지만 개혁의 진행이 늦어진 데는 분명한 정치적 이유도 있었다. 소련 시민들은 기본 생필품에 대한 상당한 수준의 가격 보조금에 익숙했지만 시장경제로 바뀌면 불가피하게 가격이 인상될 터였다. 소련 시민들이 칭찬한 소련의 사회복지는 국영 기업의 재화 및 서비스 공급과 밀접하게 관련되어 있어 민영화되면 해결하기 힘들 정도로 복잡한 문제가 발생할 수 있었다.

1986년 4월 체르노빌 원자력 발전소 폭발 사고는 글라스노스트를 시작하는 촉매제 역할을 했다. 특히 고위 공무원에 대한 비판, 환경 재해에 대한 일반인의 인식이 높아졌다. 공교롭게도 1986년은 1970년대와 1980년대 초에 역사적 고점을 찍었던 석유 가격이 떨어지기 시작한 해였다. 1970년대 중반 배럴당 약 60달러였던 유가는 1980년에 배럴당 120달러를 상회했다. 그러던 유가가 1985년 말 급락하여 80년대 말까지 40달러대를 유지했다. 소련의 연간 GNP 성장률은 흐루쇼프 시대의 절반 이하로 떨어졌고, 1990년에는 마이너스 2.3퍼센트를 기록했다. 1987년 6월 당 중앙위원회에 보고된 소련 경제 상황을 살펴본 고르바초프는 낭비, 비효율성, 부정확한 보고가 '위기 직전' 상황을 초래했다고 말했다.

인구학적 전망도 결정적이지는 않았지만 다소 암울했다. 소련 내 무슬림 지역을 제외하고 도시와 농촌에 거주하는 여성들의 출산율이 감소하고 있었고, 전체 소련 인구 중 러시아인의 비율이 줄어서 1989년에 50.7퍼센트 수준이었다(소련이 예정된 다음 인구조사 때까지 존속한다면, 러시아인 비율이 처음으로 50퍼센트 미만으로 떨어질 터였다). 남성의 기대수명은 1970년대의 우려스러운 감소 이후 약간 상승했다. 1980년대에 1년 6개월이 증가했지만 미국인의 평균수명보다 8년 더 짧았다. 게다가 인구의 노령화가 진행되어 연금생활자(3000만 명)가 콤소몰 청년단체 회원 수와 거의 비슷했다.

정치 전략 측면에서 노련한 협상가이자 조정자로 알려진 고르바초프는 정치국 혁신 과정에서 역량을 발휘해 원로 정치국원들이 명예롭게 은퇴하도록 설득했다. 정치국에 새로 수혈된 사람 중에 보리스 옐친이 있었다. 그는 1985년 말 우랄 지역을 떠나 모스크바 지구당 제1서기가 되었다. 그는 곧 정치국의 급진 개혁파로 부상했으며 정치국의 보수파와 충돌한 뒤 1987년에 극적으로 물러났다. 고르바초프는 자신의 지도력 아래 확고하게 개혁에 매진하는 통합된 정치국을 만드는 데 성공하지 못했다. 그 이유는 부분적으로 그가 생각한 개혁의 유형이 줄곧 불확실했기 때문이었다. 그는 알렉산드르 야코블레프처럼 예전엔 측근이 아니었던 개혁 성향 자문관들에게 더 많이 의존했다. 당내 개혁파인 야코블레프는 당 중앙위원회 선전부 책임자로서 언론매체의 핵심 직책에 개혁파를 임명했다. 그는 1987년 정치국원으로 승진한 뒤 강경파의 비판을 한 몸에 받았다.

고르바초프가 정치국과 함께 신중하게 움직인 반면 야코블레프는 공화국과 지역의 제1서기를 상당히 거칠게 대하면서 그들 중 상당수를 즉시 교체했다. 흐루쇼프와 브레즈네프처럼 고르바초프도 이전에 지역당 서기를 지냈지만 전임자들과 달리 지역 정치 기반이 중요하다는 인식이 없었다. 또한 그는 민족 문제에서 감수성이 부족했다. 이를 테면 중앙아시아 지도자 딘무하메트 쿠나예프가 부패 청산을 위해 제거되고 카자흐스탄공화국 제1서기는 러시아인으로 교체되었다(이 일로 알마아타에서 폭동이 발생했고, 몇 년 뒤 러시아인 제1서기는 카자흐스탄인으로 바뀌었다).

1987년 고르바초프는 '민주화'를 개혁 목표에 추가했다. 민주화는 서구의 단어이고 개념이지만 이와 비슷한 개념이 소련 역사에도 있었다. 그는 1920년대 중반과 1930년대 중반 소비에트 대표와 당 관료를 뽑기 위한 복수 후보자 선거 경험을 상기시켰다. 이런 시도는 과거에 실패했고, 별다른 소동이나 파괴적인 결과가 일어나지 않았다. 하지만 이번에 다시 실패한다면 집권당인 공산당 내에서 정책에 기반한 파벌(1920년대 초 이후 한 번도 논의된 적 없는 일)이 생기거나, 심할 경우 야당들이 창당되어 공산당을 유일한 합법적 정치 공간으로 만들어준 '선도적인 역할론'이 폐지되는 등 보다 급진적인 단계로 이행할 가능성도 있었다. 하지만 고르바초프는 페레스트로이카 초기 단계에 이런 개혁 목표를 전혀 생각하지 않았다. 그가 1988년 6월 제19차 전당대회에서 대략 제시한 '민주화'에는 당에서 정부로 집행 권한 이전(한때 '소비에트 재활성화'라고 했다), 경선 허용 등이 포함되었다.

하지만 깜짝 놀랄 만한 일이 벌어졌다. 고르바초프는 역사적 전례가 없는 기관인 인민대표대회를 선출하기 위한 선거를 시행하겠다고 발표했다. 이 인민대표대회의 목적은 페레스트로이카의 엔진이 될 새로운 소비에트 최고회의를 선출하는 것이었다. 단일 후보(사실상 공산당이 지명한다)가 출마하여 국민투표로 선출하는 일반적인 소련 선거 방식과 반대로, 다수 후보가 출마할 수 있고 그들의 당선에 따라 정치 지형이 상당 부분 바뀔 수 있었다. 공산당이 지명하도록 할당된 의석도 있었지만, 노동조합, 여성위원회(1920년대 이후로 대체로 무시되었던 조직이었다), 작가동맹, 과학아카데미를 포함한 다양한 다른 '사회조직'에 할당된 의석도 있었다. 공산당의 후보자 지명 과정은 차분했고, 중요한 문제는 급진 개혁파 정치인 보리스 옐친(그는 모스크바 선거구 후보자로 지명되어 당의 공식 후보자와 싸워서 89퍼센트라는 압도적인 득표율로 승리했다)과 그 추종 세력을 배제하는 것이었다. 하지만 과학아카데미와 작가동맹의 후보자 지명 과정에서 개혁파와 보수파가 경쟁하면서 놀라운 드라마가 펼쳐졌다.

1989년 3월 선거를 시행한 결과 2250명의 대표 가운데 85퍼센트가 공산주의자였고(공산당원이 야심 차고 교육받은 시민들의 규범이었던 사회에서 당연한 결과였다), 공산당이 지명한 후보자의 20퍼센트가 패배했다. 옐친과 반체제 인사 안드레이 사하로프를 포함한 확고한 급진파들도 당선되었다. 이들은 인민대표대회가 소집된 뒤 의원 연합을 만들고자 최선을 다했다. 개혁 성향 대표자들은 대부분 지식계급 출신이었지만 그중에는 작가 발렌틴 라스푸틴처럼 슬라브주의자들도 있었다. 평범한 노동자들, 집단농장 농부들, 여성들 – 예전 비민주적 단일 후보 선거에서 항상 의석을 유지했던 그룹들 – 은 예전 소비에트 최고회의 당선자 수보다 인민대표대회 당선자가 적었다. 결과적으로 그들의 영향력은 글라스노스트로 인해 지식계급보다 크게 축소되었다. 과거 비민주적 후보자 지명 관행의 또 다른 전통적 수혜자인 비러시아계 민족들은 정치적 목소리를 내기 시작했다. 초기에 개혁 지지자와 민족주의자가 결합한 '시민전선Popular Fronts'이 발트 지역 국가들에서 나타났고, 그들의 지지가 이 선거의 승리에서 결정적이었다. 당의 원로 후보자들, 심지어 무경쟁으로 출마한 후보자들이 예기치 않게 대거 낙선했다. 이중에는 라트비아와 리투아니아의 총리들, 키이우를 포함한 5개 공화국 수도의 당 제1서기도 포함되었다.

글라스노스트는 기본적으로 자유로운 언론을 탄생시켰고, 주요 언론은 개혁의 대의를 역설했다. 텔레비전 방송은 인민대표대회에서 옐친과 사하로프가 고르바초프의 정책을 열렬하게 비판하는 모습을 소련 전역에 내보냈다. 이른바 '비공식 협회'가 소련 전역에 생겨났다. 대부분 소규모 단체였으며 생태학에서부터 역도에 이르기까지 다양한 관심사와 사회운동을 함께 하는 모임이었다. 정치 성향으로 보면 자유주의와 사회민주주의에서부터 다양한 민족주의에 이르기까지 모든 성향이 망라되었다. 1989년 1월 예전의 반체제 인사들이 설립한 기념협회Memorial Society는 억압의 희생자들을 지원하는 인권 단체였다. 정치 스펙트럼의 다른 한쪽에서 우파 운동단체 파먀트Pamyat(기억)는 약간의 반유대주의와 함께 정교회 정신 속에서 민족 재건 운동을 벌였다. 발트 국가에서 다른 공화국으로 확산된 '시민전선' 내부의 친개혁 세력(페레스트로이카를 지지하는) 은 종종 열정적인 민족주의에 압도당해 개혁을 포함해 모스크바의 어떤 지도에도 점차 반응하지 않게 되었다.

공화국의 선거는 새로운 법에 따라 1989년 12월에 시행되어 1990년 봄까지 계속되었다. 공산당을 제외하곤 아직 조직된 정당이 없었지만 임시로 만든 정치 '그룹'과 '블록'들이 후보자를 출마시켰고, 공산당은 선거 결과에 대해 점점 더 불안해졌다. 제일 먼저 에스토니아가 선거를 시행해 공화국 의회를 구성했다. 현지 대중전선과 그 동맹 세력이 내세운 후보가 공산당 후보보다 더 많았던 의회에서 새로운 수상을 선출했다. 조지아는 1990년 10월에 공화국 가운데서 마지막으로 선거를 치렀다. 득표율 30퍼센트의 공산당은 54퍼센트를 획득한 민족주의 연합세력에 패배했다. 중간 시기에 치른 공화국 선거에서 시민단체 '루흐Rukh'와 '그린스Greens' 소속의 민족주의자들이 많은 의석을 차지했고, 동방정교회 대주교를 포함한 우크라이나 서부지역 출신 후보들도 당선되었다. 러시아에서는 개혁 그룹('민주러시아')이 대도시에서 다수 의석을 차지했고, 러시아공화국 전체에서는 5분 1을 득표했다. 약간의 논쟁을

유리 체레파노프의 1990년 만화. 하위직 공무원처럼 보이는 사람이 벽에 '소련공산당에게 영광'이라는 옛 승리주의 슬로건을 몰래 쓰고 있다.

거친 후 선거에서 당선된 옐친이 러시아공화국의 최고회의(서구 언론에서 종종 '의회'로 표현했다) 의장으로 선출되었다. 아직 중앙아시아에서는 정치계를 확고하게 장악한 현지 집권 공산당 엘리트들이 내세운 단일 후보가 당선되었다.

공산당 내부에서는 자체적으로 여러 분파들(민주적 마르크스주의 '플랫폼들')을 조직하여 정치 과정을 다원화하려는 시도가 있었다. 하지만 이런 시도는 아무런 소득이 없었고, 오히려 공산당 밖에서 공산당에 대항하는 자발적인 다원화가 진행되었다. 이에 따라 개혁 성향의 공산주의자들이 공산당을 탈당하기 시작했다. 소련에서 다당제를 만들거나 공산당의 '선도적 역할'을 폐기하는 것은 고르바초프가 원래 의도한 바가 아니었다. 하지만 그는 압력에 굴복해 1990년 초에 이 두 가지를 양보해야 했다. 이것은 10월에야 공공단체에 관한 법률로 공식화되었지만, 초보적인 신생 정당들이 이미 급속도로 확산되고 있었다. 무정부주의자 정당, 군주제 지지자 정당, '민족주의 애국주의자 정당', 자유주의자 정당, 사회민주주의자 정당, 심지어 맥주와 소시지를 제공하는 '바보' 정당도 있었다. 러시아 공산당은 처음으로 6월에 소련 공산당과의 분리가 허용되고 강경파에 의해 지배되었다. 그 결과 개혁주의자들의 공산당 탈당이 확대되었고, 옐친과 모스크바 및 레닌그라드의 개혁적인 시장들(가브릴 포포프와 전직 법대 교수 아나톨리 솝차크)이 7월에 시위하듯 사임했다. 1991년 중반, 공산당은 400만 명 이상의 당원을 잃어 당원 수가 25퍼센트 감소했다.

고르바초프는 아직 당원이었고, 당 총서기라는 직위로 당내 권력 기반을 유지했다. 하지만 공산당이 점차 반개혁적 입장을 취하자(또는 적어도 그렇게 보였다), 개혁을 추진하는 지도자로서 그런 상황을 점점 더 감당하기 어려웠다. 1990년 3월 인민대표대회는 그를 새로운 소련 대통령으로 선출했다. 소련은 이전에도 명목상 국가수반들이 있었지만(당 원로 미하일 칼리닌이 1920년대와 30년대에 이 직책을 맡았다), 그들은 (서구에서 차용한) **대통령**prezident이라는 칭호를 받지 않았고, 실질적인 역할도 하지 않았다. 고르바초프의 대통령 직위는 소련 역사상 최초이자 마지막인 실질적 국가수반이었다. 문제는 이 직책이 확고한 권력 기반과 집행기구 없이 주어졌다는 점이다. 따라서 인민 전체에 의한 선거가 아니라 인민대표대회에서 선출된 고르바초프는 신뢰를 잃은 공산당과 논쟁이 심한 의회(소비에트 최고회의)의 도움을 받아 활동해야 했다.

외교관계

어지러운 국내 상황을 고려할 때, 외교에 능숙하고 서구 지도자들을 다루는 데 성공한 고르바초프가 서구 국가들의 수도 거리에서 과도하게 환호하는 군중("고르비, 고르비!")에 점점 더 주목하게 된 것은 별로 놀랍지 않다. 이전의 브레즈네프처럼 그가 큰 과제로 여긴 것은 미국인과 타협하고 냉전 시대의 선입견을 극복하는 것이었다. 그의 외교부장관 예두아르트 셰바르드나제(전직 조

1985년 11월 19일, 제네바에서 만난 고르바초프와 미국 대통령 로널드 레이건.

지아공화국 제1서기)는 이것을 페레스트로이카의 최우선 과제로 삼았다. 고르바초프는 1985년 제네바와 레이캬비크에서 개최된 로널드 레이건과의 정상회담에서 부분적인 성공을 거둔다. 미국의 오랜 냉전 전사이자 소련을 '악의 제국'이라고 명명한 레이건 대통령은 마침내 180도 얼굴을 바꾸고 고르바초프와 친구가 되었고, 상호합의에 의한 무기 감축 지지자가 되었다. 고르바초프는 이미 서구에서 영웅이었지만 이 일을 계기로 레이건도 소련에서 영웅이 되었다. 레이건과 그의 아내 낸시가 1988년에 소련을 방문했을 때 록스타와 같은 환영을 받았다.

사회주의자 친구가 거의 없었던 영국의 마거릿 대처 총리는 고르바초프를 좋아하며 함께 일할 수 있다고 선언했다. 고르바초프는 프랑스의 프랑수아 미테랑 대통령과 독일의 헬무트 콜 총리를 비롯해 유럽 지도자들과도 아주 좋은 관계를 맺었다. 고르바초프의 비전, 그리고 냉전의 양극체제를 극복하는 방법은 유럽을 '공동의 집'으로 보는 것이었고, 그는 이것을 달성하려고 노력하는 듯 보였다.

언뜻 보기에 동유럽은 유럽 통합으로 가는 변화에서 난제가 될 가능성이 있었다. 소련과 함께 동유럽 국가들이 민주적 개혁의 길을 따르도록 권유받는다면, 그들 중 일부는 인기 없는 공산주의 체제를 폐지할 가능성이 높았다. 브레즈네프 독트린은 계속 유지될 수 있을 것인가? 고르바초프는 동유럽에 그다지 관심을 보이지 않았고, 동독의 에리히 호네커나 루마니아의 니콜라에 차우셰스쿠처럼 장기 집권하는 공산주의 지도자들을 개인적으로 경멸했다. 아주 일찍부터 고르바초프는 동유럽 지도자들에게 문제가 생길 때 모스크바에 의지하지 말고 자국 내에서 스스로 정당성을 확보해야 한다고 말했다. 소련이 동유럽 국가들에 시장가격보다 낮은 가격으로 석유와 가스를 제공하는 상황에서 동유럽이 모스크바에 주는 경제적 이점은 적은 듯 보였다.

최종적인 결과는 놀랍게도 1989년 베를린 장벽이 붕괴한 것이었다. 동독의 호네커 정부가 몰락하고, 단기간 내에 서독이 동독을 사실상 흡수하는 방식으로 독일이 통일되었다. 폴란드, 헝가리, 체코슬로바키아에서 치러진 선거로 비공산주의 정권이 수립되었다. 루마니아의 차우셰스쿠 정권은 전복돼 대중의 요구에 따라 처형되었다. 이 모든 일에 대해 소련은 아무런 불쾌감도 나타내지 않았다. 오히려 정반대였다. 고르바초프는 독일 외교부장관 콜과 미국 국무부장관 제임스 베이커로부터 소련 주도의 바르샤바조약 해체 이후 미국 주도의 북대서양조약기구NATO(나토)가 동유럽으로, 새로이 통일된 독일로도 확장하지 않을 것이라는 구두 확약을 받았다고 생각했다. 아마 그는 약속을 받았을 테지만 자본주의자들을 결코 믿어서는 안 된다는 것을 기억했어야 했다. 그리고 법률가로서 그는 그런 확약을 문서로 작성해야 한다는 것을 알았어야 했다. 1990년 10월 독일 민주공화국은 독일 연방공화국으로 흡수되었고, 그로 인해 나토의 일원이 되었다.

마지막 단계

고르바초프는 유럽 여행을 통해 접한 스칸디나비아의 사회민주주의에 매력을 느꼈다. 그는 1990년 2월 공산당 중앙위원회에서 “우리의 이상은 인간적이고 민주적인 사회주의”라고 말했다. 이어서 “우리는 1917년 10월에 선택한 결정에 계속 헌신할 것이다”라고 덧붙였다. 하지만 ‘인간적인 민주적 사회주의’는 1917년에 선택한 것이 **아니었다**. 두 약속 사이의 모순 탓에 고르바초프의 두 가지 주장에 귀를 기울이는 사람은 거의 없었고 지지자도 늘지 않았다. 브레즈네프 시대에 발전시킨 소련 시스템에 대한 열성적인 지지자들이 있었지만 그것은 1917년 10월 정신이나 스칸디나비아의 사회민주주의와는 거리가 멀었다. 사회주의 시스템에 대한 반대자들도 있었지만 그들 중 다수는 사회민주주의자가 아니었다.

서구 시민들은 고르바초프의 도덕적인 정치 메시지에 희망을 품었지만 소련에서는 달랐다. 소련 시민들은 당혹스러워했다. 우크라이나 체르노빌 원전 폭발 사고와 그로 인한 광범위한 오염의 여파로 일반 대중의 대화에는 종말론적 분위기가 감돌았다. 페레스트로이카 시기 러시아에서 현장 연구를 수행한 서구 인류학자들은 고통과 러시아인의 **영혼**dusha(소련 시기 내내 거부했던 개념)에 대한 거의 도스토옙스키적인 심취 현상이 나타났다고 보고했다. 소련인들은 무력감을 느꼈다. '여러 힘'이 소련을 밀어붙이고 있지만 어디로, 왜 가야 하는지 누가 안단 말인가? 지금의 상황을 수많은 사람이 과거에 혁명적 이상을 위해 희생한 결과로 받아들이는 것 또한 당혹스러웠다. 사람들은 말했다. "우리가 사는 방식은 정상이 아니다. 정상적인 국가가 될 수만 있다면 좋을 텐데." 하지만 정상 상태가 어떤 것인지 아무도 모르는 것 같았다.

글라스노스트 정책 아래 많은 시청자가 텔레비전을 통해 과거 소련 시절에 벌어졌던 많은 사건을 알게 되었다. 그들은 강제노동 수용소와 다른 잔학 행위에 관해 알고 충격을 받아 의기소침해졌다. 그들은 동유럽 국가들의 이탈에 마음이 상했고, 부당하다는 감정("그들을 위해 한 게 얼마인데 배은망덕한 사람들!")과 애석한 당혹감("우리를 좋아한다고 생각했는데…")을 표출했다. 글라스노스트와 함께 새로이 형성된 허용적 분위기는 노인 세대 중 다수로 하여금 소외감을 느끼게 했지만 젊은 세대는 환호했다. 거리 가판대에는 도덕적으로 고상한 사회민주주의에 관한 두꺼운 책이 아니라 포르노 잡지, 점성술·미용·섹스에 관한 안내서, 초능력과 어두운 힘에 관한 책, 반유대주의 소책자, 종교서가 혼란스럽게 뒤섞여 함께 진열되었다.

1985년 이전에 옐친은 자신이 러시아 민족주의자나 자유주의적 지식인과 어떤 공통점이든 있다고 암시하지 않았다. 하지만 그는 놀랍게도 페레스트로이카 시기 이 두 그룹의 관심을 받았다. 모스크바는 온갖 종류의 급진적 활동의 온상이 되었고, 모스크바에 기반한 매체들이 확성기 역할을 했다. 이와 동시에 다소 지저분하고 급조된 민간 상업 분야가 급격하게 성장해 부스식 점포들이 온 도시에 우후죽순처럼 생겨났다. 이 시기의 모스크바에서는 벌써 '소비에트 시대는 지나갔다'는 분위기가 감돌았다. 1990년 말 지하철역에서는 즈다노프나 칼리닌 등 과거 소련 지도자들의 이름이 제거되었고, 모스크바의 주요 거리는 혁명 이전의 명칭으로 되돌아갔다(고리키 거리는 트베르스카야 거리, 제르진스키 광장은 루뱐카 광장으로). 레닌그라드는 훨씬 더 극적이었다. 이 도시는 국민투표를 통해 근소한 표차로 도시명을 소련 이전의 상트페테르부르크로 바꾸기로 했다.

고르바초프가 말했듯이 1987년의 소련 경제가 '위기 이전' 상황이었다면 1990~91년은 전면적인 위기였고, 그것은 주로 고르바초프의 정책 탓이었다. 고르바초프 집권 첫해 높았던 지지율은 1990년 20퍼센트로 떨어졌고, 1991년에는 0퍼센트로 추락했다.

소련의 경제성장률 역시 마이너스 성장을 기록했다. 1990년 11월 석유 가격이 급등했지만 이듬해 중반에 40달러대로 다시 떨어졌다. 소련의 석유 생산량은 1991년에 전년 대비 9퍼센트 감소했고, 다음 해에도 계속 줄어들었다. 이런 추세가 계속되면 소련이 석유를 수입해야 할지도 모른다는 두려움마저 생겼다. 1980년대 초 발생한 소규모 적자가 1990년 말에는 급격히 증가해 580억 루블에 달했다(이것은 공식적인 수치다. 미국 경제학자들은 이보다 훨씬 더 크게 보았다). 금 보유량이 급감했고 금 가격이 올라갔다. 물가가 급상승하고 소도시에 공급이 어려워지고 거리 범죄 발생 건수가 치솟았다.

한편 모호하고 불안을 유발하는 '주권sovereignty'이라는 단어가

폭발한 체르노빌 발전소 원자로 4호기가 보호 석관으로 덮여 있다.
현재 우크라이나가 관리하고 있다.

언급되기 시작했다. 이것은 발트 지역에서 시작되었다. 이 지역은 처음에는 공화국 선거에 의한 시민전선 정부를 요구하고, 그다음에는 시민전선 정부가 주권을 요구했다. 이는 1990년 말에는 중앙아시아 지역 공화국을 비롯한 사실상 모든 공화국으로 확산되었다. 중앙아시아의 주권 요구는 소련 기득권층에 반대하는 시민전선이 아니라 현지(토착) 소련 기득권층에서 비롯되었다. 공화국들은 1936년과 1977년 소련 헌법에 따라 제한적인 '주권' 또는 '주권적 권리'를 갖고 있었지만 이제 더 많은 것을 원했다. 당시 주권은 모스크바 권력의 대폭적인 축소와 자원(조세권 포함) 통제권 이전을 의미했다.

물론 이런 추세는 모스크바를 매우 불안하게 했다. 발트 지역 공화국들의 주권 요구가 독립 선언과 소비에트연방 탈퇴로 바뀔 가능성이 있다는 점에서 특히 그랬다. 하지만 훨씬 더 당혹스러운 것은 옐친이 이끄는 러시아공화국이 가장 먼저(1990년 6월) 러시아 영토와 자원에 대한 주권을 주장했다는 것이었고, 이 '자원'에는 조세권이 포함된다는 것이 곧 명확해졌다. 러시아공화국은 소비에트연방의 핵심 공화국으로서 소련 영토의 77퍼센트, 1989년 소련 전체 인구의 51퍼센트, 소련의 순재화 생산량(net material product, 비생산적인 서비스 분야를 제외한 재화와 서비스의 총생산량 – 옮긴이)의 5분의 3을 차지했다. 러시아공화국(더 작은 공화국은 말할 것도 없이)이 자기 지역에서 징수한 세금을 한 푼도 내놓지 않는다면 소련 정부는 어떻게 유지될까?

역사적으로 러시아공화국에는 다른 공화국에는 있는 기관들, 즉 러시아공산당·KGB·과학아카데미 등이 없었다. 이런 점들이 원래부터 러시아 민족주의를 막았고 어느 정도 효과가 있었다. 당시 소련 여론조사에 따르면, 러시아인들은 다른 민족들보다 자신의 국적을 '소비에트' 라고 생각할 가능성이 더 컸다. 하지만 행정관례상 모스크바는 소련과 러시아공화국의 수도이기 때문에 두 행정 조직의 관할권을 구분하기가 모호했다. 페레스트로이카 이전, 지도력을 두고 경쟁할 때 아무도 러시아공화국을 권력의 기반으로 이용하려 들지 않았다. 옐친이 등장하기 전까지는 그랬다.

1990년 공화국 선거에서 옐친은 러시아 최고회의 의장으로 선출되었다. 그 이후 그는 이 직위를 기반으로 1991년 6월 국민투표에 의해 자신이 대부분 주도해 만든 새로운 직위인 러시아공화국 대통령으로 선출되었다. 1987년 3월, 한 러시아 민족주의자 의원이 러시아가 소비에트연방에서 탈퇴하는 것이 문제의 해결책이 될 수 있다고 농담하듯이 제안하자 의원들은 웃었다. 하지만 1990년에는 더 이상 농담이 아니었다. 러시아는 징수한 세금을 소련 정부에 전달하지 않았다. 고르바초프의 소련 정부와 옐친의 러시아공화국은 예기치 못한 새로운 형태의 '이중 권력'이라는 불안정한 혼란에 빠졌다.

지역 공산당 최고위직을 역임했다가 다시 그 지역의 대통령으로 복귀한 사람이 고르바초프와 옐친만은 아니었다. 공화국의 제1서기들도 대부분 똑같았다. 1991년 가을, 소련은 대통령을 수반으로 하는 많은 공화국과 그들 위에 있다고 추정되는 슈퍼 대통령, 곧 소비에트연방 대통령으로 구성되었다.

초기에 분리주의는 여러 공화국의 정치 의제에서 대부분 우선순위가 아니었다. 다른 공화국 안에 거주하는 2500만 러시아인의 존재는 장애물이었고, 아제르바이잔 내부의 아르메니안 자치 지역인 나고르노-카라바흐의 유혈 충돌에서 보듯이 가장 예민한 형태의 '민족' 문제는 토착 민족과 다른 민족 집단 간의 갈등이었다. 러시아공화국 내에도 주권을 주장하기 시작하는 자치 지역과 여러 공화국이 있었다. 이를테면 역사적으로 볼가 지역의 러시아인 도시이자 주민의 과반수가 타타르인인 카잔은 스스로 타타리아의 수도라고 선언했다. (비교적 최근에 많은 체첸인이 추방 지역으로부터 귀환해 화가 난 상태인) 체첸에서는 1990년 11월 의회가 처음으로 주권을 가진 체첸공화국을 요구했다.

비러시아계 공화국들에서 대중의 태도와 엘리트층의 의도는 상당히 가변적이었다. 1989년 한 대중 잡지가 시행한 여론조사에 따르면 소련 전체 국민 중 대다수가 소비에트연방 잔류를 지지했다. 하지만 소련 편입을 완전히 받아들이지 않은 발트 3국은 연방 탈퇴 쪽으로 점점 기울고 있었고, 뒤늦게 합병된 몰다비아와 이전의 반체제 인사(즈비아드 감사후르디아)가 수반을 맡은 조지아도 비슷한 경향을 보였다. 중앙아시아의 강력한 토착 세력에 뿌리박은 안정된 현지 지도자들은 대중으로부터 연방 탈퇴 압력을 받지 않았지만, 그들 중 대다수는 급진적인 페레스트로이카와 민영화에 미지

근한 반응을 보여 점차 모스크바로부터 의심을 샀다. 여러 공화국의 많은 사람들은 자신들이 러시아(소비에트) 제국주의 침탈의 역사적 희생자라고 확신하게 되었다. 물론 러시아공화국은 그 반대로 생각했다.

1991년 3월 소비에트연방의 존속 여부에 관한 국민투표를 실시한 결과 대다수가 '동등한 주권을 가진 공화국으로 구성된 새로운 연방'을 지지했다(전체 투표자의 77퍼센트 찬성, 우크라이나 지역은 70퍼센트 찬성). 하지만 연방 체제의 모호성 – 공화국들은 여전히 함께 존속하지만 그 기초가 다르다는 것을 암시했다 – 은 독립적인 우크라이나에서 가칭 주권국가연합Commonwealth of Sovereign States의 일부가 되기를 원하는지 물었을 때 우크라이나 유권자의 80퍼센트가 '찬성'한다고 투표한 사실에 의해 심화되었다. 게다가 연방 탈퇴 직전인 6개 공화국 – 발트 3국, 조지아, 몰도바, 아르메니아 – 이 국민투표 참여를 거부했기 때문에 '소비에트연방 전체'라는 개념도 축소되었다. 9개 연방 잔류 공화국들은 4월에 지도자들(러시아의 옐친, 카자흐스탄의 나자르바예프, 우크라이나의 레오니드 크라우추크를 포함)을 보내 고르바초프와 상황을 논의하게 했다. 회의 결과, 대통령이 공동의 외교와 국방 정책을 담당하는 '소비에트 주권공화국연방'(Union of Soviet Sovereign Republics, '사회주의'가 빠졌다)을 설립하는 조약을 준비하기로 합의했다. 조약 초안을 준비하는 동안 옐친의 압력으로 '연방unoin'이 '국가연합confederacy'과 비슷한 개념이 되었고, 연방 대통령은 점차 실행 기구를 상실했다. 한편 러시아공화국 및 우크라이나공화국, 그 외 다른 공화국 정부들은 자기 지역에 존재하는 소비에트의 기능을 막후에서 조용히 계속 탈취했다. 그러나 이 조약은 실행될 수 없었다. 보수파 쿠데타가 발행한 것이다.

고르바초프의 두 가지 권력 기반은 공산당과 대통령직이었다. 하지만 공산당의 평판과 사기가 급속도로 떨어지고, 대통령직은 관료 조직과 여론 기관이 지지하지 않는 힘없는 자리였다. 강력한 국제사회의 지속적인 지원에도 불구하고 1916~17년 차르와 러시아제국이 그랬던 것처럼 고르바초프는 허둥댔다. 고르바초프와 소련 체제의 정당성은 추락하고 있었다. 합리적인 논평가라면 모두 그에 대항해 좌파 또는 우파의 쿠데타가 일어나리라 당연히 예상했을 것이다. 1917년 코르닐로프 장군의 쿠데타처럼 우파 쿠데타일 가능성이 가장 컸다. 쿠데타는 8월 중순에 일어났지만 우스꽝스러울 정도로 무능하고 서툴렀다. 고르바초프와 그의 가족이 크림반도의 포로스에서 휴가 중일 때 부통령 겐나디 야나예프, 국방부장관 드미트리 야조프, KGB 수장 블라디미르 크류츠코프가 비행기를 타고 와서 국가 비상사태를 선포할 것을 요청했다(저자가 혼동을 한 듯하다. 언급된 세 쿠데타 지도자들은 모스크바에서 기자회견을 했고, 고르바초프를 위협하기 위해 크림반도로 내려온 것은 바클라노프, 볼딩 등 상대적으로 덜 중요한 인물들이었다 – 옮긴이). 그가 거부하자 그들은 모스크바로 돌아가 직접 비상사태를 선포한 뒤, 고르바초프가 질병으로 인한 유고 상태라고 주장하며 야나예프가 대통령 권한 대행을 맡았다. 고르바초프 가족은 며칠 동안 외부와 소통이 단절 상태로 지내다가 포로스 별장에 가택 연금되었다.

쿠데타는 상당 부분 모스크바 인사들의 계획이었으며 공화국 지도자들의 지지를 얻기 위한 진지한 노력은 없었다. 쿠데타 지지 성명을 발표한 사람은 아제르바이잔 지도자가 유일했다. 대다수는 사태를 신중히 관망했다. 아마 이전의 코르닐로프처럼 모스크바의 음모자들은 소련을 분열로부터 구하기 위해 주도권을 확보함으로써 고르바초프를 도와준다고 생각했을 것이다. 하지만 이런 대의를 텔레비전에 발표하는 그들의 역량은 한심한 수준이었다. 수만 명이 항의하기 위해 거리로 나왔다. 군대와 탱크가 도심에 나타났지만 발포 명령은 내려지지 않았고 그럴 의도도 없었다. 쿠데타 음모자들의 무능으로, 자유로운 상태에 있던 옐친이 이 시기의 영웅이 되었다. 탱크 위에 있는 그의 모습을 찍은 사진이 전 세계로 퍼졌다. 음모자들은 겁을 먹었고, 고르바초프는 풀려나 모스크바로 돌아왔다. 하지만 그의 정치적 위상과 소비에트연방의 존속 가능성은 치명적인 타격을 받았다.

쿠데타의 여파로 러시아공화국 수반인 옐친은 공화국 영토 내에서 공산당 활동을 중지시켰다. 우크라이나는 시작은 느렸지만 민족주의를 지지하는 여론이 급증했다. 1991년 12월 1일 국민투표는 투표율이 84퍼센트였고 유권자의 90퍼센트가 독립을 찬성했다(이것은 우크라이나인뿐만 아니라 우크라이나공화국에 거주하는 러시아인들도 찬성했다는 뜻이다).

8월 초 미국 대통령 조지 H. W. 부시는 우크라이나 수도에서 행

1991년 8월 19일, 쿠데타 당시 보리스 옐친이 탱크 위에서 연설하는 모습(탱크 운전병은 두 손으로 얼굴을 감싸고 있다).

1991년 8월 22일, 고르바초프와 그의 가족이 포로스에서 모스크바로 돌아왔다.

한 연설에서 고르바초프와 소련 존속을 지지하며 '자멸적 민족주의'에 대해 경고했다. 미국 내 비평가들은 이에 냉소적으로 '치킨 키이우' 연설이라는 별칭을 붙였다. 하지만 11월, 부시는 의회의 강력한 압력과 우크라이나의 로비로 인해 뒤로 물러났다. 우크라이나의 임박한 연방 탈퇴와 그에 대한 미국의 묵인 가능성이 소련 해체의 결정타였다.

그럼에도 소련 붕괴의 중요한 실행자는 옐친이었다. 다이애나 왕세자비는 찰스 왕세자의 불륜으로 인해 결혼생활에 항상 세 사람이 있어 혼잡했다는 유명한 말을 했다. 이 말은 모스크바의 두 대통령에게도 똑같았다. 두 사람 중 고르바초프는 국민투표로 선출되지 않아서 입지가 더 취약했다. 쿠데타 이후 그가 사임하고 옐친에게 소련 대통령직을 계승할 길을 열어주었다면 소련은 이후에 보듯이 그렇게 완전히 해체되지 않았을지도 모른다. 옐친은 당시 비록 새로운 형태이긴 해도 소련의 붕괴보다는 존속에 관심을 두었기 때문이었다. 하지만 고르바초프가 소련 대통령직을 사임한 것은 1991년 12월 2일이었다. 당시 옐친의 주도로 러시아, 우크라이나, 벨라루스 공화국 지도자들이 비밀리에 모여 소련 체제를 대폭 축소된 독립국가연합Commonwealth of Independent States 체제로 바꾸고 군대는 단일하게 유지하지만 중앙집권적인 대통령제나 의회는 없애자고 합의했다. 이 합의는 며칠 뒤 3개 공화국에 의해 비준되었다. 미국 국무부장관 베이커가 일주일 뒤 모스크바에 왔을 때 그는 크렘린궁에서 새로운 소비에트 국방부장관 예브게니 샤

1991년 8월 23일 제르진스키 동상이 쓰러졌다. 이 동상은 현재
모스크바의 철거 기념물 공원에 세워져 있다. 2006년 똑같은 복제품이
벨라루스 수도 민스크에 세워졌다.

포시니코프를 대동한 러시아 대통령 옐친의 환대를 받았다. 고르바초프의 사임은 이미 벌어진 상황을 인정한 것이었다(고르바초프는 12월 25일 TV 회견을 통해 자신의 사임과 소련 해체를 선언했다 – 옮긴이). 그가 대통령직을 맡은 소련은 이미 존재하지 않았다.

많은 세력이 모스크바에 있는 소련 정부와 소련 공산당(쿠데타 이후 해산되었다)의 자산을 몰래 확보하거나 숨기거나 전용했다. 제일 많이 차지한 것은 러시아공화국을 대표하는 옐친이었다. 공화국 지도자들은 자기 지역에 있는 소련과 공산당의 자산에 대해 똑같이 그렇게 했다. 러시아공화국은 소련을 계승하는 국가가 되었고, 러시아의 삼색기가 소련의 국기를 대신하여 크렘린에 걸렸다. 다른 공화국들 – 일부는 열정적으로, 일부는 달리 대안이 없었기 때문에 – 은 스스로 자주독립 국가로 선언했다. 불과 10년 전만 해도 강력한 군대와 경찰, 그리고 최근까지 약 2000만 명의 당원을 보유한 집권당이 있어 겉보기에 안정된 초강대국이었던 소련은 붕괴를 막기 위해 총 한 발 쏘지 못하고 스스로 자멸했다.

결론

소련을 건국하고 유지하기 위해 사람들은 엄청난 피를 흘렸다. 그중 일부는 이상주의자의 피였고, 일부 폭력배와 출세주의자의 피도 있을 테지만 대부분은 생존이 주요 관심사인 평범한 사람들의 피였다. 소련은 수십 년 동안 다른 세계와 단절하고 '사회주의 건설'에 매진했다. 사회주의 건설의 중요한 부분은 소련의 힘을 키우고 근대화하는 것이었다. 소련은 자국민에게 중대한 범죄를 저질렀다. 이를테면 대숙청, 부농 및 여러 민족의 강제 추방, 강제노동수용소의 창설과 확대, 그 후 장기간에 걸쳐 다른 국가들과 벌인 끔찍한 제2차 세계대전 등이 있다. 수천만 명의 인명 손실, 막대한 파괴, 국경 폐쇄 이후 상황이 점차 진정되었다. 대규모 유혈사태나 격변 없이 약 50년이 지나갔다.

이 모든 혼란을 거친 후 우리의 이야기가 시작된 브레즈네프 시대의 소련이 도래했다. 당시의 소련은 복지국가였고, 비교적 가난했지만 상당히 평등했다. 모든 사람이 교육받고 일자리를 얻을 수 있었다. 전쟁 전 시기에 있었던 상향(또는 하향) 이동의 큰 기회는 사라졌다. 고급문화가 대중에게 보급되었다. 고급문화를 만드는 일부 예술가들은 서구사회의 '퇴폐적인' 추세로부터 차단당할 때 그랬듯이 이런 대중화에 짜증을 냈다. 남자들은 사회적 감시 없이 지나치게 많은 술을 마셨고, 여자들은 가족계획의 일환으로 낙태를 강요받고 직장과 가사노동이라는 이중 부담을 짊어졌다. 다문화주의(무정부주의적 용어를 사용하자면)는 기본적인 사회적 약속이었다. 민족적 선입견을 공공장소에서 표현하는 것은 금기 사항이었다. 낡은 중앙계획 시스템과 국가 소유 경제의 빈틈 사이에 부패가 만연했다. 1930년대의 자랑이었던 굴뚝 산업은 체르노빌 원전 폭발 사고가 잘 보여주었듯이 환경에 큰 피해를 주었다. 세계평화에 헌신하겠다던 소련의 공약은 엄청난 군사비 지출과 공존했다. 국경이 조금 열리긴 했지만 교육 받은 중산층에는 충분하지 못했다. 보안 기관들은 테러를 중단했고, 감시와 처벌은 더 이상 마구잡이식으로 이루어지지 않았으며 반체제 운동을 결심한 개인들에게 집중되었다. 상대적으로 소수였지만 '자유 라디오Radio Liberty'와 같은 외국 '방송들'이 반체제 인사들의 목소리를 전하는 역할을 했다. 민간 분야 육성이 슬로건이었지만, 소비에트 선전의 우쭐거리는 계몽주의에 너무도 익숙한 상황이었기 때문에 노인들에게는 예상 가능하고 지루한 소비에트 생활방식이 더 호소력 있었다.

브레즈네프는 이것을 '사회주의'라고 불렀고, 국유화, 복지, 여성 해방, 민족 다양성 용인 등 많은 공식적인 기준에 부합했다. 약점도 있었는데, 소련을 세계로부터 고립되다시피 만들었고 대중이 경쟁적인 정당 제도를 통해 지도자를 선출하고 교체하는 역량이라는 의미에서 민주주의도 부족했다. 하지만 민주주의의 부재는 소련 시민 대부분의 큰 관심사가 아니었다. 주요 불만은 경제적인 요소였다. '사회주의'는 풍부한 경제력을 제공한다는 의미였지만 소련의 생활수준은 발전된 서구 국가보다 낮았다. 1960년대 이후 그 격차가 조만간에 좁혀질 것 같지 않았다. 만약 이것이 진짜 사회주의라면 많은 소련 시민들은 다른 무언가를 원했을 것이다.

소련이 무너질 때, 모든 사람이 소련을 '제국'이라고 부르기 시작했다. 이 용어는 소련에서 더 이상 사용되지 않았다. 소비에트 관점에서 볼 때 제국을 만드는 것은 자본주의자들이기 때문이다. 서구에서는 이 용어를 '악한 제국'의 맥락에서만 주로 사용했다. 하지만 1990년대 초 이 단어가 어디에서나 언급되었고, 그럴 만한 타당한 이유가 있었다. 이를테면 갑자기 주변 위성 국가를 상실한 다국적 국가는 확실히 제국이었다. 한때 이런 국가를 제국이라고 간주했고, 제국의 붕괴는 식민지(비러시아계 소비에트 공화국들)가 중심부의 제국(모스크바와 러시아인)에 의한 착취에서 해방되었다는 관점으로 쉽게 설명할 수 있었다. 이는 설득력이 있지만 부분적으로만 정확하다.

우선 모스크바가 '식민지'로부터 경제적 이익을 얻었다는 가정이 의심스럽다. 비러시아계 공화국 사람들은 페레스트로이카 시기에 경제적으로 착취당했다고 보기 시작했다. 하지만 러시아인들은 정반대로 공화국들이 경제적 이익을 누렸다고 생각했다. 서구 경제학자들은 대체로 이 주제를 너무 복잡해서 설명하기 힘든 문제로 보고 피하려 했지만 러시아인들의 입장에 동의하는 경향이 있다. 둘째로 '해방' 모델은 식민지 사람들이 억압자들에 대항해 일어나 그들을 몰아냈다고 시사한다. 약간 과장하자면 이 모델은 발트 지역 공화국들(소련이 상실해도 문제가 없는 지역이다)에서 일어난 상황에서 적합하지만 나머지 공화국에 적용하기는 힘들다. 대다수 공화국 지도자들은 저항할 수 없는 대중의 압력이 아니라 소련 붕괴의 결과로 자주독립의 결단을 내렸고, 그로 인해 그들은 기본적으로 아무런 대가 없이 국가 지도자가 될 수 있는 확실한 기회를 얻었으며, 심지어 러시아의 지도를 따랐다. 만약 우리가 제국주의 모델을 적용한다면 러시아가 '제국주의' 지배에서 자신을 해방한 것으로 보아야 할 것이다.

서구 논평가들은 소련 붕괴 이후 시장경제의 긍정적인 영향이 필연적으로 확대되면서 러시아가 민주주의 국가가 될 것으로 예측했다(나머지 새로운 국가들도 그렇게 되기를 바랐다). 하지만 역사의식을 가진 러시아인들은 어려운 시기를 인내했다. 1990년대에 시행한 여론조사에서 응답자의 5분의 1은 서구식 '민주주의'가 러시아에 유용할 것으로 생각했지만, 소비에트 이후 실제 정치 과정을 경험한 뒤 서구식 민주주의나 '자유' '선거'라는 단어에 대해 부정적인 반응이 널리 퍼졌다. 1999년 여론조사에서 러시아인들에게

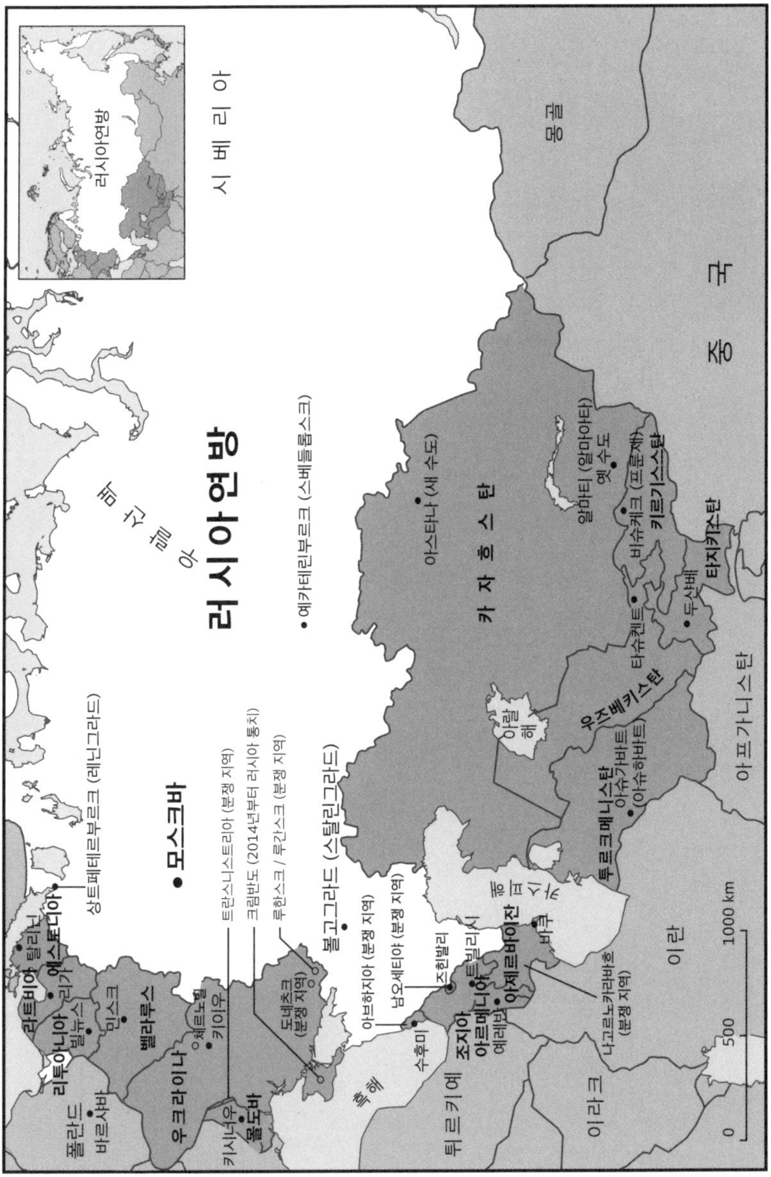

2014년 현재, 러시아연방과 주변 국가.

13개 항목 중 어느 것이 가장 중요한지 물었더니 '민주주의'는 끝에서 두 번째였으며, '기업가의 자유'를 제외하고 가장 인기가 낮았다. 가장 중요한 항목은 '안정'과 '사회복지'였다.

쇼크shok는 옐친 대통령 치하의 혼란스러운 첫 포스트-소비에트 10년 동안 어디에서나 들렸던 새로운 단어였다. '충격 요법'은 서구 경제학자의 자문을 받아 옐친이 도입한 민영화 정책을 위한 접근 방법으로, 예고르 가이다르(소비에트 시기 유명했던 아동서 작가의 아들)가 실행했다. 이전에 거의 모든 것이 국가 소유였던 것을 고려할 때 민영화는 안내 지침에 대한 아무런 전례도 없이 시행해야 할 엄청난 과제였다. 러시아인들은 민영화 과정을 '야만적 자본주의'라고 불렀다. 이는 모든 사람이 각자 최대한 자산을 움켜쥐고(옛 정부와 당 기관의 고위직들과 좋은 인맥을 가진 사람들이 더 많은 자산을 확보할 수 있었다), 그다음 그에 대한 보호 조치를 취하는 과정이었다. 당 간부 학교(유리 아파나시예프의 교육기관) 출신 자유주의 성향의 교수들도 충격 요법으로 소도시를 돌아다니며 더 좋은 캠퍼스를 확보했다. 소련 시기에는 개인 소유가 불허되었던 총기가 널리 확산되었고, 군복을 입은 보안요원들은 금목걸이를 보여주려고 셔츠를 풀어헤친 채 다녔다. 사람들은 모두 보호('지붕')를 원했지만 그것을 제공할 집단이 경찰인지, 범죄 집단인지, 또는 이 둘이 혼재한 집단인지를 판단하기 어려웠다.

이전에는 저렴한 비용으로 국가로부터 임대했던 아파트는 사유화되었고 세입자는 좋은 가격으로 아파트를 살 수 있었다. 하지만 범죄자들이 아파트에 찾아와서 부당하게 돈을 요구하고, 돈을 주지 않으면 거주자들이 거리로 쫓겨나는 일이 발생했다. 아파트 거주자들은 철문을 구입해 아파트에 설치했다. 하지만 계단이나 엘리베이터에서는 안전하지 못했기 때문에 아파트 단지 출입문과 서구식 초인종을 설치하기 시작했다. 시골 별장을 소유한 도시 거주자들은 종종 별장으로 이주하고 도시 아파트를 임대해 간신히 연명했다. 기본 생필품에 대한 가격 통제가 사라지고 가격이 크게 상승하자 1990년대 '개인 텃밭 가꾸기'는 단순한 취미가 아니라 거의 보편적인 일상이 되었다.

인플레이션과 임금 체불로 인해 연금생활자와 많은 사무직 노동자가 빈곤층으로 전락했다. 여성 노인은 지하철 역사 바깥에 서서 말없이 약간의 무나 모직 장갑을 내밀고 바쁜 통근자들이 사주길 바랐다. 거지와 노숙자가 갑자기 도시 풍경의 일부가 되었다. 공장이나 사무실처럼 탄탄한 직장에서 일하는 사람들은 동지적 관계를 유지하고 직장 내부에서 지급되는 물품을 받고 싶어 했기 때문에 심지어 임금 지급이 중단돼도 직장에 매달렸다. 집단농장의 농민은 집단농장 대표가 현재 상황을 계속 유지해주기를 바랐다. 지식인들이 특히 심한 타격을 받았다. 경제적으로 가난해졌을 뿐만 아니라 '두꺼운 잡지'와 같이 삶을 지탱해주던 주요 매체가 붕괴했기 때문이었다. 지식인들과 소비에트 국가가 높은 가치를 부여한 교육과 고급문화는 후세대에게는 우스꽝스럽게 보였다. 후세대들은 미국 문화를 빠르게 습득하고 벼락부자가 되는 방법을 찾왔다. 러시아는 2002년 자살자가 6만 명으로 자살률이 세계 최고 수준이었다. 남성의 기대수명은 1990년대 초 64세에서 10년 뒤 58세로 급격히 낮아졌으며, 2005년까지 다시 오르지 않은 상태다. 오래전부터 고난 극복 능력으로 유명한 러시아 여성들의 기대수명은 같은 기간 2.5세만 감소했다. 여성 해방을 원치 않는 일부 여성은 가정주부 역할을 받아들였다.

일부 러시아인들은 이전 정부의 자산을 확보할 수 있는 순간이 오자 신속하게 움직여 큰 부자가 되었다. '새로운 러시아인'은 벼락부자를, '올리가르히oligarchs'는 보리스 베레좁스키와 미하일 호도르콥스키를 포함한 소수의 갑부들을 나타내는 말로 각각 사용되었다. 사람들은 옐친 체제가 소수 갑부의 지지에 의존한다고 생각했다. 베레좁스키는 수학자이자 기술자로 구소련 시대에 과학아카데미 연구소의 분과 책임자였다. 그는 러시아 주요 텔레비전 채널을 획득하여 부를 쌓았다. 콤소몰 관리자였던 호도르콥스키는 페레스트로이카 시절 카페를 창업해 첫 사업을 시작했다. 이어서 민간 금융에 진출하고 1990년대 중반 국가로부터 유코스 오일Yukos Oil을 싼값에 인수했다. 이와 같은 재산 축적 과정을 볼 때 항상 불법성의 여지가 존재했다. 부분적으로 서구 모델에 기초했지만 러시아의 새로운 '자본주의' 역시 구소련 '2차 경제'의 직접적인 계승자였으며, 합법적인 계약보다는 개인적인 관계에 기초해 작동했다.

러시아의 새로운 부자들은 극단적인 과시 소비로 유명했다. 이를테면 시골 별장은 바로크풍의 성으로 확장되어 이웃 마을 거주자들에게 놀라움의 대상이 되었다. 그들은 서구 국가에서 많은 시간을 보냈고 자녀를 영국과 스위스의 엘리트 학교에 보내고, 새로 획득한 부 가운데 상당 부분을 해외에 예치했다. 여유 있는 사람들을 위한 제약 없는 서구 여행은 소비에트 이후 러시아인들에게 큰 선물이었다. 소련이 시행한 모든 제약 가운데 이것이 특히 짜증나는 것이었다. 러시아인들은 70년 만에 처음으로 망명 신분이 아닌 상태에서 (관광객이 아닌 자격으로) 자국을 떠날 수 있었다. 기업가는 물론 유명한 지식인과 예술인들도 국내외에서 거주지를 정할 수 있었다. 젊은 여성들은 유혹적인 국경 개방을 따라 유럽으로 가서 매춘부로 일했다.

새로운 러시아에서 자유로운 언론사들이 정파에 따라 다양하게 설립되었고, 실제든 상상이든 상관없이 현재와 과거의 스캔들을 열심히 추적했다. 가장 대담한 언론인들의 삶은 위험했고 언론인 암살과 경쟁자에 의한 기업가 암살이 비교적 흔했다. 지식계급은 페레스트로이카 정책 실패로 실의에 빠졌고(그로 인해 지식계급은 고르바초프와 함께 다수 국민으로부터 비난받았다), 지식인들은 사회적 지위를 잃고 도덕적 지도력에 대한 신뢰를 상실했으며 새로운 러시아에서 그들의 입지를 찾기 어려웠다. 여러 정당이 설립되었다. 새로 부활한 러시아공산당이 1990년대에 가장 많은 지지를 얻었지만, 자유주의 정당과 민족주의 정당도 있었고, 거리에는 유사 나치 깡패들도 있었다. 정당들은 차르 시대에 만들어졌던 두마라고 부르는 새로운 의회를 차지하기 위해 선거에서 경쟁했다. 두마는 활발한 토론과 놀라운 입법 활동(한 법안은 소련을 '복원'했다)이 펼쳐지는 장이 되었다. 하지만 대통령이 의회가 만든 법을 승인할 의무는 없었기에 두마는 그다지 중요하지 않았다. 옐친 대통령 자신은 정당을 만들지 않았다. 그는 심장병을 앓는 술꾼이었고 건강과 행동이 점차 불안정해졌다.

소련 체제의 변화에도 KGB는 새로운 이름(연방보안국FSB)으로 살아남아 기관의 기록물을 관리했지만, 소련 공산당은 다른 자산과 함께 기록물을 러시아연방에 넘겨주었고 러시아연방이 그것을 공개했다. 그들은 1992년 러시아 헌법재판소의 소비에트 공산당 적법성 재판에서 증거를 찾기 위해 이 기록물들을 샅샅이 파헤쳤다. 이 재판은 이전 공산주의자들이 1991년에 단행된 옐친의 공산당 해산이 반헌법적이라고 주장하며 제기한 소송으로 시작되었다. 이것은 1917년 이후의 모든 공산당 통치 기간이 반헌법적이었다고 주장하는 반대 소송을 유발했다. 과거의 비밀문서가 대량으로 비밀 해제되었기 때문에 이 재판은 역사가에게 중요한 사건이었다. 재판정에 충실하게 참석했던 〈워싱턴포스트〉의 모스크바 주재 통신원은 아무도 이 재판에 관심을 두지 않는 것에 놀랐다.

소련의 붕괴에 대한 대중들의 초기 반응은 새로운 러시아연방과 혁명 이전 러시아제국을 분리하는 74년이 전혀 존재하지 않았다는 듯 여기는 것이었다. 과거의 차르 체제는 당시 사람들이 회복하기를 간절히 바라던 것이었다. 옛날 러시아제국의 쌍두 독수리가 국가 상징으로 복원되었다. 러시아인들은 반쯤 기억하는 동방정교회를 다시 받아들였고 소비에트 초기에 프롤레타리아 선조를 발견했듯이 고귀한 선조들을 다시 발견했다. 개장한 레스토랑들은 러시아제국 스타일을 저급하게 모방했다. 심령술사와 주술사들이 널리 대중화되었고, 점성술사는 텔레비전에서 가장 사랑받는 출연자 중 하나가 되었다. 11월 7일 혁명기념일은 여전히 공휴일이지만 '화해와 단합의 날'이라는 긍정적이고 새로운 명칭으로 불렸다. 소련 지도자와 관련된 엄청나게 많은 기념물이 쓰러졌기 때문에 모스크바는 그것을 보관하는 특별 공원을 세웠고, 또한 1931년 소비에트가 파괴한 구세주 그리스도 성당을 크렘린에서 멀지 않은 이전 위치에 다시 세웠다.

좌측의 레닌 동상은 모스크바 철거 기념물 공원에 새로운 자리를 찾았다.

1977년 헌법에서 주장했듯이 새로운 '소비에트' 정체성과 국민성이 생겼는지 여부는 소비에트 시기 이후에 논쟁의 대상이었다. 이제는 자신 있게 그렇다고 대답할 수 있다. **쓰레받기**sovok는 '소비에트 남자'(그리고 여자)를 지칭하는 새로운 경멸적 용어였고, 언론은 그런 미개한 사람들을 자주 조롱했다.《구소련 러시아어 해설사전An Interpretative Dictionary of the Language of Sovdepia》이 소비에트 언어 용법에 대한 안내서(또는 기념서)로 출간되었다. 외국어와 러시아 구어와 문어의 최근 변화를 반영한 새로운 사전이 많이 필요했다. 대중매체의 언어가 갑자기 극적으로 서구화되었고, 엄청나게 많은 조어들은 한때 소비에트 두문자어처럼 괴상했다. 1990년대의 인기 소설인 빅토르 펠레빈의《호모 자피엔스Homo Zapiens》는 새로운 광고와 텔레비전의 세계를 배경으로 벌어지는 블랙코미디였다. 여기에서는 이미지와 홍보가 모든 것이며 핵심적인 정체성은 이미 사라졌다.

자기 재창조 과정을 겪는 것은 개인만이 아니었다. 신생 민족국가들도 똑같은 과정을 훨씬 더 극적으로 겪었다. 한 논평가가 언급했듯이, 신생 공화국들은 민족 정체성을 정립하기도 전에 갑자기 국가 정체성을 확립하는 과제를 수행하게 되었다. 그들 중 다수는 각 공화국의 전직 제1서기의 지도로 공화국 붕괴 직전 대통령제 이행에 성공했고, 전직 당 서기가 대통령직을 맡았다. 그들 중 한 명인 누르술탄 나자르바예프는 막 독립한 카자흐스탄의 대통령이 되었다가 78세였던 2019년에야 물러났다. 아제르바이잔, 우즈베키스탄, 투르크메니스탄의 대통령도 마찬가지였다. 사파르무라트 니야조프는 다른 이들보다 한술 더 떠서 자신을 '종신 대통령'으로 만들었다. 조지아는 이전의 반체제 인사이자 셰익스피어 학자인 즈비아드 감사후르디아가 대통령직을 수행하다가 고르바초프 정부의 전 외교부장관 예두아르트 셰바르드나제에 의해 교체되었다. 그는 열렬한 자유시장주의자 미하일 사카슈빌리에 의해 교체되었다. 페레스트로이카 시대에 한 우크라이나 대학의 졸업생이었던 그는 그보다 앞선 시기에 소비에트 '인민의 우정' 모범 사례로 언급되었다. 이 지역의 또 다른 변화무쌍한 지도자로는 게오르기 데를루기얀이《코카서스의 은밀한 부르디외 신봉자Bourdieu's Secret Admirer in the Caucasus》에서 자세히 밝힌 코카서스 북부의 전직 콤소몰 활동가가 있다. 이 활동가는 새로운 헤게모니로 등장한 독립국가 조지아에 대항해 민족주의 반란을 주도하는 이슬람 지도자로 탈바꿈했다.

여러 공화국으로 구성된 소련이 여러 독립적인 민족 국가로 분열되었는데도 왜 러시아공화국은 분열되지 않았을까? 러시아공화국에서 분리 가능한 민족으로는 타타르족(이전의 타타르 자치공화국)과 체첸족이 있었다. 하지만 옐친과 그의 후계자 블라디미르 푸틴은 이들 민족의 분리 불허 방침을 정했다. 체첸족의 민족 분리 투쟁은 수년 동안 깊은 상처를 남긴 전쟁 – 아르메니아인과 아제르바이잔인이 관련된 나고르노 – 카라바흐 갈등을 포함한 소비에트 이후의 많은 민족 간 갈등 – 으로 이어졌다. 타타르족은 다른 길을

이전과 이후. 소비에트 투르크메니스탄 공산당 제1서기 니야조프와
독립한 투르크메니스탄의 대통령 니야조프.

택했다. 그들은 러시아가 타타르인에게 '평등한 주권'과 공화국 내 석유 수입 중 일정 몫을 제공한다는 조약에 서명했다. 아울러 푸틴은 카잔에 새로운 지하철을 건설해주겠노라 약속했다.

국제적으로 소련 이후 러시아는 미국의 많은 후원과 민간 투자의 수혜자가 되었고, 유엔 안전보장이사회 이사국의 지위를 간신히 유지했다. 세계에서 러시아의 위상은 크게 낮아졌고, 고르바초프가 서구가 하지 않기로 약속했다고 생각했던 나토의 동진 확장을 받아들여야 했다. 폴란드·체코공화국·헝가리는 1999년에, 슬로베키아·슬로베니아·불가리아·루마니아·발트 3국은 2004년에 나토에 가입했다. 아직 나토에 가입하지 않은 우크라이나와 조지아가 가입 후보국으로 인정된 것은 러시아에 더욱 우려스러운 일이었다. 러시아가 초강대국은 차치하고 아직도 글로벌 강대국인지 의문의 여지가 있다. 물론 러시아는 특정 지역에서 강대국이지만 그 지역은 주로 이전의 소비에트공화국과 소련 블록 국가들로 이루어져 있다. 1991년 공화국들에 소련을 탈퇴하도록 권유했던 옐친과 외교부장관 안드레이 코지레프는 재빨리 입장을 바꾸어 러시아공화국이 이웃 국가들을 다양한 형태로 다시 끌어 모을 수 있는 천연 자석이라고 보았다. 하지만 반응은 미온적이었다. 분리주의라는 지니를 병 밖으로 나오게 하는 것보다 그것을 다시 집어넣는 것이 훨씬 더 어려웠다. 러시아의 여론조사에 따르면, 응답자의 71퍼센트가 소련 해체가 실수였다고 생각했다.

옐친이 1990년대 대부분 기간을 통치했고, 1998년 금융 위기가 러시아를 파산 직전까지 몰고 갔다. 러시아 중앙은행은 채무불이행을 선언하고 루블화의 가치를 평가절하했다. 옐친은 건강이 악화되어 후계자를 찾던 중 거의 무명이었던 전직 KGB 요원 블라디미르 푸틴을 떠올렸다. 유도광인 푸틴은 차분한 성격을 지녔으며 지난 몇 년 동안 크렘린 행정부에서 일했다. 1999년 옐친은 그를 총리로 임명했고, 몇 개월 뒤 옐친이 대통령직을 사임하면서 푸틴이 대통령 권한대행을 맡았다. 체첸에서 러시아군이 승리한 덕분이기도 했으나, 2000년 대통령 선거에서 놀랍게도 푸틴이 제1차 국민투표에서 53퍼센트의 득표율을 기록했다.

역설적인 면이 없진 않았지만, 푸틴은 자신을 '애국 교육을 받은 소비에트 남자의 완벽한 성공작'으로 만들었다. 푸틴은 전후 민영화 과정이 한창일 때 레닌그라드의 노동계급 가정에서 태어났다. 그는 법률 교육을 받은 뒤 신념과 낭만적인 분위기(그의 청년 시기에는 영웅적인 스파이 이야기가 인기였다)에 이끌려 KGB에 들어갔다. KGB에서 마지막 10년 동안 특별한 경력을 쌓지 못한 채 동독에서 소련 정보요원으로 일했다. 이때 1989년 동독이 극적으로 붕괴하는 모습을 지켜보고 극히 혼란스러운 소련으로 돌아왔다. 그는 공식적으로 공산당을 탈당한 적이 없으며 당원증이 불필요하게 되었을 때 그것을 서랍 속에 넣었을 뿐이었다. 러시아로 돌아온 그는 레닌그라드 지도자 아나톨리 솝차크 밑에서 일하다가 1996년 모스크바로 이주했다. 푸틴은 레닌의 도시 레닌그라드의 산물일 뿐만 아니라 그의 조부 때에 레닌의 가족과 약간 관련이 있었다. 그의 조부가 1920년대에 레닌 아내의 요리사로 일한 것이다. 만약 아직도 소비에트 시대였다면, 혹자는 정부의 수장이 된 요리사의 손자가 레닌이《국가와 혁명》에서 예측한 내용을 성취한 것이라고 지적했을 것이다.

지도자로서 푸틴의 초기 성과는 뜻밖에도 매우 인상적이었다. 그는 자신을 (온건한) 러시아 민족주의자이자 정교회 신자이면서도 과거 소비에트 시절을 존중하는 사람으로 내세우면서, 소수의 엄청난 갑부들을 통제하고, 러시아의 분열(체첸의 경우처럼)을 막고, 과도한 '야만적 자본주의'를 바로잡고, 금융 시스템과 가스 등 핵심 산업에 대한 일정 정도의 국가 통제를 다시 주장하기 시작했다.

그의 노력은 국제 유가 상승의 도움을 받았다. 2008년 배럴당 137달러에 달했던 유가는 2014년 다시 떨어졌다. 그는 러시아의 잃어버린 국제적 위상을 다시 회복할 수 있다는 희망과 안정을 제공하면서 (국가 여론조사는 물론 독립적인 여론조사에서도) 지지율이 최고 수준으로 올라갔다. 옐친 시대 소수의 갑부 집단에 반대하는 운동의 일환으로 푸틴은 보리스 베레좁스키를 강제로 추방했고(보리스는 2013년 런던에서 의문사했다), 미하일 호도르콥스키는 2003년 금융범죄로 기소되어 형기를 마친 뒤 러시아를 떠났다.

기나긴 밀고 당기는 갈등 속에서 푸틴은 점차 대통령의 권한을 확대해 모스크바와 불화를 일으키는 주지사를 해임했다. 정치적으로 그는 새로운 민족주의 정당인 통합러시아당United Russia의 지지를 얻었다. 이 정당은 두마 의원 선거에 후보자를 냈으며 모든 주지사가 가입할 것으로 기대했다(이것은 전통적인 정당이라기보다 시카고 시장 리처드 데일리의 유명한 '정당 기구party machine'처럼 지지를 약속하면 연방기관의 직책을 제공하는 메커니즘에 가까웠다. 그리고 데일리 시장처럼 푸틴은 당 중앙위원회 없이 움직였다). **실로비크**siloviki, 즉 푸틴 자신과 같은 소련 군대 및 보안경찰 출신자들에 부분적으로 의존했던 푸틴 행정부는 점차 정치적 도전을 용인하지 않았고(선거 제도를 유지했음에도), 2008년 헌법상 임기 제한으로 출마할 수 없게 되자 권력을 유지하기 위해 제도를 고의로 바꾸었다. 2021년 현재 69세인 그는 러시아 대통령을 네 번째 역임하고 있다.

국제관계에 관한 초기 제안 이후 푸틴은 서구와 좋은 관계를 복원하는 정책을 포기한 것처럼 보였다. 심지어 서구 여론을 비웃으며 경멸하기로 작정한 듯이 보였다. 2003~2005년에 조지아, 우크라이나, 키르기스스탄에서 발생한 '색깔colour' 혁명은 서방과 소원한 그의 행보에 중요한 영향을 미쳤다. 러시아 지도자들은 나토와 미국이 이들 국가 배후에 있으며, 친러시아 정부들을 흔들고자 하며, 러시아에 대해서도 동일한 술책을 시도할 수 있다고 확신했기 때문이었다. 푸틴의 KGB는 그의 행정부에서 분명히 지시했던 '더러운 공작'을 다시 시작한 것처럼 보였다. 이를테면 전 러시아 정보요원 알렉산드르 리트비넨코가 2006년에, 세르게이 스크리팔스가 2018년에 영국에서 각각 독극물 암살 대상이 되었다. 2014년 러시아는 흐루쇼프가 1954년 관대한 태도로 우크라이나 소비에트공화국에 넘겨주었던 크림반도를 다시 차지했다. 흑해 함대의 주둔지로서 러시아에 중요한 크림반도는 압도적 다수가 러시아어를 사용했으며, 인구의 약 3분의 2가 러시아 민족이고 나머지는 주로 우크라이나인과 크림 타타르인(1940년대 강제 추방되었다가 소련 붕괴 후 돌아왔다)이었다. 러시아는 또한 우크라이나 동부의 돈바스 지역과 루한스크 지역 – 우크라이나 전체 인구의 약 7분 1이 거주 – 의 분리 운동을 은밀히 지지하면서 후원했다. 이 지역에는 러시아 민족과 우크라이나 민족이 비슷한 비율로 거주했다. 러시아의 조치는 서구 국가들의 분노를 일으켰지만 러시아에서는 인기가 많았다.

소련 붕괴를 후회하는 대다수 러시아인들은 소비에트 기간 전체, 즉 신경제정책부터 페레스트로이카 시작 시기까지를 공공질서, 안전, 기본 생필품 가격이 안정된 시기로 기억했다(물론 완전히 정확한 것은 아니다). 소련 국민이 재평가한 과거 지도자 중 브레즈네프가 가장 좋은 평가를 받았다. 2000년대 초의 많은 사람들은 브레즈네프 시대를 황금시대로 평가했다. 2002년 브레즈네프 전기를 쓴 존경받은 러시아 작가는 "전쟁도 혁명도 없었고, 기아도 격변도 없었다"라고 썼다. "평범한 소련 노동자를 위한 더 나은 삶, 대다수 사람들을 위한 더 나은 삶, 간단히 말하면, 온통 고난으로 가득한 20세기 중 가장 좋았던 시기"였다.

옐친과 고르바초프는 2017년 여론조사에서 대중의 관심을 별로 받지 못했다. 여론조사에 따르면 응답자의 30퍼센트가 두 사람에 대해 품은 압도적인 감정은 '분노와 경멸'이었다. 또한 추가로 응답자의 13~15퍼센트는 '혐오와 증오'를 드러냈다. 러시아인들은 서구에서 찬사와 공감을 얻은 고르바초프에게 전혀 다른 태도를 보였다. 러시아인들에게 그는 민주적 개혁의 영웅이 아니라 소련을 붕괴시킨 사람이었다. 하지만 전직 지도자 두 명은 오랜 소비에트 전통 덕분에 '비인간' 취급을 받지 않았다. 고르바초프는 90세에도 비영리 고르바초프 재단의 공식적인 이사장이었고, 2007년에 사망한 옐친은 고향인 우랄에 세워진 훌륭한 옐친 박물관을 통해 명예를 존중받았다.

2017년에 실시된 똑같은 여론조사에 따르면, 대중의 존경 측면에서 스탈린(응답자의 32퍼센트가 그에 대한 태도를 가장 잘 나타내는 단어

2014년 은퇴한 미하일 고르바초프, 소련학자 스티븐 F. 코언(앉은 사람)과 그의 아내 카트리나 반덴 호이벨. 그들 뒤에 있는 사람은 러시아 신문 〈노바야 가제타Novaia Gazeta〉 편집자이자 2021년 노벨평화상 수상자인 드미트리 무라토프이다.

로 '존경'을 선택했다)은 푸틴(49퍼센트) 다음으로 점수가 높았고, 레닌은 26퍼센트로 3위였다. 굴욕을 당한 러시아인들에게 스탈린은 국가적 자부심과 성과 – 국가와 산업 역량을 강화하고 제2차 세계대전을 승리로 이끈 사람 – 를 달성한 역사적 모범 인물이었다. 스탈린의 유산 가운데 억압적인 측면은 대부분의 소비에트 이후 러시아인들에게 별 관심 대상이 아닌 것 같았다.

소련 시절에도 그랬듯이 제2차 세계대전은 새로운 러시아연방 국가 신화의 중심이 되었고, 스탈린은 제2차 세계대전을 승리로 이끈 주역이었다. 2014년 이후 러시아인들은 전쟁 당시 소련의 행동에 대해 비호의적인 모습을 보이면 처벌받을 수 있었고, 2021년 하원인 두마는 제2차 세계대전 참전용사를 모욕할 경우 최대 5년형을 선고할 수 있는 법을 통과시켰다. 명예훼손자들은 보통 우크라이나에서 나왔으며, 반데라주의자들(2차 세계대전 당시, 독일과 협력하여 우크라이나 독립을 꾀한 극우 민족주의자 스테판 반데라 추종자들 - 옮긴이)과 같은 전시 반소비에트 민족주의 열혈 지지자들의 명예가 회복되었다. 우크라이나인들은 자체적으로 국가 건립 신화를 만들었는데 러시아의 신화와 전혀 달랐다. 우크라이나 신화는 1930년대의 기근인 홀로도모르에 초점을 맞추며 우크라이나인 집단학살을 재해석했다.

푸틴은 스탈린을 국가 건설자로서 존경했다. 그는 1999년 12월 두마 지도자들과의 만남에서 스탈린의 탄생일을 위해 건배했고, 2000년 대통령으로서 첫 조치 중 하나로 옛 소비에트 국가를 러시아 국가國歌로 재지정했다. 알다시피 소비에트 국가의 원래 작사가이자 당대 존경받는 소비에트 작가로서 스탈린상을 세 번 받은 세르게이 미할코프가 가사를 새로 썼다. 푸틴은 처음에는 스탈린의 테러에 대해 별로 언급하지 않았지만 이 문제는 그의 정치 동맹인 동방정교회의 주요 관심사였다. 2017년 그는 키릴 대주교와 함께 모스크바에서 정치적 억압의 희생자를 기리는 기념비 제막식을 거행했다. 다음 해 그는 알렉산드르 솔제니친(1994년 러시아로 돌아온 반체제 인사) 기념비 제막식에서 소비에트 "전체주의 제도가 수

많은 사람을 고통과 엄청난 고난에 빠뜨렸다"고 말했다.

스탈린을 좋아하는 사람들은 대부분 레닌도 좋아한다. 하지만 자기 조부와 레닌과의 관계에도 불구하고 푸틴은 레닌을 좋아하지 않는다. 2017년 푸틴은 러시아혁명 100주년을 성대하게 기념하는 행사를 거부했다. 그는 내전의 유혈사태, 1918년 차르 가족 전체와 그들의 개까지 처형한 것 때문에 레닌을 좋게 보지 않았다. 그가 레닌을 싫어하는 진짜 이유는 혁명가로서 레닌은 국가 파괴자였을 뿐 스탈린 같은 국가 건설자가 아니라는 것이었다. 아마추어 역사가로서 푸틴은 스탈린의 반대에도 레닌이 최초의 소비에트 헌법에 공화국들에 분리 독립의 권리를 부여해야 한다고 주장했음을 상기시켰다. 푸틴은 "그것은 우리에게 주어진 시한폭탄이었다"라고 말했다. 흐루쇼프 역시 1954년 크림반도를 우크라이나로 이전했다는 유사한 문제로 푸틴의 분노를 샀다. 2014년 3월 18일 두마 연설에서 푸틴은 그 조치로 인해 러시아가 "단순히 도둑질당한 것이 아니라 강탈당했다"고 말했다.

세계 시민들은 많은 악행을 저지른 소련의 붕괴를 기뻐했다. 소수는 적어도 소련이 사회주의를 위한 역사적 시도였다고 평가하며 애석해했다. 하지만 소련에서 태어난 많은 러시아인에게 역사적 서사는 달랐다. 러시아는 후진국에서 벗어나 20세기에 기적적인 위상을 차지했다. 러시아는 처음으로 세계가 사회주의를 지향하도록 이끌었고, 나중에는 초강대국이 되었다. 그 뒤 세계의 존경과 차르 체제로부터 물려받은 제국과 함께 모든 것이 불명확한 이유로

2015년 4월 24일
구세주 그리스도
성당에서 열린
부활절 예배에서 만난
푸틴 대통령과
키릴 총대주교.

갑자기 사라졌다. 설상가상으로 서구는 1990년대의 짧은 휴지기 이후 냉전 시기의 적대적 초강대국일 때와 똑같은 정도의 적대감으로 러시아를 대했다. 이것은 러시아의 눈으로 보기에 외국인 혐오증이나 다름 없었다('예전에는 그들은 우리가 공산주의자라서 미워한다고 말했다. 하지만 우리가 공산주의를 포기한 뒤에도 여전히 미워한다.').

앞으로의 명예 회복과 관련하여 푸틴은 "소련의 몰락을 후회하지 않는 사람은 심장이 없는 사람이다. 소련의 회복을 바라는 사람은 머리가 없는 사람이다"라는 핵심적인 경구를 언급했다. 하지만 미래가 어떻게 될지 누가 알겠는가? 머리가 있는 지도자(푸틴 같은 사람?)는 비록 '완전한 회복'에는 미치지 못하겠지만 잃어버린 것의 일부를 회복하는 방법을 찾을지도 모른다. 푸틴은 2020년 인터뷰에서 이렇게 말했다. 우크라이나는 왜 러시아와 분리되어 막대한 경제적 손실과 '탈산업화' 피해를 입어야 하는가? '우리는 같은 민족으로서' 언제 글로벌 주자로 함께 다시 뛸 수 있을까? 2022년 2월 러시아의 우크라이나 침략으로 가까운 미래에는 그런 일이 실현될 가능성이 극히 낮아졌지만 이것이 헛된 말이 아니었음을 보여주었다. 소련의 유령은 소련이 붕괴할 때처럼 빨리 사라지지 않을 것이다. 하지만 레닌에서부터 고르바초프까지 소비에트 지도자에게 영감을 주었던 역사적 사명 의식은 회복 불가능해졌다. 학교에서 마르크스-레닌주의를 배운 훌륭한 소련 시민으로서 푸틴은 한때 역사적 필연성을 확고하게 믿었다. 하지만 더 이상은 믿지 않는다. 1989~91년에 발생한 비상사태라는 억누를 수 없는 결정적인 힘을 본 이후로 그는 달라졌다. 그는 2000년 인터뷰에서 이렇게 말했다.

> 알다시피, 불가능하고 믿기 힘든 일들이 많이 일어납니다. **쾅!** 소련에서 일어난 일을 보세요. 소련이 그렇게 간단히 붕괴할 줄 누가 상상이나 할 수 있었겠습니까?

감사의 글

여러 책과 대화와 논쟁을 통해 나에게 소련 역사를 가르쳐 준 네 분에게 먼저 감사의 인사를 드려야겠다. 1960년대 말 영국 교환학생으로 모스크바에 머물 당시 초기부터 스스로 멘토로 삼은 이고르 사츠는 소련에 대한 나의 시각을 형성하는 데 엄청난 역할을 했다. 1975~83년 동안 나와 결혼 관계를 맺은 제리 허프는 소련 정치에 대해 많은 것을 가르쳐주었고 이 책에서 언급한 이야기와 관련된 경험을 많이 나누었다. 1970년대 컬럼비아대학교에 있을 때 나의 동료이자 대화 상대였던 세베린 비알러는 전 공산당원으로서 공산당에 관련된 문제에 대해 독특한 관점을 제공했다. 내가 처음 미국에 도착했을 때 소련학 관련 논쟁에서 나를 지지자로 받아들였다가 나중에 후회했던 스티븐 F. 코언은 처음에는 비판자이자 경쟁자였다가 오랜 세월이 지난 뒤 친구가 되었다.

내가 이 책에서 다룬 소비에트 역사의 몇 가지 내용은 다른 사람들의 1차 연구를 통해 알게 된 것이다. 그들 중 다수는 1990년대와 2000년대 시카고대학교에서 내가 가르친 박사 과정 학생들이었다. 소비에트 민족들에 관한 내용은 로널드 서니, 베라 톨츠-질리틴케비치, 유리 슬레스킨, 마리안 캄프, 매튜 페인, 테리 마틴, 마이클 웨스트렌, 앤드루 슬로인, 플로라 로버츠, 미카엘라 폴, 그리고 〈압 임페리오Ab Imperio〉의 편집자들에게 큰 빚을 졌다. 그들이 소비에트 이후 발간한 잡지는 이 책을 준비하는 데 매우 고무적이고 유용했다. 지역과 지역 행정부에 관한 내용은 요람 골리즈키, 조너선 본, 제임스 해리스, 골포 알렉소풀러스, 앨런 바렌버그, 줄리아 파인에게 빚졌다. 공공보건에 관해서는 크리스토퍼 버턴, 벤저민 자이체크, 마이클 데이비드에게, 전쟁과 그 여파에 관해서는 조슈아 산본, 로저 리스, 이정하, 나탈리 벨스키, 마크 에델에게, 경제에 관해서는 스티븐 위트크로프트, 오스카 시보니-산체스, 찰스 해크턴, 줄리 헤슬러, 노경덕, 크리스티 아이런사이드에게 빚졌다.

자료 조사에 도움과 지원을 아끼지 않은 시카고대학교 슬라브어 사서 고故 준 패리스와 산드라 레비, 이스트 뷰 프레스East View Press의 크리스 프란츠, 시드니대학교의 레나 맥그로건에게 진심으로 감사드린다.

호주 가톨릭대학교의 동료 케이트 풀러거는 역사 거꾸로 쓰기에 관한 토론을 통해 이 책의 이야기를 1980년부터 시작하는 방식을 고려해보도록 나를 자극했다.

원고 전체나 상당 부분을 읽고 자세하고 매우 유용한 의견과 비판을 제시해준 베라 톨츠-질리틴케비치, 그레임 길, 크리스 페이크, 루스 빌린트에게 큰 감사를 드린다. 그들 덕분에 이 책이 크게 나아졌다. 카차 히스는 삽화를 찾는 데 큰 도움을 주었다.

모범적인 모습을 보여준 Black Inc. 출판사의 팀원 (이 프로젝트를 처음 제안한) 크리스 페이크, 케이트 해치, 케이트 내시, 에린 샌디퍼드, 줄리아 카를로마그노에게 충심으로 감사드린다.

참고 자료

Davies, R.W., Mark Harrison and S.G. Wheatcroft, *The Economic Transformation of the Soviet Union, 1913–1945*, Cambridge University Press, Cambridge, 1994.

Fitzpatrick, Sheila, *On Stalin's Team: The Years of Living Dangerously in Soviet Politics*, Princeton University Press, Princeton, 2015.

Fitzpatrick, Sheila, *The Russian Revolution*, 4th edition, Oxford University Press, Oxford, 2017.

Gorlizki, Yoram and Oleg Khlevniuk, *Substate Dictatorships: Networks, Loyalty, and Institutional Change in the Soviet Union*, Yale University Press, New Haven, 2020.

Hanson, Philip, *The Rise and Fall of the Soviet Economy: An Economic History of the USSR, 1945–1991*, Routledge, London, 2014.

Hough, Jerry F. and Merle Fainsod, *How the Soviet Union Is Governed*, Harvard University Press, Cambridge, MA, 1982.

Lovell, Stephen, *The Shadow of War: Russia and the USSR, 1941 to the Present*, Wiley-Blackwell, Chichester, 2010.

Nove, Alec, *An Economic History of the USSR, 1917–1991*, 3rd edition, Penguin, London, 1992.

Rigby, T.H., *Communist Party Membership in the USSR, 1917–1967*, Princeton University Press, Princeton, 1968.

Siegelbaum, Lewis H. and Leslie Page Moch, *Broad Is My Native Land: Repertoires and Regimes of Migration in Russia's Twentieth Century*, Cornell University Press, Ithaca, 2014.

Simon, Gerhard, *Nationalism and Policy toward the Nationalities in the Soviet Union*, trans. Karen Forster and Oswald Forster, Westview Press, Boulder, 1991.

Slezkine, Yuri, 'The Soviet Union as a Communal Apartment', *Slavic Review*, vol. 53, no. 2, 1994, republished in Sheila Fitzpatrick (ed.), *Stalinism: New Directions*, Routledge, London and New York, 2000.

Slezkine, Yuri, *The Jewish Century*, Princeton University Press, Princeton, 2011.

Suny, Ronald Grigor, *The Soviet Experiment: Russia, the USSR, and the Successor States*, Oxford University Press, New York, 2011.

서론

Bialer, Seweryn, *Stalin's Successors: Leadership, Stability, and Change in the Soviet Union*, Cambridge University Press, Cambridge, 1980.

Cohen, Stephen F., Alexander Rabinowitch and Robert S. Sharlet (eds), *The Soviet Union since Stalin*, Macmillan, London, 1980.

Verdery, Katherine, *What Was Socialism, and What Comes Next?*, Princeton University Press, Princeton, 1996.

1장 소비에트연방의 탄생

Henderson, Robert, *The Spark That Lit the Revolution: Lenin in London and the Politics That Changed the World*, I.B. Tauris, London, 2020.

Pipes, Richard, *Russia under the Old Regime*, Penguin, Harmondsworth, 1977.

Solzhenitsyn, Alexander, *Lenin in Zurich*, trans. H.T. Willetts, Penguin, Harmondsworth, 1976.

Sukhanov, N.N. (ed.), *The Russian Revolution, 1917: Eyewitness Account*, abr. Joel Carmichael, Harper, New York, 1962.

2장 레닌의 통치와 후계 투쟁

Cohen, Stephen F., *Bukharin and the Bolshevik Revolution: A Political Biography, 1888–1938*, Alfred A. Knopf, New York, 1973.

Daniels, Robert V., *The Conscience of the Revolution: Communist Opposition in Soviet Russia*, Simon & Schuster, New York, 1960.

Fitzpatrick, Sheila, *Education and Social Mobility in the Soviet Union, 1921–1934*, Cambridge University Press, Cambridge, 1979.

Fitzpatrick, Sheila, *The Cultural Front: Power and Culture in Revolutionary Russia*, Cornell University Press, Ithaca, 1992.

Kotkin, Stephen, *Stalin*, Vol. I, *Paradoxes of Power, 1878–1928*, Allen Lane, New York, 2014.

Martin, Terry, *The Affirmative Action Empire: Nations and Nationalism in the Soviet Union, 1923–1939*, Cornell University Press, Ithaca, 2001.

Rigby, T.H., *Lenin's Government: Sovnarkom 1917–1922*, Cambridge University Press, Cambridge, 1979.

Service, Robert, *Lenin: A Biography*, Harvard University Press, Cambridge, MA, 2000.

3장 스탈린주의

Conquest, Robert, *The Great Terror: Stalin's Purge of the Thirties*, Macmillan, London, 1968.

Edele, Mark, *Stalinist Society, 1928–1953*, Oxford University Press, Oxford, 2011.

Fitzpatrick, Sheila (ed.), *Cultural Revolution in Russia, 1928–1931*, Indiana University Press, Bloomington, 1978.

Fitzpatrick, Sheila, *Stalin's Peasants: Resistance and Survival in the Russian Village after Collectivization*, Oxford University Press, New York, 1994.

Fitzpatrick, Sheila, *Everyday Stalinism: Ordinary Life in Extraordinary Times: Soviet Russia in the 1930s*, Oxford University Press, New York, 1999.

Getty, J. Arch and Oleg V. Naumov, *The Road to Terror: Stalin and the Self-Destruction of the Bolsheviks, 1932–1939*, Yale University Press, New Haven, 1999.

Kotkin, Stephen, *Magnetic Mountain. Stalinism as a Civilization*, University of California Press, Berkeley, 1995.

Kotkin, Stephen, *Stalin*, Vol. II, *Waiting for Hitler*, Allen Lane, New York, 2017.

Solzhenitsyn, Aleksandr I., *The Gulag Archipelago, 1918–1956*, trans. Thomas P.

Whitney, Harper & Row, New York, 1973.
Viola, Lynne, *The Unknown Gulag: The Lost World of Stalin's Special Settlements*, Oxford University Press, New York, 2007.

4장 전쟁과 그 여파

Alexopoulos, Golfo, 'Portrait of a Con Artist as a Soviet Man', *Slavic Review*, vol. 57, no. 4, 1998.
Bialer, Seweryn, *Stalin and His Generals: Soviet Military Memoirs of World War II*, Westview Press, Boulder, 1984.
Dunham, Vera S., *In Stalin's Time: Middle-Class Values in Soviet Fiction*, Cambridge University Press, Cambridge, 1976.
Fitzpatrick, Sheila, *On Stalin's Team: The Years of Living Dangerously in Soviet Politics*, Princeton University Press, Princeton, 2015 (see especially Chapter 9 on post-Stalin 'collective leadership').
Fitzpatrick, Sheila, 'Annexation, Evacuation and Antisemitism in the Soviet Union, 1939–1946', in Mark Edele, Sheila Fitzpatrick and Atina Grossmann (eds), *Shelter from the Holocaust: Rethinking Jewish Survival in the Soviet Union*, Wayne State University Press, Detroit, 2017.
Gorlizki, Yoram and Oleg Khlevniuk, *Cold Peace: Stalin and the Ruling Circle, 1945–1953*, Oxford University Press, Oxford, 2004.
Hessler, Julie, 'A Postwar Perestroika? Toward a History of Private Enterprise in the USSR', *Slavic Review*, vol. 57, no. 3, 1998, pp. 516–42.
Khrushchev, Nikita, *Khrushchev Remembers*, ed. and trans. Strobe Talbott, Little Brown, Boston, 1970.
Overy, Richard, *Russia's War: A History of the Soviet War Effort, 1941–1945*, Penguin, London, 1998.
Zubkova, Elena, *Russia after the War: Hopes, Illusions, and Disappointments*, ed. and trans. Hugh Ragsdale, M.E. Sharpe, Armonk, 1998.
Zubok, Vladislav, *Zhivago's Children: The Last Russian Intelligentsia*, Harvard University Press, Cambridge, MA, 2009.

5장 '집단지도체제'에서 흐루쇼프까지

Bialer, Seweryn, *Stalin's Successors: Leadership, Stability, and Change in the Soviet Union*, Cambridge University Press, Cambridge, 1980.

Crankshaw, Edward, *Khrushchev's Russia*, Penguin, Harmondsworth, 1959.

Fitzpatrick, Sheila, 'Popular Sedition in the Post-Stalin Soviet Union', in Vladimir A. Kozlov, Sheila Fitzpatrick and Sergei V. Mironenko (eds), *Sedition: Everyday Resistance in the Soviet Union under Khrushchev and Brezhnev*, Yale University Press, New Haven, 2011.

Kozlov, Denis and Eleonory Gilburd (eds), *The Thaw: Soviet Society and Culture during the 1950s and 1960s*, University of Toronto Press, Toronto, 2013.

Ryan, Michael (comp.), *Contemporary Soviet Society. A Statistical Handbook*, Edward Elgar, Brookfield, 1990.

Taubman, William, *Khrushchev: The Man and His Era*, W.W. Norton, New York, 2003.

Zubok, Vladislav and Constantine Pleshakov, *Inside the Kremlin's Cold War: From Stalin to Khrushchev*, Harvard University Press, Cambridge, MA, 1996.

6장 브레즈네프 시대

Fitzpatrick, Sheila, *A Spy in the Archives*, Melbourne University Press, Melbourne, 2013.

Ledeneva, Alena V., *Russia's Economy of Favours: Blat, Networking and Informal Exchange*, Cambridge University Press, Cambridge, 1998.

Millar, James R., 'The Little Deal: Brezhnev's Contribution to Acquisitive Socialism', *Slavic Review*, vol. 44, no. 2, 1985, pp. 694-706.

Schattenberg, Susanne, *Brezhnev: The Making of a Stateman*, I.B. Tauris, London, 2021.

Smith, Hedrick, *The Russians*, Ballantine Books, New York, 1976.

Yurchak, Alexei, *Everything Was Forever, Until It Was No More: The Last Soviet Generation*, Princeton University Press, Princeton, 2006.

7장 몰락

Gill, Graeme J. and Roger D. Markwick, *Russia's Still-Born Democracy? From Gorbachev to Yeltsin*, Oxford University Press, Oxford, 2000.

Hough, Jerry F., *Democratization and Revolution in the USSR, 1985–1991*, Brookings Institution Press, Washington, DC, 1997.

Pesman, Dale, *Russia and Soul: An Exploration*, Cornell University Press, Ithaca, 2000.

Ries, Nancy, *Russian Talk: Culture and Conversation during Perestroika*, Cornell University Press, Ithaca, 1997.

Taubman, William, *Gorbachev: His Life and Times*, Simon & Schuster, New York, 2017.

White, Stephen, *Gorbachev and After*, Cambridge University Press, Cambridge, 1992.

결론

Derluguian, Georgi M., *Bourdieu's Secret Admirer in the Caucasus: A World System Biography*, University of Chicago Press, Chicago, 2005.

Fitzpatrick, Sheila, 'Becoming Post-Soviet', in Sheila Fitzpatrick, *Tear Off the Masks! Identity and Imposture in Twentieth-Century Russia*, Princeton University Press, Princeton, 2005.

Myers, Steven Lee, *The New Tsar: The Rise and Reign of Vladimir Putin*, Alfred A. Knopf, New York, 2015.

Pelevin, Viktor, *Homo Zapiens*, trans. Andrew Bromfield, Penguin, New York, 2006.

Putin, Vladimir, Nataliya Gevorkyan, Natalya Timakova and Andrei Kolesnikov, *First Person: An Astonishingly Frank Self-Portrait by Russia's President*, trans. Catherine A. Fitzpatrick, Public Affairs, New York, 2000.

이미지 출처

13쪽: 'Lenin's cause triumphs': A. Lemeshenko and I. Semenova, *Krokodil*, no. 12, 1980; 19쪽: 'Sixty Years and It Still Hurts': E. Gurov, *Krokodil*, no. 6. 1978; 27쪽: Moscow's Red Square, 1900: postcard in author's personal collection; 27쪽: Lubyanka Square: postcard in author's personal collection;
29쪽: map of Imperial Russia: Alan Laver; 37쪽: Ulyanov family: Heritage Image Partnership Ltd / Alamy; 42쪽: demonstration in Petrograd, 1917: ITAR-TASS News Agency / Alamy; 51쪽: Trotsky as a Red devil (Kharkiv OSVAG): Pictorial Press / Alamy; 60쪽: 'Kulak and Priest': Viktor Nikolaevich Deni / Alamy; 65쪽: Trotsky, Lenin and Kamenev: mccool / Alamy; 69쪽: 'Lenin Cleanses the Land of Scum': World History Archive / Alamy; 71쪽: map of USSR in 1922: Alan Laver; 75쪽: Lunacharsky and Sats: photo in author's personal collection;
81쪽: Lenin Mausoleum: Chronicle/ Alamy; 87쪽: Dzerzhinsky Square: Sputnik / Alamy; 94쪽: Vera Mukhina statue: Oleg Znamenskiy / Alamy; 101쪽: map of industrial construction sites under the first Five-Year Plan: Alan Laver; 102쪽: multiculturalism in the 1930s: Russian State Archive of Socio- Political History (RGASPI); 107쪽: happy life on the collective farm: Heritage Image Partnership Ltd / Alamy; 113쪽: Stalin at ease with close associates: Russian State Archive of Socio-Political History (RGASPI); 119쪽: 'On Vigilance': Iu Ganf, *Krokodil*, no. 14, 1937; 135쪽: map of German occupation of the USSR in World War II: Alan Laver; 139쪽: 'Red Army Soldier, Save Us!': ICP / Alamy; 141쪽: Soviet soldiers raise the Soviet flag on the Reichstag: Yevgeny Khaldei, Pictorial Press / Alamy; 144쪽: a dashing Marshal Zhukov: ITAR-TASS News Agency / Alamy; 144쪽: Stalin at the Potsdam Conference: AF Archive / Alamy; 147쪽: map of USSR and Eastern Europe, 1945: Alan Laver; 176쪽: new housing in Moscow, 1963: Courtesy of Sputnik; 177쪽: Khrushchev bangs his shoe: Alamy; 183쪽: Khrushchev at the art exhibition: TASS / Getty; 186쪽: Khrushchev's grave: Sputnik / Alamy; 193

쪽: Leonid Brezhnev, 1972: Fotograaf Onbekend / Anefo / Nationaal Archief; 196쪽: 'Vodka Specialist': poster in author's personal collection; 201쪽: 'Who Will Beat Whom?': K. Nevler and M. Ushats, *Krokodil*, no. 11, 1979; 205쪽: Georgy Arbatov and Seweryn Bialer: photo in author's personal collection; 209쪽: friendship of nations: Iu Cherepanov, *Krokodil*, no. 3, 1979; 219쪽: Vagrich Bakhchanyan statue: photo in author's personal collection; 228쪽: Burlatsky and Hough: photo in author's personal collection; 232쪽: 'Good Sir, Wouldn't You Like an American Big Mac?', V. Polukhin, *Krokodil*, no. 8, 1991; 239쪽: 'Glory to the Communist Party of the Soviet Union', Iu Cherepanov, *Krokodil*, no. 11, 1990; 242쪽: Gorbachev and Reagan in Geneva: Everett Collection Inc. / Alamy; 247쪽: Chernobyl (2019): Philipp Zechner / Alamy; 254쪽: Boris Yeltsin's speech: Associated Press; 254쪽: Gorbachev and family: Yuri Lizunov, ITAR-TASS News Agency / Alamy; 256쪽: Dzerzhinsky's statue: Alexander Zemlianichenko, Associated Press; 265쪽: map of Russian Federation and surrounding states: Alan Laver; 271쪽: Lenin statues: Yi Liao / Alamy; 274쪽: Saparmurat Niyazov: Sputnik / Alamy; 280쪽: Gorbachev in retirement in 2014: private collection of Katrina vanden Heuvel; 283쪽: Putin and Kirill, 2015: UPI / Alamy.

찾아보기

ㅁ

ㅂ

ㅇ

ㅈ

ㅊ

ㅋ

ㅌ

С С С Р

CCCP
CCCP